JN418446

프랜차이즈 리더십

임영균 · 이수동
윤홍근 · 이형남 공저

도서출판 두남

머리말

이 책은 프랜차이즈 창업을 계획하고 있는 예비가맹점사업자나 현재 가맹점을 운영하고 있는 가맹점사업자가 성공적으로 사업을 수행하기 위해 갖추어야 할 프랜차이즈 관련 지식을 담고 있다. 학문적으로 볼 때 프랜차이즈사업을 올바로 이해하기 위해서는 경제학, 경영학, 법학 등 매우 다양한 분야의 이론과 지식이 필요하다.

저자들은 프랜차이즈에서의 핵심주제와 관련이론을 소개하는 한편 기업사례를 통해 현실적인 이해를 돕고자 하였다. 특히 가맹본부와 가맹점사업자 양자의 균형된 시각에서 리더십과 기업가정신, 갈등과 협력, 관계형성 등의 문제를 다루고 있다는 점에서 색다르다 할 수 있다.

이 책은 모두 아홉 개의 장으로 구성되어 있다.

1장의 서론은 프랜차이즈사업의 의의와 국내 현실에서의 문제점과 개선과제를 개략적으로 기술하고 있다.

2장에서는 프랜차이즈사업의 역사와 성장배경, 정의와 특징, 유형과 운영방식, 장점과 단점, 전략이슈 등 프랜차이즈사업의 기초개념을 기술하고 있다.

3장은 가맹점사업자의 창업동기, 프랜차이즈사업에서의 성공요인과 실패요인, 가맹본부와 가맹점사업자의 적합성 등 성공적인 가맹점사업자가 되기 위해 갖추어야 할 기본지식을 기술하고 있다.

4장은 소자본 창업의 수단으로서 프랜차이즈사업에서의 기업가 정신과 문화적 특성인 소유문화의 개념을 소개하고 있다.

5장에서는 가맹본부와 가맹점의 마케팅 활동의 주요 내용과 현실적인 문제점을 기술하고 있다.

6장은 종업원과 고객에 대한 매장운영에서의 인간관계 관리를 다루었다.

7장은 프랜차이즈 시스템 내 가맹본부 및 동료 가맹점사업자와의 관계를 기술하고 있다.

8장은 가맹점사업자가 자신의 가맹본부를 창업하거나 다점포가맹점사업자로 성장하여 명실상부한 기업가로 변신하기 위한 과제를 기술하고 있다. 여기서 리더십의 개발은 핵심이슈로 기술되고 있다.

9장은 맺음말로 사업가로서의 자기혁신, 계약의무의 준수, 진정한 파트너가 되기 위한 신뢰형성 등 가맹점사업자가 프랜차이즈사업에서 성공하기 위한 핵심과제들을 기술하고 있다.

이 책이 나오기까지에는 많은 분의 도움이 있었다. 우선 이 책의 출간을 위해 격려와 지원을 아끼지 않으신 도서출판 두남의 전두표 사장님을 비롯한 임직원 여러분에게 심심한 감사를 드린다. 또한 까다로운 교정작업을 맡아 수고한 광운대 오승수, 이흥규, 김학민, 서추실, 엔흐체첵 조교의 도움을 매우 고맙게 생각한다.

차례

01장 서 론

글로벌 금융위기로 세계경제가 어려워지면서 고용시장이 얼어붙고 있다. 미국을 비롯한 선진국은 갈수록 높아가는 실업률을 낮추기 위해 고용창출을 최우선의 정책과제로 추진하고 있다. 우리나라도 예외가 아니다.

최근 지식경제부는 자영업자의 경쟁력을 강화하기 위해 프랜차이즈 산업을 활성화한다는 발표를 하였다. 9월 29일 이명박 대통령이 주재한 국가경쟁력강화위원회에서다. 이명박정부가 강조하는 서민안정 대책의 일환으로 자영업자의 창업성공률을 높이고 이들을 조직화하여 경쟁력을 높이는 한편 생산성이 낮은 서비스산업을 육성하겠다는 취지다. 구체적으로 정부는 오는 2012년까지 가맹점 1,000개 이상을 보유한 국내 브랜드 100개를 육성하고 세계 100대 프랜차이즈 기업군에 국내 브랜드를 3개 이상 진입시키는 것을 목표로 삼았다.

경제가 좋지 않고 미래가 불확실하면 기업은 신규고용을 위한 투자에 소극적일 수 밖에 없다. 오히려 감원을 통해 비용을 절감하는 길을 택한다. 이로 인해 갈수록 취업은 어려워지고 그나마 어렵게 취직을 하더라도 기업의 감원정책에 의해 늘 불안한 작금의 경제상황에서 미취업자나 퇴직자가 선택할 수 있는 길은 자기고용(self-employment) 혹은 창업이다. 프랜차이즈사업은 창업을 하기 위한 매우 유효한 수단이 된다. 이를 반영하듯 프랜차이즈사업이 우리나라보다 먼저 발달한 선진국의 역사는 프랜차이즈 산업이 경기침체에 의해 영향을 덜 받는 산업임을 보여주고 있다. 경기침체 시에도 프랜차이즈사업은 지속적으로 그 규모가 커져 왔다.

프랜차이즈사업이 지속적으로 성장한 것은 프랜차이즈사업이 지니고 있는 본질적 특성에 기인한다. 프랜차이즈사업은 사업경험이 없는 사람이 소자본으로 큰 위험 없이 창업할 수 있기 때문에 미취업자나 퇴직자가 활용하기 쉬운 사업방식이다. 미취업자는 성공한 창업가의 꿈을 실현하기 위해, 퇴직자는 생계와 사회적 신분에 대한 욕구를 충족시키기 위해 프랜차이즈사업에 참여한다.

프랜차이즈사업은 미취업자나 퇴직자에게만 매력있는 사업이 아니다. 자영업자나 직장인도 프랜차이즈사업에 참여한다. 우리나라의 경우, 가맹점사업자의 32.6%가 이전에 자영업을 하였으며, 27.6%가 사무기술직 종사자였던 것으로 파악되고 있다.[1] 프랜차이즈사업은 자신의 운명을 스스로 설계하고자 하는 사람에게 매력적이다. 최근 들어서는 청년층에서 중장년층에 이르기까지 다양한 세대에 걸쳐 애초부터 프랜차이즈사업을 자신의 인생목표를 달성하기 위한 중요한 경력 기회로 여기며 자발적으로 참여하는 사람들이 증가하고 있다. 이들은 프랜차이즈사업을 통해 자신의 능력과 경험을 개발하고자 하며 직장보다 나은 경제적 소득을 올릴 수 있는 것으로 기대한다. 월간 '창업&프랜차이즈'가 몇 해전 조사한 바에 의하면 남녀 구분없이 직장인의 80% 이상이 창업을 생각하고 있으며, 이들의 주된 창업동기는 50% 이상이 '자유로운 생활', 경제적 여유, 고용불안으로부터의 해방을 원하는 것으로 나타났다. 또다른 조사에 의하면 기업의 정리해고 등 고용불안이 심각해지면서 10명 중 8명이 넘는 직장인들이 창업에 관심을 보이는 것으로 나타나고 있다.[2]

미국의 젊은 세대는 18세에서 38세에 이르기까지 20년 간 평균

1) 산업자원부, 대한상공회의소 유통물류진흥원(2005), 중소유통업 발전을 위한 연구－프랜차이즈편.

2) 정영오(2003), 한국일보, 4월 23일 자.

10개의 직업을 가진다는 연구보고가 있다. 그만큼 고용환경이 불안하고 특정 직장에 대한 충성도가 낮다는 것을 의미한다. 상당수의 미국인은 창업과 같은 수단을 통해 자신의 인생목표를 설계하고 장기적인 생활 안정을 모색한다. 기업의 감원 등으로 미래가 불확실한 경제체제 하에서 새로운 경력개발을 추구하고 있는 것이다.

흔히 New Career Economy로 불리우는 신경제체제 하의 경력개발이 가지는 특징은 자기충족(self-sufficiency), 사적 통제(personal control), 노력에 비례한 보상(rewards tied to efforts)으로 요약할 수 있다. New Career Economy 하에서 사람들은 자신과 가족의 장기적인 생활 안정을 위해 자신만의 사업을 보유하고자 하고, 자신의 라이프스타일, 인생목표, 욕구에 맞는 사업을 추구하며, 열심히 노력한 만큼 보상이 돌아올 것으로 기대한다.[3] 미국의 여론조사 기업인 Zogby International이 WeMedia와 함께 실시한 조사에 의하면 미국인의 63%는 대기업이나 정부가 아닌 창업가와 중소기업이 '보다 나은 미래'를 약속하는 것으로 믿고 있다.

프랜차이즈사업은 New Career Economy에 매우 적합한 사업방식이다. 프랜차이즈사업은 비교적 실패의 위험이 적은 사업 아이디어와 경영노하우 및 시스템, 브랜드를 가맹본부가 가맹점사업자에게 제공하는 사업방식이다. 가맹점사업자는 자신의 욕구에 적합한 사업을 다양한 정보를 활용하여 선택할 수 있으며 노력한 만큼의 보상을 얻을 수 있다. 하지만 프랜차이즈사업을 통한 창업이 항상 성공하는 것은 아니다. 프랜차이즈사업을 성공적으로 수행하기 위해서는 창업 준비단계 에서부터 실제 점포운영단계에 이르기까지 어려운 과제가 산적하여 있으며 이를 어떻게 현명하게 풀어나가는가가 매우 중요하다.

---

3) Miller, Brian(2009), 'The Entrepreneurial Climate: 2009 and Beyond,' Franchising World, Vol. 41 Issue 6, 40-42.

프랜차이즈사업은 시스템에 대한 올바른 이해로부터 출발한다. 하지만 우리나라의 경우 가맹점사업자들의 프랜차이즈 시스템에 관한 개념이 부족하고, 안전하고 성장성이 있는 업종보다는 인기업종에만 치우쳐 노력없이 쉽게 수익을 올리고 계약만 하면 가맹본부가 수익을 벌어다 줄 것처럼 생각하는 사고방식이 문제점으로 지적되기도 한다. 일부 가맹본부의 경우에는 경영지도력 부족, 시장환경에 대한 몰이해, 경쟁력 있는 상품 및 서비스를 개발 할 수 있는 능력의 부재, 상권분석능력의 부재와 과대 홍보, 무리한 판촉활동 등의 원인으로 가맹점사업자들의 부담과 피해를 가중시키고 있으며, 이에 따라 다양한 분쟁과 피해사례가 많이 접수되고 있다.

역사적으로 프랜차이즈사업이 발전한 이유는 소비자의 소비패턴이 변화하여 왔기 때문이다. 자본주의의 계속적인 발전으로 생활수준이 급격히 향상되고 가치관이 다양화됨에 따라 소비자의 소비패턴도 변화되고 있다. 이에 기업인들은 끊임없이 새로운 유형의 영리활동모델을 창출하면서 발전하고 있다. 이러한 흐름에 부응하기 위한 새로운 유형의 계약이 도입 또는 생성되는 것은 당연하다 하겠다.

프랜차이즈사업도 소비패턴의 변화에 부응하여 등장한 사업방식의 유형중 하나이다. 소비자가 편의성과 품질의 일관성, 전문품(specialty items)을 선호함에 따라 보다 잘 알려지고, 믿을 만하며, 편의적인 브랜드에 대한 구매욕구가 증가하였다. 프랜차이즈사업은 시스템 전반에 걸쳐 동일한 품질의 제품/서비스를 동일한 브랜드로 편리한 장소에서 구매할 수 있게 해준다. 프랜차이즈사업은 우수한 경영방법, 제품, 서비스 등을 개발한 가맹본부가 다수의 가맹점을 통하여 소비자에게 양질의 표준화된 제품과 서비스를 제공할 뿐 아니라 공동구매 및 대량판매기회의 증대로 제조원가가 낮아짐에 따라 저가의 상품을 제공받을 수 있다는 장점 등으로 시장에 도입된 이래 지속적인 발전을 거듭해오고 있다.

제2차 세계대전 이후, 미국의 경우 프랜차이즈사업의 확장 및 다양화가 촉진된 것은 경제성장으로 인한 수요와 기회에 힘입은 바 크다. 인구와 소득, 기회의 증대를 경험한 시장에서 새로운 제품 및 서비스 공급의 수단으로 프랜차이즈 시스템을 활용하였던 것이다. 게다가 사업의 경험이 없는 퇴역군인들이 연금을 가지고 프랜차이즈 사업에 투자함으로서 이를 자기의 사업으로 개시할 수 있는 기회로 삼게 되었다.

그러나 지나치게 빠른 프랜차이즈 사업의 성장은 반대급부적으로 실패하는 가맹본부를 양산하기도 하였다. 자본이 충분하지 않기 때문에 경기후퇴시 저항력이 없었고, 특히 외식업의 경우 시장포화상태가 문제점으로 지적되기도 하였다. 이러한 시장의 흔들림으로 인해 프랜차이즈에 대한 신뢰가 급격히 하락하게 되었고, 가맹본부는 우월한 지위를 이용하여 불리한 계약을 가맹점사업자로부터 이끌어 내려는 부실표시나 불공정한 계약관행이 나타나기도 하였다.

일반대중이 점차 불공정한 프랜차이즈 시스템의 관행을 인식하게 되면서 수백개의 가맹본부가 도산하는 가운데서도 프랜차이즈 시스템은 꾸준한 성장을 거듭하였다. 미국의 경우 프랜차이즈 시스템에 의한 매출은 2005년의 경우 총 소매업 매출의 50%를 차지한 것으로 보인다.

사회경제적으로 또한 어원적으로 프랜차이즈 용어의 기원은 프랑스 문화에서 유래하였다. 중세기 말 프랑스에서 프랜차이즈라고 알려진 개념은 "자유를 준다"를 의미하는 고대 프랑스 단어인 「franc」와 「francher」에서 유래되었다.

프랜차이즈란 용어는 본래 매우 다양한 의미를 가지고 있다. 가장 넓게는 자유라는 의미로 사용되고, 통상적으로는 권리, 권한, 면책, 특권들의 의미로 사용되었는데 때로는 이들 모두를 포함하는 복합적 의미로 사용되기도 한다.

프랜차이즈 시스템은 가맹본부의 상호, 상표, 경험, 마케팅 기술 등을 바탕으로 하여 상품화를 위한 제 지식이나 제 정보에 관한 특권이나 특허를 가맹점에게 계약으로 부여하는 계약제도라고 할 수 있다.

여기에서 모기업을 프랜차이저(franchisor)라고 하고 특권을 부여받은 자를 프랜차이지(franchisee)라고 부르며, 특권 내지 권한 자체를 프랜차이즈(franchise)라고 한다. 한편 프랜차이저는 프랜차이지와 계약을 체결하여 자기의 상호, 상표, 기타 영업의 특징 및 경영기술과 정보를 사용하여 동일하게 보이는 이미지 하에서 상품의 판매 등 기타 사업을 행할 권리를 주며, 프랜차이지는 그 보증으로 가입금, 보증금, 로열티를 지불하고 사업에 필요한 자본을 투입해서 프랜차이저의 지도 및 원조아래 사업을 행하는 양자간의 연속적인 계약관계가 이루어진다.

프랜차이즈 시스템은 독일과 영국의 맥주 양조자가 맥주와 에일(ale)의 다양한 상표의 독점판매를 위해 터번 소유주와 기술계약 및 금융협정을 맺음으로써 시작되었다. 그리고 미국의 프랜차이즈 시스템은 1850년대 Singer Singer Sewing Machine이라는 재봉틀회사가 전국에 자사제품에 대한 판매권을 가지는 제조업자-소매업자 시스템을 개발하여 설치함으로써 비롯되었다. 이러한 프랜차이즈 시스템이 기업경영에 본격적으로 도입되어 유통사업에 중대한 영향을 미치기 시작한 것은 1900년경부터다. 이때부터 대기업이 되기 시작한 자동차 메이커, 제조업자, 양조업자, 석유정제업자가 프랜차이즈 시스템에 의한 판매망을 만들어서 전파시켰다.

시장상황의 변화에 따라 미국에서의 프랜차이징은 주유소와 자동차로 대표되는 제품유통형 프랜차이즈사업(product distribution franchising)은 위축되고 있으나, 사업형 프랜차이즈사업(business format franchising)은 1972년 이후 꾸준히 증가하였다. 2008년 국제

프랜차이즈협회(IFA)의 보고에 의하면 2005년 말 현재, 매출 기준 사업형 프랜차이사업이 차지하는 비중이 75%로 제품유통형 프랜차이사업의 25% 보다 훨씬 높은 비중을 차지하고 있다.[4] 전체 프랜차이즈산업의 고용창출은 2,100만 명으로 전체 민간부문의 15.3%를 차지한다. 이는 국민경제의 핵심 여타 산업, 즉 내구 소비재 제조업이나 정보산업, 건설산업, 금융산업에서의 고용창출 효과보다 월등히 높은 수치이다. 총산출은 2조3천억달러로 민간부문의 11.4%를 차지하고 있다.

우리나라의 경우에는 지식경제부가 대한상공회의소 한국유통물류진흥원과 공동으로 실시한 국내 프랜차이즈산업 실태조사에 의하면 국내시장 규모는 2007년 말 현재 약 77조원으로 이는 2002년 41조6,900억원보다 88% 증가한 수치이다.[5] 전체 가맹본부의 수는 2,426개, 가맹점은 26만개에 이르며 상시종업원의 수만 100만명에 이른다. 이것은 30년이란 짧은 역사 속에서 국내 프랜차이즈 산업이 매우 빠르게 성장해 왔음을 의미한다.

프랜차이즈사업은 유통시스템으로써 사회·경제적인 면에 유익한 공헌을 하고 있다. 프랜차이즈사업의 긍정적인 효과는 다음의 네 가지로 볼 수 있다.

첫째, 프랜차이즈사업은 개인으로 하여금 독립적인 기업인이 될 수 있는 기회를 크게 증가시켜 준다.

둘째, 프랜차이즈사업을 도입한 기업은 타기업에 비해 실패율이 낮다.

셋째, 프랜차이즈사업은 완전히 통합된 수직적 체인 보다는 가맹점으로 분산된 조직체계를 지니고 있어 경제적 집중을 감소시킨다.

---

4) IFA(2008), *Economic Impact of Franchised Businesses*.

5) 지식경제부, 대한상공회의소(2008), 중소유통업 발전을 위한 연구 – 프랜차이즈편.

넷째, 가맹본부와 가맹점으로 구성된 프랜차이즈 시스템은 어느 지역에서건 소비자에게 표준화된 제품을 제공함으로써 이동이 많은 소비자에게 편익을 제공한다.

프랜차이즈사업이 지닌 가장 큰 특징은 제품과 서비스의 표준화이다. 이와 관련 두 가지 문제가 발생하는데, 첫째는 소비자들이 프랜차이즈 시스템의 표준화된 제품과 서비스를 실제로 원하는가의 문제이며, 둘째는 만일 소비자들이 표준화된 제품을 원한다면 다른 유통시스템들도 그러한 제품을 제공할 수 있지 않을까 하는 문제이다.

모든 소비자가 표준화된 제품과 서비스를 원하는 것은 아니다. 소비자가 자신의 욕구에 적합한 개성화된 제품과 서비스를 원하더라도 기업이 이를 제공할 수 있는 것도 아니다. 기업의 입장에서 표준화는 제품 혹은 서비스 단위당 생산비용과 마케팅 비용을 절감할 수 있게 하며 경쟁력을 제공한다는 점에서 매력적인 수단이다. 하지만 모든 소비자가 표준화된 제품과 서비스를 원하는 것은 아니어서 표준화가 성공하기 위해서는 전체 시장을 동질적인 욕구를 지닌 소비자로 세분화하여야 한다. 소비자 입장에서 제품과 서비스의 표준화는 일관된 브랜드 이미지를 형성하게 해 줌으로써 구매의사결정에서의 탐색비용을 절감시키고 불만을 감소시키는 효과를 지닌다.

소비자를 시장세분화하고 이를 대상으로 제품의 표준화를 실행하는 것은 프랜차이즈 시스템 뿐만 아니라 특정기업이 자사의 유통시스템을 기업형 체인(corporate chain)과 같은 형태로 운영함으로써 실행할 수 있다. 그러나 특정기업이 자사 소유의 유통경로를 형성하는 데는 많은 자금이 필요하기 때문에 쉽게 이룰 수가 없다. 프랜차이즈사업은 적은 자본으로써 표준화된 제품을 널리 공급할 수 있는 시스템으로서의 장점을 지니며 이를 통해 경쟁력을 지닌다.

프랜차이즈 시스템의 사회·경제적 결과가 긍정적으로 나타나기는 하지만 점차 가맹본부에 대한 가맹점의 법적 대항이 많아지고 있다. 그로 인해 부정적 결과도 발생하게 되는데 그러한 것들을 살펴보면 다음과 같다.

첫째, 일부 가맹본부는 프랜차이즈를 판매하는데 있어 비윤리적인 기법을 사용하기도 한다. 가맹본부가 가맹점사업자에게 비정상적으로 높은 예상수익을 약속하거나 불법적으로 허위과장 광고를 하고, 정보공개서를 등록하지 않거나 제공하지 않으면서 계약을 재촉한다거나 사업경험이 전혀 없어도 별다른 노력 없이 많은 돈을 벌 수 있다고 유혹하는 것이 그 예라고 할 수 있다. 가맹본부의 불법 비윤리적 행위를 막고 가맹점사업자의 피해를 줄이기 위해 공정거래위원회는 '가맹사업거래의 공정화에 관한 법률'을 제정하였으며, 부당한 허위·과대 광고에 의해 현혹되는 것을 막고자 '표시·광고의 공정화에 관한 법률'을 제정하였다. 한국공정거래조정원과 같은 프랜차이즈사업 관련 조직과 단체가 설립되어 가맹본부와 가맹점간의 분쟁을 조정하고 가맹점의 권익을 보호하고 있다.

둘째, 프랜차이즈사업은 경쟁을 제한한다는 지적이 있다. 프랜차이즈사업의 기본요소는 가맹본부와 가맹점간의 협조, 가맹본부의 가맹점 활동에 대한 통제이다. 하지만 법적 협조가 불법적 공모의 성격을 지니거나, 가맹본부의 통제가 비경제적인 유사독점 통제가 될 때, 끼워팔기 계약(tying agreement), 영업지역제한(territorial restrictions), 가격 계약(pricing agreement) 등에 있어서 경쟁제한적인 성격을 갖게 되며, 따라서 법적 제재를 받게 된다.

셋째, 프랜차이즈 계약은 가맹점의 희생을 대가로 지나치게 가맹본부의 권리를 보호한다는 지적이 있다. 예를 들어, 사소한 계약 위반으로도 프랜차이즈 사업을 못하게 만드는 기간조항, 본부특권으로 변경이 가능한 운영조항, 가맹점으로 하여금 가맹본부로부터 설비와 원부자재 등을 구매하도록 하는 요구조항, 가맹점의 프랜차이즈 판매권리를 제한하는 조항 등은 가맹본부에게 일방적으로 유리한 계약이라는 주장이 있다. 현실적으로 가맹점에게 불리한 계약조항이 있고 이로 인해 피해가 발생하고 있기에 이러한 주장이 일리가 없는 것은 아니지만 그렇다고 가맹사업이 일방적으로 가맹본부에게 유리하다는 주장은 지나친 것이다. 가맹본부의 입장에서는 여타 가맹본부와의 경쟁에서 우위를 확보하기 위해 가맹점에 대한 엄격한 통제를 필요로 한다. 다만 이러한 통제가 불법적이거나 불합리할 때는 이에 대한 제재가 필요하다 할 것이다. 공정거래위원회는 합리적인 이유없이 가맹본부가 가맹점에게 부당한 거래를 강제할 수 없도록 규율하고 있다.

해외와 국내 프랜차이즈의 가장 큰 차이점은 로열티에 관한 것이다. 해외의 경우는 거의 모든 가맹본부가 로열티를 받는 반면, 국내 가맹본부는 오히려 적용하지 않는 경우가 대부분이다. 이는 로열티에 대한 가맹본부와 가맹점의 인식의 차이에 원인이 있다. 가맹본부는 자신이 왜 로열티를 받아야 하는가를 잘 모르며 가맹점은 자신이 왜 로열티를 지불해야 하는지를 잘 모른다. 중요한 수입원의 하나인 로열티를 받지 않는 가맹본부는 비록 단기간에 가맹점을 모집하는데 성공할 수 있을지 모르나 장기적으로 성장하기 어렵다.

로열티는 프랜차이즈 권리(franchise right)의 가격이다. 가맹본부가 로열티를 받지 않는다는 것은 공짜로 프랜차이즈 권리를 가맹점에게 제공하겠다는 것과 다름없다. 이는 프랜차이즈 권리가 전혀 가치가 없는 경우 또는 다른 방법으로 보상을 받는 경우에 가능하다. 로열티는 경영노하우, 영업표지, 교육·훈련 등 가맹본부가 가맹점에게 제공하는 지원과 통제의 대가이기 때문에, 이를 받지 않는 가맹본부는 지원과 통제의 능력이 없거나 의사가 없다고 보아야 한다.

실제로 국내 프랜차이즈의 경우 특별한 노하우를 가지고 이를 꾸준히 개발해 나가는 업체가 많지 않고 그러다 보니 정기적인 교육을 실시하는 곳도 적은 수준이다. 지도관리비 또한 정기적으로 받고 있는 경우는 적으며 이벤트나 홍보, 그 밖의 특별교육이 있을 시에만 받고 있는 경우가 대부분이다. 이와 같은 경우 가맹본부가 프랜차이즈 권리를 주장하며 로열티를 받기는 어렵다. 가맹점의 입장에서는 '가맹본부로부터 지원을 제공받은 것이 없으니 로열티를 낼 이유가 없다'는 입장을 취하는 것이 당연하다.

로열티를 받지 않는 상당수 가맹본부는 가맹점에게 원부자재를 공급하거나, 판매촉진물 제작, 매장공사 등의 비용을 부과하여 로열티를 대신할 수 있는 수입원으로 활용한다. 가맹점에게 부과되는 물류비용, 광고비용, 인테리어비용 등이 가맹본부의 수입원이 되고 있는 것이다. 이는 매우 잘못된 관행으로 결코 로열티를 대신하여서는 안 되며, 이들 비용은 적정한 가격으로 별도로 부과되는 것이 옳은 것이다.

로열티는 가맹본부가 가맹점에게 지속적인 지원과 통제를 하고 가맹점은 이를 비용을 지불하며 수락하겠다는 약속의 징표다. 약속이 지켜지기 위해서는 무엇보다 가맹본부가 지속적으로 노하우를 개발하고 브랜드가치를 키우며 가맹점을 지원하는 것이 선행되어야 한다. 그래야만 가맹점도 약속을 지킬 것이며 프랜차이즈 시스템내 가맹본부와 가맹점 간의 파트너십도 발전하게 된다.

가맹사업을 하다보면 가맹점사업자와 가맹본부 간의 분쟁은 종종 일어난다. 발생한 분쟁 중에서 법적 소송으로 이어지는 경우는 적은 편이고 적절한 선에서 해결되는 경우가 대부분이다. 그러나 작은 분쟁이라도 그로 인한 피해는 크다. 특히 법적 소송으로 이어질 경우, 전 재산을 걸고 창업을 한 가맹점사업자의 경우에는 가맹본부와의 마찰로 막대한 손해를 입고 사업을 포기해야 하는 결과를 낳기도 하는 것이다. 적절한 선에서 서로 합의하고 중재되더라도 분쟁으로 인해 가맹본부의 신뢰를 잃게 될 수 있다. 가맹본부의 입장에서도 그런 분쟁이 일어나게 되면 일단 가맹본부의 대외적인 이미지가 실추될 수 있으며 타 가맹점을 관리하는데 있어서 또한 영향을 받게되는 것이다. 가맹본부와 가맹점이 마찰을 빚는 요인에는 영업지원의 부족, 최저매출액 규정, 계약내용 미이행, 인테리어업자 규제, 계약내용 변경 등의 여러 가지가 있다.

프랜차이즈 시장과 관련된 많은 유통분야의 이론이 있을 수 있겠지만, 그 중 직접적인 연관을 갖는 이론으로 대리이론(agency theory)을 들 수 있다. 대리이론은 대리인(agent)과 의뢰인(principal)의 대리관계를 설명하기 위한 이론이며, 이는 가맹본부(의뢰인)와 가맹점(대리인) 사이의 대리관계를 설명하는 데도 적용될 수 있다. 비록 대리이론이 의뢰인(가맹본부)의 관점에서 논리를 전개하고 있기는 하지만 제시하는 초점은 대리인(가맹점)의 관점에서도 매우 유용하다. 의뢰인의 입장에서는 대리인이 의뢰인이 요구하는 능력을 갖추고 있는가 하는 계약전 문제(precontractual problem)와, 대리인이 과연 의뢰인을 위해 제대로 그 능력을 발휘하고 있는가 하는 계약후 문제(poscontractual problem)가 있을 수 있는데, 이런 종류의 정보는 대리인만이 가질 수 있기 때문에 양자 간에는 심각한 정보의 불균형이 발생하게 된다. 대리인의 입장에서도 과연 가맹본부가 자신의 사업을 지원할 수 있는 능력이 있는가에 대한 정보가 부족하거나 왜곡된 정보를 제공받는 경우 문제가 발생한다. 결국 대리이론에 의하면 의뢰인과 대리인은 양자 간의 거래에 있어 정보불균형을 가장 효과적, 효율적으로 극복할 수 있는 다양한 방안(예를 들어, 상대방에 대한 자격제한, 의무이행을 촉구하는 인센티브의 설계, 지속적인 감시감독 등)을 모색하게 된다.

이러한 관점은 우리나라 프랜차이즈 시장의 육성을 위해서도 하나의 중요한 관점을 제안하고 있다고 보는데, 가맹점의 육성 및 보호를 바탕으로 우리나라 프랜차이즈를 발전시켜 나가기 위해서는 가맹점이 겪을 수 있는 정보의 불균형을 법률적, 제도적으로 보완해 나가야 할 것이다.

지금까지 살펴본 바, 국내 프랜차이즈 산업의 현실은 프랜차이즈란 개념조차 제대로 서있지 않은 상태에서 잘못된 관행이 편재하고 있다고 평가할 수 있다. 그러나 프랜차이즈라는 좋은 시스템을 국내 시장 환경에 맞게 발전시키는 노력이 계속된다면 그 전망이 어둡지만은 않다. 그러기 위해선 국내 시장 현황을 바로 알고 이를 개선하기 위한 노력이 가맹본부와 가맹점 모두에게 요구된다.

프랜차이즈 시장이 건전하게 발전하기 위해서는 정부의 법률·제도적 보완도 중요하지만 무엇보다 가맹본부가 가맹점에 대한 지속적인 지원과 통제에 충실하여야 하며, 신뢰와 몰입을 기반으로 하는 가맹점과의 파트너십 형성에 노력하여야 한다. 또한 가맹점은 기업가정신(entrepreneurship)을 바탕으로 적극적으로 자신의 문제를 해결해 나가고, 사업가로서 자신의 고객과 경쟁환경을 이해하고 적극적인 마케팅 활동을 수행하여야 한다.

02장 프랜차이즈사업의 기본 지식

1 프랜차이즈사업의 역사와 성장배경

프랜차이즈사업(franchising)은 1850년대 미국의 Singer Sewing Machine 사가 자사제품의 판매에 이를 도입하면서부터 시작되었다. 프랜차이즈사업은 미국은 물론 전 세계적으로 가장 빠르게 성장하고 있는 사업으로 21세기가 시작되면서 미국 소매의 50%를 차지할 것으로 추정되고 있다. 미국의 국제프랜차이즈협회(International Franchise Association, IFA)는 2005년 말 현재 프랜차이즈산업의 총 산출이 2조3천억 달러로 민간부문의 11.4%를 차지하는 것으로 보고 있다.[6] 또한 IFA는 2006년 말 현재 사업형 프랜차이즈 가맹본부 수만 3,000개, 이들의 가맹점 수를 376,000개로 추정하고 있다.[7]

프랜차이즈사업은 레스토랑, 자동차, 의류, 컴퓨터, 식품소매, 호텔, 인쇄, 부동산, 헬스클럽, 게임산업 등 거의 모든 산업에 걸쳐 운영되고 있다. 230개 업종에서 프랜차이즈를 상품과 서비스의 유통수단으로 활용하고 있으며 프랜차이즈가 활용되는 산업은 패스트푸드, 소매, 서비스, 자동차관련제품, 레스토랑 순으로 많다. 프랜차이즈사업의 경제적 효과는 고용측면에서 두드러진 바, 미국경제에 있어 프랜차이즈사업에 의한 직·간접적인 고용창출은 2,100만 명으로 전체 민간부문의 15.3%를 차지한다. 직접 고용창출효과의 경우

---

6) IFA(2008), *Economic Impact of Franchised Business.*

7) IFA(2007), Profile of Franchising.

에는 핵심 여타 산업보다 월등히 커서 내구재 제조업이나 정보산업이나 건설업, 금융업의 고용보다도 많은 수치이다.[8)]

우리나라의 경우에도 프랜차이즈사업은 지난 10년 간 급속히 성장하였다. 지식경제부가 대한상공회의소 산하 한국유통물류진흥원과 공동으로 실시한 국내 프랜차이즈산업 실태조사에 의하면 국내 시장 규모는 2007년 말 현재 약 77조으로 이는 2002년 약41조원보다 88% 증가한 수치이다.[9)] 또한 전체 가맹본부의 수는 2,426개, 가맹점은 26만개, 가맹본부와 가맹점을 포함한 상시종업원은 100만명에 이르는 것으로 추정되고 있다. 프랜차이즈사업이 국민 경제적으로 매우 중요한 부문으로 발전함에 따라 정부의 프랜차이즈사업에 대한 관심도 커지고 있다. 특히, IMF 환란 이후 발생한 많은 실업자와 미취업자의 창업기회로서 프랜차이즈사업이 활용되고 있다는 점에서 고용창출과 사회안정의 방안으로 프랜차이즈사업의 경제정책적 의의가 큰 것으로 인식되고 있다.

프랜차이즈산업이 이렇듯 놀라운 성장을 한데는 역사적으로 다음과 같은 배경이 있다.

첫째, 프랜차이즈사업방식은 여타 방식에 비해 몇 가지 중요한 장점을 지니고 있다. 프랜차이즈사업은 가맹점 모집을 통해 급속한 성장이 가능하며, 자금조달이 유리하고, 가맹점에 의한 위험분산, 규모의 경제 실현 등 많은 장점을 지니고 있다.

둘째, 넷째, 소비자가 편의성과 품질의 일관성을 선호하고 있다. 소비자는 보다 잘 알려지고, 믿을 만하며, 편의적인 브랜드를 구매하고자 한다. 프랜차이즈사업은 시스템 전반에 걸쳐 동일한 품질의 제품/서비스를 동일한 브랜드로 편리한 장소에서 구매할 수 있게 해

8) IFA(2008), 위 보고서.

9) 지식경제부, 대한상공회의소 유통물류진흥원(2008), 중소유통업발전을 위한 연구-프랜차이즈 편.

주고 있다.

셋째, 경제 환경이 개인의 소자본창업을 촉진하고 있다. 프랜차이즈사업은 개인의 소자본창업을 가능하게 하는 매우 유용한 수단이다. 퇴직자는 물론 다양한 연령층의 예비창업자가 자발적으로 프랜차이즈사업에 참여하고 있다.

넷째, 제조업중심 경제가 서비스중심 경제로 옮겨가는 추세에 있다. 미국의 경우 서비스 부문의 종사자가 전체 종사자에서 차지하는 비중은 1900년도 30%에서 1950년도 50%, 2000년도 70%로 계속 증가하고 있는 것으로 추정되고 있다. 서비스업 프랜차이즈사업은 소자본으로도 창업이 가능하기 때문에 개인창업의 중요한 수단이 되고 있다.

다섯째, 글로벌 교역환경이 조성되면서 프랜차이즈사업의 국제화가 활발히 전개되고 있다. McDonald's, Pizza Hut, KFC, Starbucks 등은 이미 범세계적으로 거대한 다국적 기업으로서의 위상을 차지하고 있으며, 자국내 시장보다 해외시장에서 더 많은 점포를 개설하고 있다. McDonald's의 경우 2008년 말 현재 전세계 118개국에 31,967개 점포를 운영하고 있으며 이들을 통해 5천8백만명의 고객을 서브하고 있다. 본사 기준 매출 235억달러, 가맹점 기준 매출 541억달러 중 미국시장이 차지하는 비중은 34%에 불과한 반면, 유럽이 42%, 아시아/태평양/중동/아프리카가 18%, 기타 국가가 6%를 차지하고 있다.

여섯째, 과거 사회주의 경제체제 하에 있던 동유럽 국가나 개발도상국 등 일부 국가에서는 프랜차이즈사업이 지역개발과 고용창출의 지렛대 역할을 할 것으로 기대하며 프랜차이즈사업에 대한 정부지원을 강화하고 있다. 뿐만 아니라 선진국인 미국이나 영국의 경우에도 정부차원에서 프랜차이즈 기업의 해외진출, 가맹점사업자에 대한 자금 및 정보 등의 지원을 제공하고 있다. 우리나라의 경우에도 지식경제부가 다른 국가에서는 찾을 수 없는 세계 유일의 '가맹사업 진흥에 관한 법률'을 제정하여 중소기업청과 함께 직·간접적으로 프랜차이즈산업을 지원하고 있다.

2 프랜차이즈사업의 정의와 특성

프랜차이즈사업에 대한 정의는 국가 혹은 기관에 따라 약간의 차이가 있다. IFA는 프랜차이즈사업을 '가맹본부는 가맹점의 영업에 대하여 노하우나 연구개발 등의 분야에서 계속적으로 이익을 제공하기로 약정하고, 가맹점은 자기자본으로 가맹본부가 보유 또는 통제하는 상호, 양식, 기타 절차에 따라 영업하기로 약정함으로써 성립하는 계약관계'로 정의하고 있다.

우리나라 공정거래위원회는 프랜차이즈사업을 "가맹본부가 가맹점사업자로 하여금 자기의 상표・서비스표・상호・간판 그 밖의 영업표지를 사용하여 일정한 품질기준에 따라 상품(원재료 및 부재료 포함) 또는 용역을 판매하도록 함과 아울러 이에 따른 경영 및 영업활동 등에 대한 지원・교육과 통제를 하며 가맹점사업자는 영업표지의 사용과 경영 및 영업활동 등에 대한 지원・교육의 대가로 가맹금을 지급하는 계속적인 거래관계"로 정의하고 있다.

위 정의에 따르면 프랜차이즈사업은 다음의 세 가지 조건을 충족시키는 사업양식이라 할 수 있다.

- 가맹본부는 반드시 등록상표에 의해 확인되는 재화 혹은 용역을 가맹점에 공급하여야 한다.
- 가맹본부는 가맹점에 대해 상당한 지원을 제공하여야 하며, 가맹점의 운영을 통제하여야 한다.
- 가맹점은 운영기간 동안 일정 금액 이상의 프랜차이즈 비용을 지불하여야 한다.

프랜차이즈사업은 [그림 2-1]에서 보는 바와 같이 가맹본부(franchisor)가 가맹점(franchisee)에 대해 제품, 서비스 이외에도 상점관리의 노하우 등을 제공하는 대가로 가맹비, 로열티, 임대료 등의 수입을 얻는 프랜차이즈계약에 의해 운영된다.[10] 프랜차이즈사업은 가맹본부가 가맹점에게 단순히 제품이나 서비스만을 제공하는 것이 아니라 점포의 외관에서 종업원의 교육에 이르기까지 거의 모든 부분을 통제하는 형태로 발전하고 있다.

[그림 2-1] 가맹본부와 가맹점 간의 계약관계

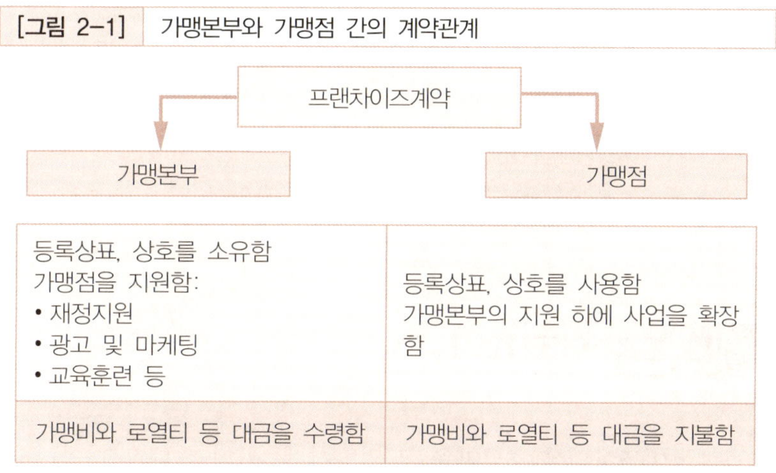

프랜차이즈사업의 본질적인 특성은 자본을 달리하는 독립적인 사업자가 계약에 의해 기능을 분담하고 상호협력함으로써 시너지효과를 얻는 데 있다. 프랜차이즈사업은 프랜차이즈계약에 의해 성립되며, 프랜차이즈계약은 부합계약성, 장기성, 의존성과 같은 특성을 지니고 있다. [표 2-1]은 프랜차이즈계약의 특성을 보여주고 있다.

10) IFA Home Page, *An Introduction to Franchising*, IFA Edcational Foundation. http://www.franchise.org/.

[표 2-1] 프랜차이즈계약의 특성

특성	내 용
부합계약성	프랜차이즈계약은 전형적인 부합계약임. 당사자 간의 교섭이나 상호협력 하에 계약의 내용이 결정되는 것이 아니라, 가맹본부가 일방적으로 계약내용을 미리 정한 상태에서 이를 포괄적으로 수용하는데 동의하는 다수의 가맹희망자가 동일한 계약을 체결하는 방식을 취하고 있음. 가맹희망자는 가맹본부가 제시하는 계약내용의 수정을 요구하는 것이 불가능하고 그 계약을 체결할지 여부만을 결정할 수 있을 뿐임.
장기성	프랜차이즈계약은 가맹점사업자에 대해 일정한 규모의 투자를 장기간 지속할 것을 요구함. 따라서 한번 체결된 계약이 상당기간 당사자를 구속함.
의존성	계약체결 후 가맹점의 성공이 가맹점사업자의 노력 이외에도 가맹본부의 지원과 노력에 크게 의존함. 가맹본부가 프랜차이즈 시스템의 가치(예를 들어 브랜드자산)를 높이기 위해 얼마나 노력하고 유효한 노하우를 얼마나 제공하는가에 의해 가맹점의 성과가 결정됨.

3 프랜차이즈사업의 유형

프랜차이즈사업은 취급제품, 사업방식 등에 따라 매우 다양한 유형이 있다. 기본적으로 프랜차이즈사업은 [표 2-2]에서와 같이 (1)제품-등록상표 프랜차이즈사업과 (2)사업형 프랜차이즈사업의 두 가지 유형으로 구분할 수 있다.

제품유통형 프랜차이즈사업(product distribution franchising)은 가맹점이 본부의 제품을 본부의 등록상표에 의해 판매하는 형태를 말하며 제품-등록상표 프랜차이즈사업(product-trade name franchising)이라고도 한다. Coca Cola가 이러한 유형의 대표적인 기업이다.

사업형 프랜차이즈사업(business format franchising)은 1950년대 이후 프랜차이즈사업의 성장을 주도하고 있는 프랜차이즈사업 형태이다. 사업형 프랜차이즈사업은 본부가 제품·서비스, 등록상표, 운영방식, 지속적인 경영지도 등 사업에 필요한 모든 요소를 가맹점에게 제공하는 형태를 말하며, 패키지 프랜차이즈(package franchise)라 불리기도 한다. 사업형 프랜차이즈사업은 외식업, 소매업, 개인 서비스업 등 다양한 산업에서 활용되고 있다.

[표 2-2] 제품유통형 프랜차이즈 vs. 사업형 프랜차이즈

제품유통형 프랜차이즈	사업형 프랜차이즈
가맹본부의 제품을 판매하는 공급자-딜러 관계를 말함. 가맹본부는 가맹점에게 등록상표의 사용을 라이선싱해 주지만 사업운영에 필요한 시스템을 모두 제공하는 것은 아님.	가맹본부의 제품이나 서비스를 가맹본부의 등록상표로 판매하며 가맹본부가 제공하는 시스템에 의해 사업이 운영됨. 가맹본부는 가맹점에게 교육훈련, 마케팅, 점포운영 등의 매뉴얼을 공함.
예 청량음료(Coca-Cola), 자동차딜러십(Ford, 대우자동차), 주유소(Exxon, SK에너지) 등	예 패스트푸드(McDonlad's, BBQ), 소매업(7-Eleven, 훼미리마트), 서비스업(Jani-King, 크린토피아) 등

미국의 경우, 사업형 프랜차이즈사업이 전체 프랜차이즈사업에서 차지하는 비중은 70~80%에 이르는 것으로 나타나고 있다. 2008년 PricewaterhouseCoopers가 조사한 바에 의하면 사업형 프랜차이즈사업은 고용, 임금, 산출, 점포수에 있어 제품유통형보다 월등히 큰 비중을 차지하고 있는 것으로 나타나고 있다.[11)]

한편, 독립적으로 운영되던 점포를 프랜차이즈시스템에 끌어들여 형성된 프랜차이즈사업을 전환형 프랜차이즈사업(conversion franchising)이라고 한다. 독립점포들은 가맹본부의 상표가 지니고 있는 명성이나 고객확보능력, 강력한 구매력이나 고도의 운영기술에 의한 비용절감 등의 장점을 활용할 수 있고 가맹본부는 단기간에 성장할 수

11) IFA(2008), 앞 보고서.

있는 기회를 가지게 된다. 미국의 숙박업체인 Best Western은 독립적으로 운영되던 숙박업소들을 가맹점으로 확보함으로써 업계 2위의 업체로 부상한 바 있다.

4 프랜차이즈사업의 운영방식

프랜차이즈사업은 가맹본부가 가맹점에 대해 지속적으로 제품과 서비스를 제공함으로써 유지된다. 대체로 가맹점은 사업경험이나 노하우가 부족하기 때문에 가맹본부는 가맹점에 대해 교육, 판매, 서비스, 촉진, 재정지원, 시장정보 등을 제공하고 가맹점은 자신의 상권에서 일정한 스케줄과 프로그램에 의해 영업을 한다. 프랜차이즈시스템이 기존의 유통경로와 다른 점은 이들 제품과 서비스의 품질이 표준화되고 일관성을 지니고 있으며, 강력한 촉진활동에 의해 뒷받침되고 있다는 점이다. 대체로 가맹본부는 소비자의 관심을 끌고 많은 가맹점을 확보하기 위한 목적으로 프랜차이즈시스템의 형성 초기에 활발한 촉진활동을 수행한다.

가맹본부는 가맹점의 점포운영에 필요한 초기서비스와 계속서비스를 제공한다. 가맹본부가 가맹점에게 제공하는 초기서비스(initial services)에는 시장조사와 입지선정, 매장 설계와 설비 배치, 점포임대시 조언, 자금조달 조언, 운영매뉴얼의 제공, 관리자 및 종업원에 대한 교육훈련프로그램의 제공 등이 포함된다. 또한 계속서비스(ongoing services)에는 현장감독, 머천다이징 및 촉진물 제공, 관리자 및 종업원 재훈련, 품질검사, 전국 광고의 실시, 중앙집중식 계획수립(공동구매, 공동물류 및 공동판매), 시장정보 제공, 회계처리와 감사, 경영보고서, 단체보험 가입 등이 포함된다.

가맹본부는 자신이 제공하는 제품/서비스, 노하우의 대가로 계약금, 로열티, 임대료 등의 수입을 얻는다. 이들 수입원천을 열거하면 다음과 같다.

- 초기 가맹비: 가맹본부는 가맹점에 대해 가맹비를 지불할 것을 요구한다. 초기 가맹비에는 입지선정, 교육, 운영통제시스템의 설치 및 프랜차이즈 개발비용 등이 포함되어 있다. 초기 가맹비는 프랜차이즈 시스템이 성공적으로 운영될수록 증가하는 경향이 있다. 미국의 경우 초기 가맹비는 전체 프랜차이즈 수입의 약 22.7%에 해당한다.
- 로열티: 로열티는 일정한 금액의 수수료를 말한다. 로열티 산정의 기준으로는 흔히 매출액의 일정비율이 활용되지만 경우에 따라서는 매출수량을 활용하기도 하며(예: 모텔의 경우 객실 기준), 매출액이 증가함에 따라 로열티 지급비율을 낮추거나 매출액에 상관없이 최소한의 로열티를 요구하기도 한다. 미국의 경우 가맹본부의 전체 수입 중 31.2%를 로열티가 차지하고 있다.
- 광고비: 브랜드 인지도를 높이기 위해서는 광고가 필요하며 이를 위해 가맹본부는 가맹점에 대해 광고비를 부과한다. McDonald's의 경우 광고비의 대부분을 가맹점으로부터 조달하고 있으며 가맹점의 광고비 부담율은 매출총액의 4%에 해당한다.
- 제품판매비: 일부 가맹본부는 원부자재나 완제품을 가맹점에게 판매하고 있으며 따라서 도매상으로서의 기능을 수행한다. 예를 들어 외식업의 경우 가맹본부의 매출 중 상당부분을 원부자재의 판매가 차지하고 있다.
- 임대료 및 리스비: 가맹본부는 빌딩이나 장비, 설비를 임대하기도 한다. 임대료는 대체로 매출액이 증가함에 따라 증가하는 성향을 보이고 있다.
- 라이선스 비용: 가맹점은 가맹본부의 등록상표를 사용하는 대가로 비용을 지불하기도 한다.

- 관리비: 흔하지는 않지만 일부 가맹본부의 경우 점포경영에 관한 컨설팅 서비스의 대가로 가맹점에 대해 관리비를 부담시키기도 한다.

5 프랜차이즈사업의 장점과 단점

모든 사업방식은 장점과 단점을 함께 지니고 있다. 프랜차이즈사업의 경우도 마찬가지이다. 프랜차이즈사업은 매우 효율적인 사업방식이자 부의 창출수단이다. 프랜차이즈사업은 일반적으로 기업이 직면하는 문제인 관리적 효율성, 위험관리, 자원제약의 문제를 해결하는데 도움을 준다. 프랜차이즈사업은 점포 확장, 자본조달에 있어 매우 효율적인 수단이며 빠른 성장수단이다.

하지만 프랜차이즈사업은 가맹본부와 가맹점간 갈등, 기회주의와 같은 거래비용문제, 의사결정에서의 신축성 결여 등 여러 가지 단점도 지니고 있다. 프랜차이즈사업의 성공은 가맹본부와 가맹점간의 긴밀한 상호협력을 기반으로 하고 있다는 점에서 이들 단점을 얼마나 잘 극복할 수 있는가에 따라 시스템의 성공여부가 결정된다. [표 2-3]은 프랜차이즈사업의 장점과 단점을 보여주고 있다. 각각의 장점과 단점을 기술하면 다음과 같다.

[표 2-3] 프랜차이즈사업의 장점과 단점

프랜차이즈사업의 장점	프랜차이즈사업의 단점
• 점포운영자의 효과적인 선발과 이들에 대한 인센티브 제공 • 빠른 성장을 위한 자원 확보– 자본 및 인적자원 확보 • 유리한 재정모델 – 가맹본부와 가맹점의 위험공유, 높은 투자수익률	• 가맹본부와 가맹점간 갈등 –상이한 목표, 상권중복, 정책갈등, 협상조건의 변화 등 • 거래비용문제–무임승차, 속박, 과소투자, 지적재산권의 상실 등 • 혁신과 변화의 거부 • 직영점보다 낮은 재정수익

5.1 프랜차이즈사업의 장점

프랜차이즈사업은 모든 점포가 표준화된 제품과 공통 브랜드를 사용함으로써 소비자 욕구를 보다 잘 충족시킬 수 있는 사업방식이다. 프랜차이즈사업이 지닌 장점으로는 크게 (1) 점포운영자의 효과적인 선발과 이들에 대한 인센티브 제공, (2) 빠른 성장을 위한 자원 확보, (3) 유리한 재정모델의 세 가지를 들 수 있다.[12)]

점포운영자의 효과적인 선발과 인센티브의 제공

프랜차이즈사업은 직영점에 비해 더 유능한 점포운영자를 선발할 수 있게 해주며, 이익동기(profit motive)를 지닌 점포운영자로 하여금 최선을 다하게 하는 인센티브를 제공한다. 가맹본부가 유능한 점포운영자를 고용하기 위해서는 이들의 능력에 관한 정보를 필요로 한다. 점포운영자가 고용되면 이들에게는 월급과 같은 고정급이 주어지기 때문에 무능한 점포운영자에게 지급되는 월급은 가맹본부의 입장에서는 손해라 할 수 있다. 이들의 능력과 성과가 가맹본부의 기대에 못 미쳐 해고를 하려 하더라도 법률 등에 의해 어려운 경우가 많다. 경제학적 용어를 빌리자면 정보불균형(information asymmetry), 즉 가맹본부가 점포운영자에 대한 진실된 정보를 가지고 있지 않음으로써 역선택(adverse selection), 즉 무능력한 점포운영자를 고용하는 문제가 발생한다.

그러나 가맹본부가 가맹점사업자에게 점포운영을 맡기는 경우에는 정보불균형에 의한 역선택의 문제를 상당히 줄일 수 있다. 고용된 점포운영자와 달리 가맹점사업자는 점포운영을 위해 상당한 투자를 한다. 또한 자신이 점포를 어떻게 운영하느냐에 따라 자신에게

---

12) Shane, Scott A.(2005), *From Ice Cream to the Internet*, Pearson Education Inc. Prentice Hall.

돌아오는 수익이 달라진다. 가맹점사업자는 투자요구와 자신의 능력, 수익을 고려하여 프랜차이즈사업에 투자할 것인가 말 것인가를 스스로 결정한다. 따라서 가맹본부의 입장에서는 유능한 점포운영자를 고용하는데 따른 노력과 비용을 절감할 수 있게 된다.

고용된 점포운영자는 가맹본부의 기대와 달리 책임회피(shirking), 즉 목표달성을 위해 최선의 노력을 다하지 않을 수 있다. 고정급을 받는 점포운영자는 최선을 다하지 않더라도 일정한 수준의 보상을 받을 수 있기 때문이다.

가맹점사업자에게 점포운영을 맡기는 것은 고용된 점포운영자의 책임회피에 따른 손실을 효과적으로 방지하는 수단이 된다. 가맹점사업자는 점포운영 성과에 따라 자신의 이익이 결정된다. 따라서 가맹점사업자는 보다 많은 이익을 얻기 위해 점포운영에 최선의 노력을 경주한다.

가맹점사업자는 소비자와 매일 매일 상호작용하기 때문에 소비자에 대한 정보를 많이 가지고 있으며 이를 활용해 소비자의 욕구를 충족시키기 위해 노력한다. 가맹점사업자는 소비자가 원하는 제품이나 서비스를 제공하기 위해 자신의 점포에 혁신적인 아이디어를 도입하기도 하며 이에 대한 정보를 가맹본부에게 제공함으로써 새로운 제품/서비스의 개발에 기여한다.

가맹점사업자의 이러한 노력은 자신의 점포는 물론 프랜차이즈시스템 전체의 매출 증대를 가져온다. 예를 들어 프랜차이즈방식을 도입한 레스토랑은 이를 도입하지 않은 레스토랑에 비해 평균 매출이 82% 가량 높은 것으로 보고되고 있다.[13)]

또한 가맹점사업자는 매출을 증대시키고자 노력할 뿐만 아니라 비용을 절감하기 위해서도 노력한다. 고용된 점포운영자에 비해 가

13) Bates, T(1998), “Survival Patterns Among Newcommers to Franchising,” *Journal of Business Venturing*, 13, No.2, 113-130.

맹점사업자는 불필요한 비용의 지출을 스스로 억제하고 생산성을 높이기 위해 노력한다. 자동차정비업과 같이 초기투자가 큰 사업의 경우에는 종업원의 생산성을 높이는 것이 보다 많은 이익을 올리기 위해 매우 중요하기 때문에 가맹점사업자는 자신의 종업원으로 하여금 가능한 한 빠른 시간에 정비 업무를 마치도록 독려한다.

가맹본부는 가맹점사업자에게 점포운영을 맡기는 대신 고용된 점포운영자에게 스톡옵션이나 보너스를 제공하여 이들이 최선의 노력을 다하도록 할 수도 있다. 그러나 이들 방법이 성과를 높이는데는 한계가 있다. 스톡옵션의 경우에는 성과향상에 따른 혜택을 점포운영자가 얻기는 하지만 성과감소에 따른 비용을 점포운영자가 부담하지는 않는다. 보너스의 경우에도 성과감소에 따른 비용을 부담하지 않을 뿐만 아니라 단기적인 성과(예를 들어 전년도 매출 혹은 순이익)를 보너스의 산정기준으로 삼고 있기 때문에 점포운영이 단기적인 안목에서 이루어질 가능성이 높다. 가맹점사업자의 경우에는 단기적인 성과보다는 장기적으로 수입을 극대화하는 것을 목표로 한다.

한편 고용된 점포운영자에 비해 가맹점사업자는 현지시장에 대한 정보를 제공하는데 있어 보다 효과적이다. 프랜차이즈시스템의 규모가 커질수록 가맹본부의 경영자가 개별 점포의 정보를 점포운영자로부터 직접 보고받을 수 있는 기회는 줄어든다. 그 결과 가맹본부의 경영자에게 보고되는 시장정보는 정보의 전달과정에서 왜곡될 가능성이 높다. 반면 가맹점사업자는 가맹본부의 경영자와 파트너로서의 위치에 있기 때문에 현지시장에 대한 정보를 직접 교환할 수 있는 위치에 있고 따라서 정보의 전달과정에서 정보가 왜곡될 가능성은 낮다.

빠른 성장을 위한 자원 확보

많은 기업에게 있어 성장은 중요한 전략적 목표 중의 하나이다. 특히 가맹본부에게 있어 성장은 중요한 전략적 목표가 되고 있다. 미국의 샌드위치 가맹본부인 Subway는 1980년부터 2004년 사이에 가맹점 수를 150개에서 무려 19,239개로 빠르게 늘렸다. 불과 20여 년 만에 Subway의 점포수가 크게 늘어난 이유는 Subway가 적극적으로 빠른 성장을 위한 전략을 구사하였기 때문이다. 프랜차이즈사업에서 빠른 성장이 중요한 이유는 다음과 같다.

첫째, 브랜드가 핵심 경쟁우위요소인 산업에 있어서는 빠른 성장이 중요하다. 브랜드인지도를 높이기 위해서는 광고가 매우 유효한 수단이며 광고비를 절감하기 위해서는 점포의 수를 늘리는 것이 중요하다. 점포의 수가 많으면 많을수록 규모의 경제, 즉 단위점포당 비용이 감소하기 때문이다.

둘째, 가맹본부가 공급업체를 상대로 협상력을 높이기 위해서도 빠른 성장이 필요하다. 점포의 수가 많을수록 가맹본부의 구매력은 커지며 가맹본부는 이를 활용하여 공급업체로부터 원부자재를 구매하는데 있어 보다 유리한 협상을 할 수 있다.

셋째, 프랜차이즈시스템을 운영하기 위해서는 신제품 개발, 정보시스템의 구축 등에 많은 비용이 소요된다. 점포의 수가 많을수록 단위점포당 비용이 감소하며 이로 인해 개별 점포의 수익성이 향상될 수 있다.

넷째, 빠른 성장은 좋은 입지를 확보하는데도 기여한다. 프랜차이즈사업에 있어 좋은 입지는 매우 중요한 경쟁우위요소가 된다. 빠른 성장은 많은 투자자를 유인하여 좋은 입지에 투자할 수 있도록 동기부여하는 요인이 된다.

기업이 빠르게 성장하기 위해서는 자본과 인적자원이 필요하다. 프랜차이즈사업은 빠른 성장에 필요한 자본과 인적자원을 확보할 수 있는 매우 유효한 수단이다. 프랜차이즈사업은 가맹점사업자로부터 성장에 필요한 자본을 획득한다. 가맹점사업자는 가맹본부를 대신하여 건물 임대료와 설비구입비용, 인테리어비용 등 점포운영에 필요한 투자를 하며 여기에 가맹비까지 지불한다. 만약 가맹점사업자가 투자를 하지 않는다면 이는 고스란히 가맹본부의 몫이 된다.

프랜차이즈사업은 점포확보에 요구되는 투자의 상당부분을 가맹점사업자가 부담하기 때문에 가맹본부의 자본부담이 적고, 광범위한 지역에 걸쳐 단시간에 판매망을 확보할 수 있는 수단이 된다. 가맹점의 입장에서는 비교적 소액의 자본으로 사업을 시작할 수 있고, 사업에 대한 경험이 없더라도 본부의 교육프로그램, 매뉴얼, 각종 지도에 의해 사업을 수행해 나갈 수 있다는 장점도 있다.

가맹본부가 가맹점사업자가 아닌 다른 원천으로부터 자본을 확보하는 데는 어려움이 많다. 특히 신생가맹본부의 경우에는 실패의 위험이 높기 때문에 투자자들이 투자를 주저하고 따라서 자본 확보가 더욱 어렵다. 가맹점사업자는 일반 투자자에 비해 투자에 따른 위험을 감수하고자 하는 성향이 강하다. 이들은 기업가적 의식을 가지고 있으며 자신이 직접 점포를 운영하기 때문에 자신의 능력과 노력에 의해 자신에게 돌아오는 수익이 결정되는 것이라 믿는다.

가맹점사업자는 자신이 점포를 운영하기 때문에 일반 투자자와는 달리 점포운영에 관해 정확하고 많은 정보를 가질 수 있다. 프랜차이즈사업의 경우 가맹점사업자가 점포운영자이자 투자자이기 때문에 일반 투자자가 우려하는 점포운영자의 도덕적 해이, 즉 점포운영자가 투자자의 이익에 반하는 행위를 할 가능성은 원천적으로 존재하지 않는다.

프랜차이즈사업은 빠른 성장에 필요한 유능한 인적 자원을 확보하는 효과적인 수단이기도 하다. 가맹점사업자는 고용된 점포운영자에 비해 기업가적 정신이 강하고 사업에 대한 열의가 높다. 또한 가맹본부가 직영점포를 운영하기 위해서는 점포관리자는 물론 종업원을 선발하고 교육시키기 위한 비용을 지불하여야 하지만 가맹점을 운영하는 경우에는 그 비용을 가맹점사업자가 지불하며 단지 가맹본부는 유능하고 동기부여된 가맹점사업자를 선발하고 교육시키는 데 주력하면 된다.

유리한 재정모델

프랜차이즈사업은 상대적으로 위험이 낮으면서 높은 수익을 창출할 수 있는 사업모형이다. 가맹본부는 가맹비와 로열티 등의 수입을 통해 사업을 안정적으로 수행할 수 있으며, 많은 점포를 운영함으로 안정된 상품의 판매망을 확보할 수 있다. 가맹점의 입장에서는 가맹본부가 프랜차이즈 패키지를 개발하고 이에 입각하여 체계적인 지도를 제공하기 때문에 실패의 위험성이 적다. 본부의 우수한 상품, 점포 디자인, 상표, 경영기법 등을 사용해서 사업을 수행하기 때문에 처음부터 효과적인 판매가 가능하다. 또한 중앙집중적인 구매, 마케팅을 통해 규모의 경제를 실현할 수 있다.

점포운영을 위한 투자에는 위험이 항상 따른다. 모든 점포가 성공적으로 운영되는 것은 아니며 성공적으로 운영되는 점포가 있는 반면 부실하게 운영되는 점포가 있다. 가맹본부의 입장에서는 새로운 점포를 개설하여 성공할 것이 확실시 되는 경우에는 자신이 직접 투자하여 직영점 형태로 운영하고자 한다. 하지만 이에 대한 확신이 없는 경우에는 가맹점사업자의 투자를 유도하여 가맹점형태로 점포를 운영한다. 이는 가맹본부로 하여금 성공적인 점포만을 자신이 보유하게 함으로써 재무구조를 견실하게 해주는 역할을 한다.

가맹본부는 점포개설, 신제품개발, 지원시스템의 구축, 브랜드 인지도 제고 등을 위해 많은 투자를 한다. 가맹본부가 직영점만을 운영하는 경우에는 이들 투자에 따른 위험을 자신이 모두 감수해야 하지만 가맹점을 운영하는 경우에는 투자의 상당부분을 가맹점사업자로부터 조달하기 때문에 결국 투자에 따른 위험을 가맹점사업자와 공유하게 된다.

가맹본부가 가맹점으로부터 받는 로열티는 위험을 공유하는 수단이 된다. 가맹본부는 가맹점 매출의 일정비율을 로열티로 받음으로써 자신의 투자에 대한 수익을 일정부분 보장받는다. 가맹점의 매출이 많을수록 가맹본부는 많은 수익을 올리게 된다. 가맹점사업자는 비록 로열티를 지불하기는 하지만 매출이 부진하면 로열티도 적게 지불하기 때문에 그다지 불만이 없다. 또한 로열티를 비용으로 공제하고도 일정한 수익을 올릴 수 있기 때문에 투자수익률이 기대수준에 미치는지 못 미치는지에 관심을 가질 뿐이다.

또한 가맹본부는 여러 지역에 점포를 개설함으로써 위험을 분산시킬 수 있다. 프랜차이즈사업은 점포를 여러 지역으로 확대하는 데 유효한 수단이며, 이는 특정지역에서 손실이 발생하더라도 다른 지역에서 높은 수익을 올림으로써 평균적인 수익을 달성할 수 있게 해준다.

프랜차이즈사업은 소비자불만의 처리나 종업원 고용 등 제3자와의 관계에서 발생할 수 있는 위험도 감소시켜준다. 직영점과 달리 소비자불만이 발생할 경우 가맹본부는 가맹점사업자에게 그 책임을 물을 수 있고, 종업원에 대한 최저임금이나 의료보험혜택 제공 등의 문제는 전적으로 가맹점사업자가 해결해야 하는 문제이기 때문에 하등의 책임을 지지 않는다.

한편, 프랜차이즈사업은 직영점에 비해 높은 투자수익률을 보일 수 있다. 투자수익률은 투자, 수입(혹은 매출), 비용의 세 가지 요소에 의해 결정된다.

프랜차이즈사업은 대부분의 투자가 신제품개발과 시스템구축에 이루어진다. 가맹본부의 입장에서는 점포의 수가 증가할수록 이들 투자에 대한 회수가 빠르게 진행된다. 더구나 어느 정도 규모가 커지면 점포수 증가에 따른 추가투자가 많이 요구되지 않고 추가투자의 상당부분을 가맹점사업자가 부담하기 때문에 운영자금에 있어 여유를 가질 수 있다.

가맹점은 가맹점사업자가 매출증대에 많은 노력을 기울이기 때문에 고용된 점포운영자에 의해 운영되는 직영점에 비해 매출이 높을 수 있다. 또한 가맹점은 직영점에 비해 비용을 적게 지출한다. 직영점에 비해 가맹점의 단위매출당 종업원 수는 적은 것으로 나타나고 있다. 즉 동일한 매출을 올리기 위해 고용하고 있는 종업원 수가 가맹점이 직영점에 비해 적은 것으로 나타나고 있다. 가맹본부가 점포를 감시감독하는 비용도 가맹점이 직영점에 비해 낮은 것으로 나타나고 있다. 가맹점에 대한 감시감독 비용은 직영점에 비해 절반 수준인 것으로 보고되고 있다.

5.2 프랜차이즈사업의 단점

프랜차이즈사업의 장점은 본부의 프랜차이즈 시스템 운영기법과 가맹점에 대한 관리체제가 적절하게 구비되었을 경우에 발생한다. 따라서 프랜차이즈시스템을 성공적으로 운영하기 위해 가맹본부는 다음과 같은 문제점을 해결할 수 있어야 한다.

첫째, 가맹본부와 가맹점은 서로 추구하는 목표가 근본적으로 서로 다르기 때문에 갈등이 자주 발생한다. 가맹본부가 직영점만을 운영하는 경우에는 기업차원에서 동일한 목표를 추구하므로 목표에 의한 갈등이 발생하지 않는다.

둘째, 프랜차이즈사업은 거래비용문제(transaction cost problems)를 안고 있다. 대표적인 거래비용문제로는 기회주의적 행위를 들 수 있다. 가맹본부는 가맹점의 기회주의적 행위(예를 들어, 무임승차)

의 문제를 해결하기 위해 가맹점에 대한 감시감독을 소홀히 할 수 없다.

셋째, 가맹본부는 가맹점에 대한 통제가 어렵기 때문에 신제품을 개발하거나 변화를 모색하기가 쉽지 않다.

넷째, 경우에 따라 가맹점을 운영하는 것이 직영점을 운영하는 것보다 수익성이 낮을 수 있다.

가맹본부와 가맹점간 갈등

가맹본부와 가맹점은 여러 쟁점에 있어 갈등을 보인다. 가맹본부와 가맹점 간 갈등은 각자가 추구하는 목표가 서로 일치하지 않기 때문에 발생하기도 하며, 가맹점의 배타적 상권, 가맹본부의 정책, 당사자간 계약사항에 대한 인식 상의 차이 등으로부터 발생하기도 한다.

첫째, 가맹본부는 일반적으로 매출을 극대화하고자 하나 가맹점은 매출보다는 이익을 극대화하고자 한다. 가맹본부는 자신의 수입의 상당부분을 로열티에 의존하고 있고 로열티는 매출의 일정비율에 의해 책정되는 것이 일반적이므로 가맹점의 매출을 극대화하는 것을 목표로 삼는다. 하지만 가맹점은 독립된 사업주체로서 궁극적으로 자신의 수익성을 극대화하는 것을 추구한다. 따라서 가맹점은 매출을 극대화하는 것보다는 자신의 수익성을 극대화하는 것을 목표로 삼는다.

매출을 극대화하는 것과 이익을 극대화하는 것은 서로 다른 전략을 필요로 한다. 원칙적으로 매출을 극대화하는 것은 고품질의 제품을 저가로 판매할 때 가능하다. 반면 이익을 극대화하는 것은 저품질의 제품을 고가로 판매할 때 가능하다.

예를 들어 자동차정비서비스업의 경우, 브레이크정비는 고마진 서비스이다. 그러나 브레이크정비가 전체 매출에서 차지하는 비중은 낮다. 브레이크정비를 원하는 고객의 수가 적기 때문이다. 반면 오일교환은 자주 발생하고 따라서 매출에서 차지하는 비중이 크다. 그러나 오일교환은 저마진이라는 문제를 안고 있다. 가맹본부는 매출비중이 높은 오일교환서비스를 개선할 것을 가맹점에게 요구한다. 하지만 가맹점은 마진이 적은 오일교환서비스를 개선하기 위한 투자에는 인색할 수밖에 없다. 대신 고마진인 브레이크정비에 많은 시간을 할애하고자 한다.

또 다른 예로 할인쿠폰을 들 수 있다. 할인쿠폰은 가맹본부가 소비자의 관심을 끌어 매출을 극대화하기 위한 촉진전략의 하나이다. 할인쿠폰의 발행에 의해 가맹본부는 매출을 높일 수 있지만 가맹점의 입장에서는 매출 증가에 비해 비용 증가가 더 클 수 있으며 따라서 할인쿠폰의 발행에 반대하는 경우가 많다.

[그림 2-2] 가맹본부와 가맹점의 전형적인 매출-이익 곡선

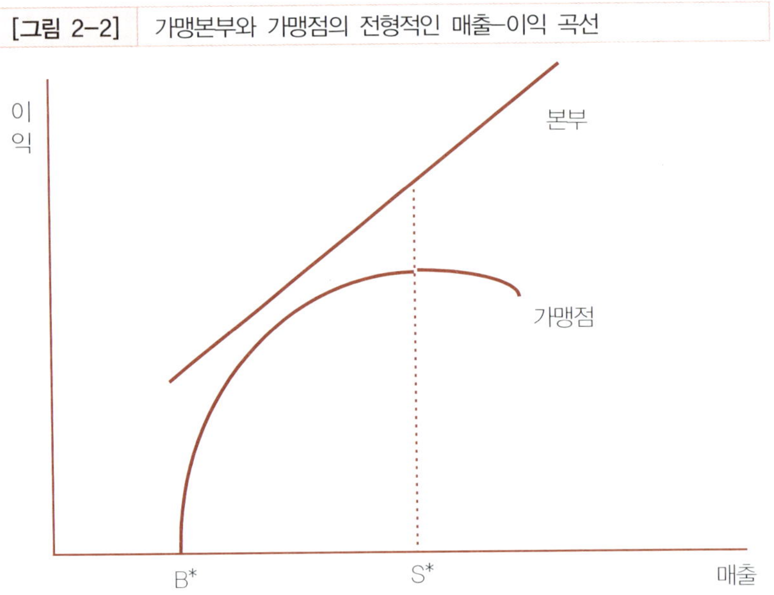

[그림 2-2]에서 보듯이 전형적으로 가맹본부의 이익은 가맹점의 매출이 증가할수록 선형적으로 증가한다. 반면 가맹점의 이익은 손익분기점(B*)을 넘는 매출에 의해 발생하며, 한계수확체감의 법칙에 의해 체감적으로 증가하다가 일정수준(S*)을 초과하면 오히려 감소하게 된다. 따라서 가맹점은 S* 이상의 매출증대를 의도적으로 꾀하지 않으며, 가맹본부는 매출증대를 위해 해당지역에 새로운 가맹점을 개설하고자 한다. 이는 기존 가맹점의 희생(이익감소)을 요구하기 때문에 심각한 갈등을 유발한다.

둘째, 가맹본부와 가맹점은 동일상권에 얼마나 많은 가맹점을 둘 것인가를 두고도 첨예한 갈등을 보인다. 가맹본부는 매출을 극대화하기 위해 기존 가맹점이 위치한 지역에 가능한 한 많은 가맹점을 개설하고자 한다. 이는 기존 가맹점의 이익을 손상한다. 설령 기존 가맹점이 수익성이 나쁜 경우에도 가맹본부는 신규가맹점을 개설하고자 한다. 이는 가맹점 추가에 따른 로열티 증가가 늘어난 가맹점을 관리감독하는 비용보다 클 수 있기 때문이다.

동일상권내 최적 가맹점수를 놓고 가맹본부와 가맹점이 서로 다른 인식을 가지고 있기 때문에 이는 종종 분쟁의 원인이 되고 있으며 사법적 판단의 대상이 된다. 가맹본부는 매출이 극대화되는 점까지 가맹점 수를 늘리고자 한다. 반면 가맹점의 입장에서는 가맹점 신설에 따라 자신의 매출이 감소하고 수익성이 나빠지는 것을 우려한다.

분쟁을 막기 위해 가맹본부는 기존 가맹점이 위치한 상권의 일정 범위에 동일브랜드의 점포를 개설하지 않을 것임을 계약서나 운영지침에 명시하고 있다. 소위 가맹점의 배타적 영역(exclusive territories)을 보장해 주는 것이다. 만약 가맹점에 대해 배타적 영역을 보장해주고 싶지 않다면 가맹본부가 선택할 수 있는 대안은 해당 지역에 직영점을 개설하는 것이 된다. Starbucks의 경우 직영점을 개설하는 중요한 이유 중의 하나는 바로 영역에 의한 분쟁에 휘말리지 않고자 함에 있다.

가맹본부와 가맹점간의 갈등은 점포수만 가지고 발생하는 것이 아니다. 가맹본부와 가맹점은 자신이 서브하는 고객의 범위, 즉 고객커버리지를 놓고도 발생한다. 가맹본부가 가맹점이 위치한 지역의 고객에 대해 직접 서브하는 것(예를 들어 수퍼마켓에 대한 가맹본부의 직거래, 인터넷에 의한 직거래)도 중요한 갈등발생 원인이 되고 있다.

미국의 경우 일부 주는 가맹본부가 가맹점이 위치한 지역에 동일 브랜드의 점포를 개설하지 못하도록 법으로 규제하고 있다. 예를 들어 미국의 아이오와주는 가맹본부로 하여금 기존 가맹점이 위치한 곳으로부터 3마일 이내에는 새로운 점포를 개설하지 못하도록 하고 있다.

가맹본부는 가맹점의 반발을 무마하기 위해 기존 가맹점과 인접한 곳에 새로운 점포를 열수 있는 권한을 기존 가맹점에게 부여하거나 새로운 점포의 개설을 거부할 수 있는 우선권을 가맹점에게 부여하는 두 가지 방안 중 하나를 선택하도록 할 수 있다. 가맹점의 입장에서는 복수의 점포를 운영하는 것이 규모의 경제를 실현할 수 있다면 새로운 점포의 신설을 반대하는 것보다는 자신의 점포수를 늘리는 것을 선호할 가능성이 높다.

셋째, 가맹본부와 가맹점은 가맹본부의 정책을 놓고도 갈등을 보인다. 직영점만을 가진 기업은 자신의 정책에 의해 특정점포가 이득을 보건 손해를 보건 관심을 가지지 않는다. 전체 시스템의 이득에만 관심을 가지기 때문이다. 하지만 가맹점을 운영하고 있는 가맹본부의 경우에는 전체 시스템에 미치는 효과를 생각해서 전략을 수립하고 실시하기 때문에 특정 가맹점이 당면한 상황과 맞지 않을 수 있으며 이로 인해 피해를 볼 수 있다. 즉 본부의 정책에 의해 일부

가맹점은 이득을 보지만 또 다른 가맹점은 손해를 볼 수 있으며 이로 인해 가맹본부와 가맹점간에 갈등이 발생한다.

자동차정비의 경우 어느 점포에서나 고객불만을 처리하도록 하는 정책을 채택하고자 하는 경우 가맹점은 자신이 책임이 없는 고객불만을 처리하는 것을 반대한다. 만약 가맹본부가 이를 채택하고자 한다면 가맹본부는 책임여부를 따져 책임을 져야 하는 가맹점에 대해 비용을 부과하고 책임이 없는 가맹점이 고객불만을 처리한 경우 이에 대해 보상을 해주어야 한다.

넷째, 가맹본부와 가맹점은 사업초기 맺은 계약조항을 놓고 갈등을 보이기도 한다. 시간이 지날수록 가맹본부의 가맹점에 대한 서비스와 자산의 가치는 감소하게 된다. 예를 들어 가맹점은 사업초기 가맹본부의 교육훈련 서비스에 많이 의존하게 되지만 자신의 경험이 쌓일수록 점포운영을 위해 가맹본부의 교육훈련 서비스에 의존하지 않게 된다. 그럼에도 불구하고 가맹점은 계약조건에 의해 계약기간 동안 동일한 로열티를 가맹본부에게 지급하여야 하기 때문에 시간이 지날수록 자신이 지급하는 로열티가 너무 높다는 인식을 가지게 된다. 이러한 인식은 가맹본부와 가맹점간의 갈등이 발생하는 주요 원인 중의 하나가 되고 있다.

거래비용문제

프랜차이즈사업은 소유권이 독립된 가맹점에 의해 제품이나 서비스를 제공하는 사업방식이기 때문에 몇 가지 거래비용문제를 안고 있다. 여기에는 무임승차, 속박(hold-up), 과소투자(under investment), 지적재산권(intellectual property)의 상실이 포함된다.

첫째, 가맹점은 무임승차(free-riding) 즉, 자신에게 이익이 돌아오지만 그 비용을 자신이 부담하지 않는 기회주의적 행위를 꾀할 수 있다. 가맹점은 브랜드의 명성을 해치는 행위를 하더라도 이에 따른 비용 모두를 자신이 부담하지 않는 경우 자신의 이익을 위해 브랜드의 명성을 저해하는 행동을 취할 수 있다. 예를 들어 자동차정비서비스업에 있어 가맹점은 가맹본부의 지침에도 불구하고 정품 오일필터를 사용하지 않고 대신 재활용 오일필터를 사용할 수 있다. 이러한 행위는 자신에게는 이익(저가의 부품활용에 의한 이익)으로 돌아오지만 비용(소비자 불만에 의한 수요감소)은 모든 가맹점이 부담하게 된다. 또 다른 예로 가맹본부는 브랜드인지도를 높이기 위해 전국광고를 실시하고 이에 소요되는 비용을 가맹점이 부담하도록 하고 있다. 그러나 전국광고가 가지는 효과는 지역에 따라 다를 수 있다. 전국광고가 매출향상에 도움이 되지 않는다고 판단하는 가맹점은 광고비를 부담하지 않고자 하며 이로 인해 전국광고의 실시는 어려워진다. 지역광고의 경우에도 동일지역에 여러 가맹점이 있는 경우에는 가맹점 자신이 광고비를 부담하지 않더라도 다른 가맹점이 광고비를 부담하고 이에 의해 자신의 매출이 증가할 수 있다는 판단에 따라 광고비를 부담하지 않고자 한다. 다른 가맹점의 광고비에 자신이 무임승차하는 것이다.

가맹본부는 전체 시스템의 평판에 부정적 영향을 미치는 무임승차를 통제하기 위해 계약서상에 품질표준을 따르도록 가맹점에게 요구하거나, 보다 엄밀한 과정을 통해 유능하고 동기부여된 가맹점사업자를 선발하는 방안을 활용할 수 있다. 하지만 무임승차를 통제하는 것은 매우 어렵다. 사전에 완벽한 계약서를 작성하는 것도 불가능하며 가맹점에 대한 선발과정에서 완벽을 기하기도 어렵다. 또한 사후적으로 가맹점을 통제하는 것도 쉽지 않다. 예를 들어 매장내 제품의 가격을 일정수준에서 유지하도록 하는 재판매가격유지정책은 불공정거래의 한 유형으로 규제대상이 될 수 있다.

가맹본부는 품질표준을 유지하기 위해 가맹점사업자에게 특정 공급원의 제품을 사용하도록 계약서상에 요구할 수 있다. 이는 계약서에 이를 명시하지 않을 경우 가맹점이 저급 저가의 제품을 사용하고자 하는 동기를 가질 수 있기 때문이다. 그러나 이 경우에도 가맹점은 여전히 저급저가의 제품을 사용하는 것이 자신에게 유리하다고 판단할 수 있다. 공정거래법은 제품이나 서비스의 품질유지에 결정적인 경우에 한해 공급원을 제한할 수 있도록 하고 있다.

둘째, 무임승차가 가맹점의 기회주의적 행위를 지칭한다면 속박은 가맹본부의 기회주의적 행위를 지칭한다. 속박(hold-up)은 어느 일방이 상대방과의 거래를 위해 특유자산(예를 들어 특정설비)에 투자한 경우 상대방의 협상력이 증가하고 이로 인해 자신의 이익을 착취당하는 경우를 말한다.

속박은 가맹본부가 가맹점에 대해 특유자산에 대한 투자를 강요하는 경우 발생한다. 가맹점의 입장에서는 계약기간동안 사업을 지속하기 위해 이러한 투자를 거절하기가 어렵다. 가맹본부는 가맹점이 계약체결을 원하고 계약해지를 두려워하는 것을 잘 알고 있다. 계약당시 혹은 갱신 시 이들 특유자산에 투자할 것을 요구하며 만약 이를 따르지 않을 경우 계약을 해지하거나 종결할 것으로 압박하기도 한다. 일단 가맹점이 특유자산에 대한 투자를 결정하는 경우 가맹본부의 협상력은 커지며 이를 활용해 가맹점의 이익을 가져올 수 있게 된다.

속박의 문제는 두 당사자가 상호협조하면 가장 효율적으로 업무를 수행할 수 있고 이익이 증가할 수 있음에도 불구하고 이에 협조할 경우 상대방의 협상력이 강해지는 것을 두려워하여 설령 자신에게 손해가 되더라도 협조하지 않는 결과를 초래한다. 예를 들어 가맹본부는 특정한 재고관리시스템을 도입하면 가맹본부와 가맹점의 보다 효율적인 운영이 가능하며 시스템 전체의 이익이 증가할 수 있음을 강조한다. 그러나 가맹점은 재고관리시스템에 투자할 경우 가맹점의 가맹본부에 대한 의존도는 커지고 가맹본부의 협상력이 증가하며 이로 인해 가맹본부가 가맹점에 대해 보다 많은 양보를 요구할 수 있다고 판단하여 이에 협조하지 않을 수 있다. 가맹점은 자신의 투자에 의해 가맹본부가 자신을 압박하고 이익을 착취할 수 있게 된다고 판단하는 것이다. 따라서 가맹본부와 가맹점 모두 재고관리시스템의 구축 필요성은 인정하지만 실제로 가맹점의 투자가 이루어지지 않기 때문에 재고관리시스템의 도입은 어려워지며 재고관리 업무의 효율성을 개선되기 어려워진다. 만약 가맹본부가 재고관리시스템의 구축을 원한다면 가맹점을 통합하여 직영점형태로 운영할 수 밖에 없다.

셋째, 대부분의 가맹점사업자는 자신이 가진 모든 재산을 프랜차이즈사업에 투자한다. 따라서 가맹본부가 가맹점사업자에게 시스템 개발 등을 위해 더 이상의 투자를 요구하는 것은 매우 어렵다. 그 결과 프랜차이즈시스템에 대한 가맹점사업자의 투자는 가맹본부가 기대수준보다 낮을 수밖에 없다.

넷째, 가맹점은 가맹본부가 지닌 지적 재산권을 침해하기도 한다. 가맹본부는 상표에서부터 영업노하우에 이르기까지 다양한 지적 재산권을 지니고 있다. 이러한 지적 재산권은 가맹본부의 중요한 경쟁우위원천이 된다. 가맹본부는 가맹점이 자신의 상표, 특허, 영업노하우를 사용하도록 하면서 그 대가로 가맹비와 로열티를 받는다. 그러나 계약이 종결될 경우 가맹본부는 가맹점이 획득한 영업노하우를 회수하기 어렵다. 가맹점은 계약이 종결된 이후에도 자신의 영업 혹은 경쟁사를 위해 가맹본부의 지적 재산권을 활용할 가능성이 있다.

가맹본부는 가맹점 모집과정에서 정보공개서를 통해 자신의 지적 재산권이 모두 공개되는 것을 우려한다. 또한 가맹본부는 계약서를 통해 가맹점이 계약 종결 후 지적 재산권을 활용하지 못하도록 규정하고 있다. 특히 영업기밀과 같이 지적 재산권이 특허에 의해 보호되고 있지 않거나 모방이 쉬운 경우에는 이를 보호하고자 하는 강한 동기를 가진다.

혁신과 변화의 거부

프랜차이즈사업도 여타 조직과 마찬가지로 혁신과 변화를 모색하지 않으면 생존하기 어렵다. 특히 프랜차이즈사업은 한 매장에서의 성공사례를 시스템 내 여타 가맹점이 수용하도록 함으로써 경쟁력을 가질 수 있다. 하지만 프랜차이즈사업은 혁신과 변화를 모색함에 있어 구조적으로 한계가 있다.

첫째, 프랜차이즈사업은 정책의 변화가 어렵다. 만약 환경변화에 신축적으로 대응하고자 한다면 프랜차이즈사업은 바람직한 사업방식이 아닐 수 있다. 그 이유는 프랜차이즈사업은 독립적인 가맹점에 의해 이루어지고 만약 가맹본부가 정책을 바꾸고자 한다면 계약서를 다시 써야하기 때문이다. 이는 막대한 비용을 수반하며 경우에 따라 가맹점의 반발과 정부당국의 규제를 초래할 수도 있다. 정책을 바꾸는 것은 법으로도 규제를 받고 있다. 미국의 경우 많은 주가 기존의 관계를 심각한 영향을 미칠 가능성이 있는 정책에 대해서는 반드시 등록을 하도록 요구하고 있기 때문이다. 그렇다고 일부 가맹점에 대해서만 새로운 정책을 구사할 수도 없다. 왜냐하면 프랜차이즈사업은 모든 가맹점에 대해 통일되고 일관된 정책이 적용되어야만 소비자의 혼란을 피할 수 있고 규모의 경제를 활용할 수 있기 때문이다. 가맹점에 대해 차별적인 정책을 적용하는 것은 불공정거래로 규제의 대상이 될 수 있다.

둘째, 상당수 가맹점은 본부에 지나치게 의존하는 성향이 있으며 스스로 문제해결이나 경영개선의 노력을 게을리 하는 성향이 있다. 따라서 혁신과 변화는 가맹본부가 모색하는 것이 일반적이다. 문제는 가맹본부가 혁신과 변화를 모색할 경우 가맹점이 이를 거부한다는 점이다. 가맹본부는 계약당시 예견되지 않았던 환경변화에 대응하기 위해 새로운 정책을 도입할 필요성을 느낀다. 하지만 상당수 가맹점은 이를 거부한다. 예를 들어 정보기술의 활용을 위해 POS를 도입하는 것에 대해 많은 가맹점은 거부감을 가지고 있다. 또한 숍인숍을 새로운 성장수단으로 도입하고자 하는 경우에도 가맹점에 따라 이를 수용하지 않을 수 있다. 가맹본부가 승인하고 추진하는 숍인숍의 경우 가맹점사업자와 건물주, 임대사업자 간의 복잡한 이해관계가 고려되어야 하기 때문이다.

셋째, 프랜차이즈사업은 제품혁신에 적합한 사업방식이 아닐 수 있다. 제품혁신은 소비자의 선호도 등 시장정보와 연구개발에 의해 이루어진다. 그러나 대부분의 가맹점은 시장정보를 가맹본부에 제공하는데 적극적이지 않다. 또한 가맹본부의 연구개발 능력도 대부분 부족하다. 자신의 성과가 가맹본부에 의해 수시로 감시감독되는 것을 두려워하기 때문에 가맹점은 실시간 판매정보를 가맹본부에 제공하는 것을 꺼려한다. 가맹점은 설령 가맹본부가 새로운 제품이나 서비스를 개발하더라도 이를 수용하는 것을 귀찮아하기도 한다. 새로운 제품이나 서비스를 취급하기 위해 시간과 비용, 노력이 추가되어야 하기 때문이다. 또한 가맹점간의 의사소통이 활발하지 않은 것이 일반적이고 따라서 가맹본부가 적절한 의사소통시스템을 갖추고 있지 않은 경우에는 지식의 전파도 매우 어렵다. 가맹점은 자신의 노하우를 다른 가맹점에 전수시키는데 매우 인색하다.

직영점보다 낮은 재정수익

프랜차이즈사업은 재정적으로 많은 장점이 있는 사업방식이다. 그러나 프랜차이즈사업도 재정적으로 단점을 지니고 있다.

일부 프랜차이즈사업의 경우에는 초기 투자가 많이 소요된다. 초기 투자가 많이 드는 프랜차이즈사업의 경우에는 가맹점 모집이 쉽지 않기 때문에 규모의 경제에 의한 효과를 기대하기가 어렵다. 이런 경우 만약 자금이 풍부한 가맹본부라면 차라리 가맹점보다 직영점을 늘려나가는 것이 규모의 경제에 의한 효과를 높일 수 있다.

가맹본부는 가맹점과 직영점 중 어느 것이 수익성이 더 높은가를 분석하여야 한다. 많은 경우 직영점을 운영하는 것이 가맹점을 운영하는 것보다 수익성이 높다. 이는 로열티로 가맹본부가 벌어들이는 수익이 가맹점이 벌어들이는 수익보다 대부분 낮기 때문이다. 가맹점은 자신의 매출에 비례하여 로열티를 지불하지만 이를 공제하고도 상당한 이익을 올리고 있기 때문이다. 예를 들어 가맹본부가 순이익의 1/3을 로열티로 가져간다면 가맹점은 나머지 2/3를 자신의 수입으로 가져간다.

6 프랜차이즈 경영에서의 주요 전략 이슈

가맹본부의 성공은 뛰어난 경영전략에 의해 결정된다. 가맹본부는 자신의 시스템을 성공적으로 발전시키기 위해 다음과 같은 전략적 이슈에 큰 관심을 보이고 있다.

6.1 가맹점에 대한 통제

프랜차이즈 시스템이 갖추어지게 되면 가맹본부의 입장에서 가장 중요한 이슈는 가맹점을 어떻게 관리할 것인가의 문제라고 할 수 있다. 가맹본부는 가맹점의 활동을 조정하고 운영의 일관성을 유지하기 위해 다양한 통제방식을 활용한다. 통제방식은 크게 (1)경제적 방식, (2)법적 방식, (3)관리적 방식의 세 유형으로 구분할 수 있다. 일반적으로 사업형 프랜차이즈사업에 있어 본부의 통제방식이 전환형 프랜차이즈사업이나 제품-유통형 프랜차이즈사업에서의 본부

통제방식에 비해 다양한데, 이는 사업형 프랜차이즈사업의 경우 표준화된 활동이 많기 때문이다.

경제적 통제: 가맹본부는 가맹점에 대해 매출액에 비례한 로열티를 부과함으로써 가맹점의 매출의욕을 높이고, 경영지도비, 촉진비, 소모품비용을 부과함으로써 품질 및 경영에서의 일관성을 지니게 한다. 프랜차이즈사업 유형에 따라 경제적 통제방식은 매우 다양하게 나타나고 있다. 국제적 부동산회사인 RE/MAX의 경우에는 가맹점에 대해 경제적 통제를 거의 하지 않고 있다. 가맹점은 운영비용의 일부를 제외한 나머지 수입을 모두 자신이 가지게 된다. 반면 Southland의 경우에는 자사의 Seven-Eleven 가맹점에 대해 매출의 50%에 가까운 로열티를 지불하도록 하고 있다. 이는 가맹점이 Southland로부터 제품전량을 공급받도록 하는 정책을 활용하고 있기 때문이다.

법적 통제: 법률적으로 프랜차이즈본부는 자사의 등록상표를 보호받을 수 있는 권리를 지니고 있으며, 가맹점이 자사의 품질기준에 미흡한 제품이나 서비스를 판매하지 못하도록 통제를 가한다. 일반적으로 전환 프랜차이즈사업의 경우에는 법적 통제가 거의 이루어지지 않는 반면에 제품-등록상표 프랜차이즈사업이나 사업형 프랜차이즈사업의 경우 법적 통제가 강하게 이루어지고 있다. 예를 들어 사업형 프랜차이즈사업 형태인 Holiday Inns의 경우에는 가맹숙박업소에 대해 내부 배열에서부터 경영절차에 이르기까지 모든 운영시스템이 일관성을 지닐 것을 강하게 요구하고 있다. 그러나 전환 프랜차이즈사업 형태인 Best Western의 경우에는 운영시스템의 일관성보다는 일정수준의 품질과 서비스를 유지하는 것을 목표로 하고 있으며, 따라서 가맹숙박업소의 운영과 관련된 계약조항이 매우 신축적으로 적용되고 있다.

가맹본부의 법적 통제는 계약조항에 명시되어 있으며 가맹본부는 가맹점의 시설 및 재무상태를 정기적으로 감사할 권리를 가지고 있다. [표 2-4]는 가맹본부와 가맹점간의 권리와 의무가 기술되어 있는 우리나라 외식업의 표준약관을 보여주고 있다.[14)]

가맹본부의 가맹점에 대한 가장 강력한 법적 통제는 계약 종결권이다. 가맹점의 프랜차이즈 권리는 일정 기간(미국의 경우, 보통 10년)에 국한되어 있다. 가맹본부는 재무성과가 미흡하거나 운영방침과 절차를 준수하지 않는 가맹점과의 계약을 종결할 수 있다. 그러나 대규모 사업의 경우 가맹본부의 가맹점에 대한 법적 통제는 독점금지법이나 공정거래법에 의해 제약을 받기도 한다. 또한 끼워팔기나 배타적 거래, 가격제한 행위등도 공정거래법에 의해 제약을 받는다.

관리적 통제: 가맹본부의 가맹점에 대한 관리적 통제는 주로 회계시스템과 재고시스템에 의해 이루어진다. 레스토랑이나 인쇄, 비디오산업의 대다수 사업형 프랜차이즈사업은 가맹점이 갖추어야할 시스템 장비를 구체적으로 명시하고 있다.

관리적 통제에 있어 가맹본부와 가맹점간의 신뢰는 가장 필수적인 요소이다. 신뢰는 의사소통이 원활하게 이루어지게 하며 이로 인해 본부와 가맹점, 그리고 가맹점간의 연계를 강화시킨다.

가맹본부가 제공하는 교육프로그램은 신뢰형성에 크게 기여한다. 대다수 가맹본부는 사업개시 전 가맹점에 대해 교육프로그램을 제공하며, 사업수행 중에도 교육을 통해 시스템전체의 목표성취와 구성원간의 일체감을 형성하고자 한다. 예를 들어, McDonald's의 Hamburger University는 가맹점에 대해 자사의 신규 운영절차와 관련된 교육훈련 프로그램을 제공할 뿐만 아니라 품질에 대한 공감대와 가족적인 분위기를 형성하는 데 크게 기여하고 있다.

14) 한국프랜차이즈협회(www.ikfa.or.kr) 법령자료실.

[표 2-4] 프랜차이즈 표준약관의 예시(외식업)

- 가맹본부가 가맹점에게 제공하는 권리: 상호, 상표, 서비스표, 휘장, 특허, 노하우 등의 사용권, 상품 또는 원·부자재를 공급받을 권리 등
- 영업지역: 계약당시 영업지역 지정 및 동일상권내 타가맹점 개설시 동의 의무
- 계약기간: 계약기간(통상 3년), 계약종료의 통보 의무
- 계약의 해지: 해지사유 및 사전통고의무
- 계약의 종료와 조치: 계약이행보증금의 정산, 가맹비의 반환 등
- 가맹비: 가맹비의 지불방법, 내용, 반환방법 등
- 로열티: 금액, 지불시기 및 방법
- 계약이행보증금: 금액, 지불방법, 계약종료시 정산방법
- 교육 및 훈련: 교육유형, 교육계획, 교육비용
- 경영지도 및 감독·시정권: 경영지도 비용, 경영지도계획, 경영감독범위 및 시기 등
- 점포의 설치장소의 선정: 입지조사
- 점포 설비: 점포의 설계, 시공자, 노후설비 개선, 주방기기 설치, 대여 등
- 광고 및 판촉: 광고 및 판촉 횟수, 매체, 방법, 비용부담
- 영업양도 및 담보제공, 영업의 상속: 청구 및 거절방법, 권리와 의무의 승계
- 지적재산권의 확보: 상호·상표·휘장 등에 대한 배타적 독점권 확보 의무
- 상품의 조달과 관리, 하자의 검사: 상품 조달 및 관리 의무, 품질검사 협조의무 등
- 상품공급의 중단: 중단 조건, 통지 의무 등
- 매장운영: 주당 영업기간, 휴업조건, 종업원 복장, 운영상태 보고의무, 보험가입 등
- 가맹점의 의무: 영업상의 비밀 유지, 동종영업금지 등
- 가맹본부의 의무: 중요 정보제공 의무
- 기타: 지연이자의 산정방법, 재판의 관할

6.2 성장 속도

프랜차이즈 시스템을 어느 정도 빠르게 성장시킬 것인가는 사업초기 가맹본부가 직면하는 중요한 목표이자 의사결정의 문제라고 할 수 있다. 일반적으로 사업초기에 많은 가맹점을 단기간에 모집하

여 최소규모를 빨리 확보하는 기업일수록 경제적 효율성이 높고 생존할 가능성이 높다고 할 수 있다. 높은 성장률은 마케팅, 구매, 관리활동에 소요되는 제품/서비스 단위당 평균비용을 감소시키고 이를 통해 비용우위를 발생시킨다.

그러나 성공적으로 운영되고 있는 모든 가맹본부가 사업초기부터 높은 성장률을 추구하는 것은 아니다. 성장위주의 전략이 반드시 바람직한 결과를 낳는 것은 아니며, 따라서 예비가맹점사업자의 입장에서 가맹본부를 선택할 때 성장률이 높은 가맹본부를 무작정 선택하는 것은 바람직하지 않다.

빠른 성장전략과 느린 성장전략은 각각 장단점을 지니고 있다. 대부분의 가맹본부는 빠른 성장전략을 추구한다. 빠르게 성장하는 가맹본부는 최소규모를 빨리 확보하여 브랜드 광고와 판촉 등 다양한 전략구사에 필요한 재원을 확보할 수 있고 비용측면에서도 규모의 경제를 통해 경쟁우위를 확보할 수 있다는 장점을 지니고 있기 때문이다.

그러나 빠르게 성장할수록 가맹점에 대한 감시감독의 필요성이 커지며 이에 따라 감시감독비용이 크게 증가할 수 있다. 가맹본부가 가맹점의 활동을 효과적이고도 효율적으로 감시감독할 수 있는 시스템을 미리 갖추고 있다면 다행이나 그렇지 못한 경우 지나치게 빠른 성장은 제품/서비스 품질의 저하를 가져오고 이로 인한 소비자 불만족은 시스템 전반에 대한 평판을 크게 악화시킬 수 있다.

예비가맹점사업자의 입장에서는 빠른 성장률을 보이는 가맹본부일 수록 성공가능성이 높고 점포당 예상매출이익도 높을 것이라는 기대를 가지기 쉽다. 그러나 겉으로 보이는 성장보다는 과연 이러한 성장이 이루어질 수 있게 된 배경이 소비자의 제품이나 서비스에 대한 수요에 있는 것인지 아니면 튼튼한 재무구조에 있는 것인지 아니면 가맹본부의 무리한 성장전략 추구에 있는 것인지 등을 이해하는 것이 중요하다. 제품/서비스에 대한 소비자수요가 확고하고 재정적으로 튼튼하기 때문에 빠르게 성장하고 있다면 크게 문제될 것이 없다. 그러나 가맹본부의 무리한 성장전략 때문에 빠르게 성장하고 있다면 이는 문제가 될 소지가 있다.

첫째, 빠르게 성장하는 가맹본부의 경우 지원해야할 점포가 많기 때문에 신규가맹점에 대한 교육훈련이나 마케팅 지원도 상대적으로 낮을 수밖에 없다. 따라서 해당 업종에 대한 경험이 어느 정도 풍부하고 초기 사업전개에 필요한 자금을 확보하고 있는 예비가맹점사업자에게는 빠르게 성장하는 가맹본부가 적합하다고 할 수 있지만 경험이나 자금이 부족한 예비가맹점사업자에게는 빠르게 성장하는 가맹본부가 적합하지 않을 수 있다.

둘째, 빠르게 성장하는 가맹본부가 당면하는 또다른 문제는 빠르게 성장하는 만큼 시장포화(market saturation)에 이르는 시기도 빠를 수 있다는 점이다. 시장포화는 제품이나 서비스에 대한 소비자의 잠재수요가 어느 정도인가에 따라 달라진다. 설령 성장률이 빠르더라도 제품/서비스에 대한 잠재수요가 충분히 크고 안정적이면 포화시기는 빠르게 다가오지 않는다. 그러나 잠재수요가 적거나 일시적인 유행상품인 경우에는 포화시기가 빠르게 다가오고 예비가맹점사업자의 입장에서는 투자된 것이 회수도 되기 전에 매출감소로 어려움을 겪을 수 있다. 따라서 예비가맹점사업자는 가맹본부의 성장률과 함께 반드시 잠재수요의 규모를 예측하고 있어야 한다. 제품/서비스의 수명주기와 잠재수요의 규모를 예측하고 현재 가맹본부가 어느 시점에 있는가를 파악하는 것이 중요하다고 할 수 있다.

셋째, 빠른 성장률을 보이는 가맹본부에서는 좋은 상권을 보장받기가 어렵다. 좋은 입지는 이미 다른 가맹점이 입점해 있을 가능성이 높으며 예비가맹점사업자에게 제공되는 점포의 입지는 그다지 만족스럽지 않은 경우가 많다.

한편 빠르게 성장하고 있는 가맹본부가 반드시 좋은 것만은 아니듯이 느리게 성장하고 있는 가맹본부의 경우에도 반드시 나쁘다고 평가할 수 만은 없다. 제품이나 서비스에 대한 소비자수요가 크지 않다거나 가맹본부의 재무구조에 문제가 있다면 예비가맹점사업자의 입장에서는 당연히 가맹점개설을 위한 투자를 삼가야한다.

그러나 가맹본부가 자사가 보유하고 있는 인적자원이나 재무자원을 고려하여 무리한 확장을 피하고 있고, 최상의 품질을 유지하기 위해 전략적으로 느린 성장을 취하고 있다면 이는 크게 문제될 것이 없다고 할 수 있다. 또한 예비가맹점사업자가 해당 업종에 대한 경험이 부족하거나 투자에 신중을 기하는 보수적 성격을 지니고 있고,

[표 2-5] 빠른 성장 대 느린 성장 – 어떤 가맹본부를 선정할 것인가

고려 요인	상태	적합한 가맹본부
제품/서비스에 대한 수요의 규모	큼 작음	고성장 가맹본부 저성장 가맹본부 혹은 투자유보
제품/서비스의 수명주기	도입기/성장기 성숙기/쇠퇴기	고성장 가맹본부 저성장 가맹본부 혹은 투자유보
가맹본부의 인적자원/ 재무자원	풍부함 제한됨	고성장 가맹본부 저성장 가맹본부 혹은 투자유보
가맹본부의 품질전략	고품질 중저품질	저성장 가맹본부 고성장 가맹본부 혹은 투자유보
예비가맹점사업자의 경험	유경험 무경험	고성장 가맹본부 저성장 가맹본부
예비가맹점사업자의 계획된 점포수	다수 점포 1~2개 점포	고성장 가맹본부 저성장 가맹본부
예비가맹점사업자의 투자성향	모험적 보수적	고성장 가맹본부 저성장 가맹본부

한두개의 점포운영만으로 만족하는 경우에는 빠르게 성장하는 가맹본부보다는 느리게 성장하는 가맹본부가 자신에게 적합하다고 할 수 있다. [표 2-5]는 예비가맹점사업자의 입장에서 성장속도가 빠른 가맹본부와 느린 가맹본부 중 무엇을 선택하는 것이 바람직한가를 결정함에 있어 고려해야 할 요인들을 열거하고 있다.

6.3 점포의 소유

상당수의 프랜차이즈 시스템은 본부가 소유하며 직접 운영하는 직영점을 지니고 있다. 미국의 경우 전체 점포의 30% 정도가 직영점이다. 본부가 직영점을 운영하는 이유는 다음과 같다.

- 감시의 필요성이 높은 점포의 경우에는 감시보다는 소유(직영)하는 것이 거래비용을 줄일 수 있다. 일부 시장의 경우에는 다른 시장과 달리 본부가 반드시 감시해야할 필요가 있다. 고속도로상의 점포와 같이 소비자가 반복적으로 찾을 가능성이 낮은 점포의 경우에는 가맹점사업자가 기회주의적으로 행동하여 이득을 취할 가능성이 높다. 이는 본부 상호에 대한 소비자 불신을 증가시키며 전체 프랜차이즈 시스템의 성과를 저해하는 결과를 가져올 수 있다.
- 시기적으로 본부의 직영점과 가맹점이 공존하는 기간이 있다. 프랜차이즈 초기에는 직영점과 가맹점이 공존한다. 대부분의 프랜차이즈 시스템은 본부가 일정한 사업양식(business format)과 상호로 자신의 점포를 직영하는 것으로부터 시작한다. 이는 자신의 점포가 없는 경우에 가맹점의 모집이 쉽지 않기 때문이다. 직영점의 운영이 성공적임을 보여줌으로써 본부는 유리한 계약조건으로 가맹점을 단기간에 모집할 수 있다. 또한 일부 가맹점의 실적이 저조한 경우에는 추가 모집에 좋지 않은 영향을 미치

거나 배상과 같은 소송의 빌미를 제공하기 때문에 전체 프랜차이즈 시스템의 안정을 위해 본부가 인수하여 한시적으로 운영하기도 한다.

- 본부의 입장에서는 가맹점과 직영점의 복수형태(plural form)로 운영할 때 두 시스템간의 경쟁을 통해 보다 발전할 수 있다. 직영점을 두고 있는 본부는 고도의 경영정보시스템을 활용하여 직영점의 운영실태를 매일매일 자세히 파악할 수 있다. 또한 자사의 감사인력을 활용하거나 고객을 가장한 암행감사인력(mystery shoppers)을 활용하여 장시간 많은 품목에 걸쳐 사전예고 없는 현장감사를 자주 실시할 수 있다. 본부는 감시를 통해 얻어진 정보와 경험을 프랜차이즈 시스템을 개선하는데 활용할 수 있다. 이들 감시기능은 가맹점을 대상으로는 실시하기에는 많은 어려움이 따른다. 감시에 의한 정보획득 이외에도 본부는 새로운 전략을 직영점에 도입·운영함으로써 얻은 경험을 여타 가맹점이 벤치마킹하도록 권유할 수 있다. 또한 성공적인 가맹점의 경험을 자사의 직영점이나 전체 프랜차이즈 시스템의 운영을 개선하는데 활용하기도 한다.
- 직영점과 가맹점을 복수로 운영하면 가맹점과의 상호교류에 의해 본부는 자사 종업원의 경력개발경로(career paths)을 창출할 수 있다. 본부의 종업원은 점포관리자, 수퍼바이저, 본부임원으로 승진하는 과정에서 가맹점사업자로 독립하거나, 가맹점을 상대로 조언을 해주는 컨설턴트로 활동하기도 하며, 다수의 점포를 운영하는 가맹점사업자의 점포관리자로 활동하기도 한다.

가맹본부가 가맹점과 지영점을 어느 정도 확보하는 것이 바람직한가에 대한 통일된 답은 없다. 가맹점 형태로 운영되는 점포는 전혀 없을 수도 있으며 반대로 모든 점포가 가맹점에 의해 운영될 수도 있다. 마스터프랜차이즈사업(master franchising) 방식으로 국내에 도입된 스타벅스의 경우에는 가맹점이 하나도 없으며 오로지 직영점만을 운영한다. 반면에 BBQ의 경우에는 대부분이 가맹점에 의해 운영된다. 일부 가맹본부의 경우에는 자사 브랜드에 대한 평판을 유지하기 위해 계약이 종료된 가맹점을 자사가 직접 인수하기도 한다.

가맹점과 직영점의 비율은 해당 프랜차이즈 시스템의 특성과 역량에 따라 달리 결정되는 것으로 볼 수 있다. 무엇보다 가맹점을 확보하여 성장하고자 하는 가맹본부의 입장에서는 가맹점에 대한 통제능력을 어느 정도 보유하고 있는가가 가장 중요한 고려요인이라고 할 수 있다. 그 이유는 앞서 살펴본 프랜차이즈 시스템의 장점이 본부의 프랜차이즈 시스템 운영기법과 가맹점에 대한 관리체제가 적절하게 구비되었을 경우에만 발생하기 때문이다. 가맹본부는 성공적인 프랜차이즈 시스템의 운영을 위해 가맹점에 대한 지도·지원을 위해 지속적으로 투자하여야 하며, 다수의 가맹점을 효과적으로 통제할 수 있어야만 하는 것이다. 가맹점 비율이 높은 가맹본부가 지속적으로 성공하기 위해서는 시스템의 질적 수준을 높이고 가맹본부-가맹점간 의사소통을 원활하게 하는 것이 중요하다. 또한 가맹점의 비율이 높을수록 가맹점의 성공이 가맹본부의 성공과 직결된다는 인식을 가맹점과 가맹본부 모두 가지는 것이 중요하며 가맹본부는 가맹점이 처한 지역환경을 이해하고자 노력하고 가맹점은 사업가의식을 갖고 사업에 전념하고자 노력하여야 한다.

한편 다음과 같은 경우에는 전체 점포수에서 직영점 혹은 가맹점이 차지하는 비율이 가맹본부의 생존가능성에 영향을 미칠 수 있다.

첫째, 직영점 비율이 높으면서 동시에 점포개설투자비가 클수록 실패할 가능성이 낮다. 가맹본부와 가맹점의 관계는 대리관계로 볼 수 있다. 일반적으로 대리인인 가맹점은 의뢰인인 가맹본부보다 위험회피적이다. 가맹점이 위험회피적일수록 이들에 의한 의사결정은 최적의 결과를 가져다주지 않는다. 점포개설투자비가 클수록 가맹점이 직면하는 위험은 커지기 때문에 이 경우에는 위험회피적인 가맹점에게 의사결정을 맡기는 것보다는 가맹본부가 직접 수행하는 것이 보다 좋은 성과를 가져다 줄 수 있다.

둘째, 직영점에 의존하여 빠른 성장을 추구하는 경우에는 실패할 가능성이 높다. 급성장하는 프랜차이즈 시스템의 경우에는 우수한 종업원을 선발하는데 어려움을 겪을 수 있으며 따라서 '역선택'(adverse selection), 즉 종업원에 대한 불충분한 정보에 의해 가맹본부가 위험에 노출되는 문제가 발생할 가능성이 높다. 이 경우 가맹점을 활용하면 가맹점사업자 스스로 우수한 종업원을 선발하고자 하는 동기부여가 이루어지므로 '역선택'에 의한 대리비용을 줄일 수 있다.

셋째, 신생 프랜차이즈 시스템의 경우 가맹점에 의존하는 비율이 높을수록 생존율이 높다. 신생 프랜차이즈 시스템의 경우 무엇보다 브랜드가치를 높이기 위해 자금확보가 필요하고 이 때 가맹점을 활용하는 것이 자금조달에 유리하다. 또한 일반적으로 직영점에 비해 가맹점을 개설하는 것이 가맹본부의 점포당 평균비용을 감소시키는 방안이 된다.

6.4 수입 구조

가맹점은 가맹본부가 제공하는 상품이나 서비스, 브랜드 및 노하우, 경영지원에 대한 대가로 가맹본부에게 가맹비와 로열티를 지불한다. 성공적인 프랜차이즈 시스템일수록 실패의 위험이 낮기 때문에 많은 가맹비와 로열티를 가맹점사업자로부터 받을 수 있지만 한편으론 지나치게 많은 가맹비와 로열티는 가맹점 확대를 어렵게 하기 때문에 프랜차이즈 시스템의 성장을 저해한다.

예비가맹점사업자는 독립점포를 운영하는 경우에 비해 가맹점을 운영하는 경우 얻게 되는 추가수익의 현가(present discounted value)가 크면 프랜차이즈사업에 참여하게 된다. 예를 들어 프랜차이즈 현가가 100만달러이고 독립점포의 현가가 70만달러이면 추가수입의 현가는 30만달러가 된다.

가맹본부의 입장에서는 프랜차이즈사업에 따른 추가기대수익(혹은 경제적 지대)을 가맹비나 로열티의 형태로 가맹점사업자에게 부과하고자 한다. 그러나 추가기대수익을 가맹본부가 모두 받을 수 있는가는 해당 가맹본부 혹은 프랜차이즈시스템의 경쟁력에 따라 달라진다. 가맹본부 혹은 프랜차이즈시스템의 경쟁력이 강하면 강할수록 최대한의 추가기대수익을 가맹비나 로열티로 받을 수 있다.

가맹비와 로열티를 얼마로 배분하는 것이 최적인가에 대해서는 정답이 없다. 미국의 대부분 주택청소업의 가맹비는 2만달러 이하이다. 하지만 Mary Maids는 32,500달러이다. 어느 것이 옳은것일까. 불행히도 이에 대한 정답은 없다. 가맹비와 로열티 규모는 가맹본부에 따라 달라질 수 있다.

일부 가맹본부는 자사의 시스템이 고품질임을 보여주기 위해 높은 가맹비를 요구한다. 그러나 높은 가맹비는 가맹점이 기대한 수익을 올리지 못할 때는 유지되기 어렵다. 예비가맹점사업자의 입장에서는 가맹비와 로열티가 과연 적절한 것인가를 가맹본부의 경쟁력과 자신의 능력과 동기를 검토하여 결정하여야 한다. 추가기대수익은 가맹점을 운영할 때 얻는 수익뿐만 아니라 독립점포를 운영할 때 얻을 수 있는 수익에 의해 결정되는 것이고, 독립점포 운영에 따른 수익은 자신의 능력과 동기에 의해 결정되는 것이기 때문이다.

많은 가맹본부가 가맹비와 로열티를 어느 수준에서 결정해야 할지를 판단하지 못한다. 대부분의 동종업계에서의 평균 수준에서 이를 책정하지만 일부의 경우에는 주관적 판단이나 영감에 의존하는 등 매우 비합리적인 결정을 한다.

가맹비

가맹비는 계약과 동시에 일시불로 가맹점사업자가 가맹본부에 지불하는 금전을 말한다. 가맹비는 가맹본부의 영업권, 상권의 보장, 가맹점모집 및 교육비용, 입지조언, 초기 인테리어 및 설비 비용 등이 반영되어 있다.

가맹비는 초기투자에 해당하며 거래관계에 있어 일종의 거래특유투자(transaction-specific assets) 혹은 족쇄(lock-in)로 작용한다. 가맹비는 계약이 존속하는 경우에 한해 그 가치를 인정받는 것이고 양도가 불가능하기 때문에 계약이 해지되더라도 회수가 불가능하다. 따라서 높은 가맹비를 지불한 가맹점은 설령 가맹본부가 부당한 요구를 하더라도 이미 투자된 가맹비를 상실할 위험 때문에 이를 수용하여야만 하는 압력을 받게 된다.

미국의 경우 평균 가맹비는 32,000달러이다. 그러나 업종에 따라 가맹비는 크게 차이가 난다. 여행업의 경우 19,000달러이지만 스포츠관련업은 111,000달러에 이른다. 업종 이외에도 가맹비의 크기에 영향을 미치는 변수는 매우 다양하다. 브랜드의 가치, 생산과정, 가맹점사업자의 프로필, 점포의 수익성, 산업표준 등이 이에 해당한다.

일반적으로 성공적으로 운영되고 있는 프랜차이즈 시스템, 혹은 브랜드 자산가치가 큰 프랜차이즈 시스템은 높은 가맹비를 요구한다. 이는 가맹점의 기회주의적 행위를 통제하여 브랜드 자산가치를 유지하는 동시에 가맹본부의 요구를 가맹점이 수용하도록 하는 수단이 된다.

하지만 같은 이유로 높은 가맹비는 가맹점 모집에 부정적 영향을 미칠 수 있다. 높은 가맹비는 금액 자체로도 소규모 창업을 원하는 가맹점사업자가 감당하기 어려울 뿐만 아니라 가맹본부에 의한 부당한 요구를 가맹점이 거절하지 못하게 하는 위험을 내포하고 있기 때문이다.

시장이 안정적이고 성공한 것으로 평가받는 프랜차이즈 시스템의 경우에는 높은 가맹비를 요구하더라도 이를 가맹점이 수용할 가능성이 높지만, 시장진입 초기이고 아직 성공한 것으로 평가받지 못한 프랜차이즈 시스템의 경우에는 높은 가맹비를 요구하더라도 이를 가맹점이 수용할 가능성이 적고 오히려 시스템의 성장을 저해할 가능성이 높다. 사업초기이고 브랜드자산가치가 낮은 가맹본부의 입장에서는 가맹비를 낮게 책정하여 빠른 성장을 추구하는 전략이 보다 바람직할 수 있다.

신생가맹본부의 경우 브랜드 가치가 낮기 때문에 높은 가맹비를 부과하기가 어렵다. 경험이 많고 점포가 많은 프랜차이즈의 경우 영업권이 크기 때문에 높은 가맹비를 부과할 수 있다. 배타적으로 상권을 넓게 보장하고 있는 프랜차이즈시스템의 경우 가맹점사업자는 높은 가맹비를 부담할 의도를 가지게 되며 따라서 가맹비가 높게 책정된다. 가맹점에 대한 초기지원, 즉 교육, 입지선정, 설비지원이 많을수록 가맹비는 높게 책정된다. 또한 계약기간이 길면 길수록 가맹점사업자의 입장에서 가맹비를 회수할 수 있는 기간이 길어지므로 높은 가맹비를 책정할 수 있다. 예를 들어 20년의 계약기간이 2년의 계약기간에 비해 가맹점사업자가 정액의 가맹비를 회수할 수 있는 가능성이 높다.(회계학적인 표현을 빌리면, 장기간에 걸쳐 영업권의 감가상각이 가능하다.)

가맹본부는 시스템이 성장하고 브랜드가치가 커짐에 따라 가맹비를 높여나가야 한다. 시스템을 성장시키기 위해 가맹점사업자에 대한 지원 내용과 규모가 커지면 이를 가맹비에 반영하여야 한다. 인플레이션에 의해 비용이 증가하면 이 또한 가맹비에 반영되어야 한다. 그러나 가맹비의 인상은 기존가맹점에게는 적용이 불가능하고

(계약갱신의 경우 가맹비는 추가납부되지 않는 것이 일반적이다), 신규가맹점사업자에게만 부과할 수 있는 것이기에 이들의 반발을 고려해 갑작스런 인상이 이루어지는 경우는 많지 않으며 점진적으로 소액이 인상되고 있다.

평균적으로 초기 가맹비는 계약기간동안 가맹점이 가맹본부에게 지불하는 모든 비용의 약 8%에 해당한다. 가맹본부의 입장에서는 모든 비용을 계약당시 한꺼번에 받고 싶어한다. 하지만 모든 비용을 초기에 일시불로 지급하도록 요구하는 것은 불가능하다. 왜냐하면 더구나 가맹비를 일시에 모두 지불할 경우 가맹점사업자는 가맹본부의 기회주의적 행위에 의해 피해를 볼 가능성이 높기 때문이다. 가맹본부가 모든 비용을 가맹비로 한꺼번에 받게 되면 시스템을 지원하고자 하는 인센티브가 없어지게 되기 때문이다. 이를 예비가맹점사업자가 모를 리 없으며 당연히 이러한 정책을 거부할 것이다. 더구나 많은 가맹비를 지불한다는 것은 가맹점사업자에게는 재정적 부담을 크게 하며 가맹점의 모집을 어렵게 하여 시스템의 성장을 저해한다.

로열티

로열티는 가맹본부의 최대 수입원이다. 로열티는 가맹점으로부터 얻는 수입의 90%까지 차지하기도 한다. 로열티는 가맹점매출에 비례하여 주어지는 것이 일반적이므로 가맹본부가 가맹점을 지원하게 하는 인센티브가 된다. 로열티는 지속적인 교육훈련, 브랜드 인지도를 높이기 위한 광고, 신제품 개발 등에 활용된다. 감자튀김의 재료와 방법을 완성하기 위해 1960년대 McDonald's가 투자한 금액만 3백만달러에 달한다. 로열티는 가맹본부의 온전한 이익이 아니라 재투자를 위한 기금으로 인식하는 것이 바람직하다.

82%의 가맹본부는 정율제로 로열티를 부과한다. 5%만이 정액제

를 활용하고 있다. 정율제를 활용하는 가맹본부의 95%가 매출의 일정비율을 로열티로 부과한다. 극히 일부는 순이익의 일정비율을 로열티로 부과한다. 하지만 이익정율제는 매출정율제에 비해 가맹본부의 통제가 쉽지 않다. 다시말해 가맹본부가 가맹점의 매출을 통제하는 것이 이익을 통제하는 것보다 쉽다.

매출정율제를 활용하는 경우 가맹본부는 가맹점의 매출을 증대시키고자 노력하면 되지만 이익정율제를 활용하는 경우 매출증대 이외에도 비용을 절감시키고자 노력하여야 한다. 또한 매출의 감시감독은 이익의 감시감독보다도 쉽다. 매출은 POS 등에 의해 감시가 쉽지만 이익은 가맹점사업자가 비용을 어떻게 쓰느냐에 따라 달라지고 이의 진실여부를 확인하는 것이 매우 어렵기 때문이다. 가맹점간 매출에서의 변이가 이익에서의 변이보다 작다는 것도 가맹본부가 매출정율제를 선택하는 이유 중의 하나이다. 가맹본부의 입장에서는 변이가 적은 매출을 로열티 산정의 기준으로 삼는 것이 보다 예측가능하고 위험이 적다.

로열티 비율은 업종과 가맹본부에 따라 1%에서 50%에 이르기까지 차이가 크다. 1/3의 가맹본부는 4% 내지 5%의 비율을 부과하고 있다. 로열티 비율은 업종별 마진, 제품/서비스의 종류, 가맹점사업자의 능력, 브랜드평판, 가맹본부의 지원능력, 가맹본부의 감시감독 비용 등에 따라 달라진다. 마진이 작은 업종의 경우에는 로열티비율이 낮을 수 밖에 없다. 낮은 마진에 높을 로열티를 부과하는 것은 가맹점사업자로 하여금 기대수준의 이익을 올릴 수 없게 하고 결국 사업을 계속할 수 없게 만들기 때문이다. 로열티는 브랜드 활용이나 시스템 지원에 대한 대가로 지급된다는 점에서 높은 브랜드 자산가치를 가지고 있거나 강력한 시스템 지원을 제공하는 프랜차이즈 시스템의 경우 높은 로열티를 지불하도록 요구하는 것이 일반적이다.

로열티는 가맹본부나 가맹점 모두에게 인센티브로 작용한다. 로열티가 높을수록 가맹본부는 많은 가맹점을 모집하고자 하는 동기를 가지게 된다. 그러나 지나치게 높은 로열티는 가맹점으로 하여금 가입하고자 하는 동기를 감소시킨다. 반대로 로열티가 낮을수록 가맹점의 가입동기는 커지지만 가맹본부의 모집동기는 감소하는 문제가 발생한다.

일반적으로 로열티는 매출액의 일정비율로 주어지기 때문에 로열티 비율을 어느 정도로 책정하는 것이 바람직한가에 대한 연구가 이루어져왔다. 하지만 로열티 비율과 시스템의 성장 혹은 생존과 관련된 기존의 연구는 이들 간의 관계가 선형적으로 긍정적이거나 부정적일 수 있으며 나아가 전혀 관계가 없는 것으로 보고 있다.[15)]

만약 가맹본부가 로열티 이외의 수입원을 가지고 있는 경우에는 로열티 비율을 높게 책정하지 않는 것이 바람직하다. 건물이나 장비의 임대수입, 원부자재의 전속공급에 따른 마진이 발생하는 경우에는 로열티 비율을 낮추는 것이 바람직하다. 임대수입과 공급마진에 로열티까지 높게 부과한다면 가맹점은 자신이 착취당하고 있다는 생각을 하기 쉽다. 매출과 이익이 계속 일정수준 이상 확보된다면 모르지만, 매출과 이익이 감소하는 경우 가맹점은 이를 가맹본부 탓으로 돌리기 쉽고 이로 인해 가맹본부-가맹점 간 관계에서 갈등이 심화될 가능성이 높다. 로열티의 경우에는 가맹비와 달리 계약 당시 가맹점이 가맹본부에게 일시 지급하는 것이 아니라, 매월 매출의 일정비율(혹은 일정액)을 제공한다는 특징이 있다. 따라서 가맹점에 대한 통제수단 내지는 족쇄로서의 의미는 가맹비에 비해 작다고 할 것이다.

---

15) Kaufmann, Patrick J. and Rajiv P. Dant, "The Pricing of Franchise Rights," *Journal of Retailing*, 77(4), 2001, 537-45.

가맹비와 로열티 간의 관계

로열티와 가맹비는 여러 요인에 의해 결정된다. 가맹본부의 역사가 짧고 시스템의 규모가 작은 경우에는 로열티와 가맹비가 모두 낮을 가능성이 높다. 반면 가맹본부의 역사가 길고 시스템의 규모가 큰 경우에는 로열티와 가맹비가 모두 높을 가능성이 높다. 왜냐하면 가맹비와 로열티는 프랜차이즈 시스템과 브랜드의 시장가격 내지는 가치를 반영하고 있기 때문이다. 따라서 시스템의 가치가 커질수록 가맹본부가 로열티와 가맹비는 많아진다.

신생가맹본부의 경우에는 가맹비를 최소화하고자 하는 반면에 로열티는 동종업계의 평균에 맞추려는 성향이 있다. 그 이유는 신생가맹본부의 경우에는 성장이 가장 중요한 목표이고 따라서 보다 많은 가맹점을 모집하기 위해서는 예비가맹점사업자가 인식하는 위험을 감소시킬 필요가 있다.

신생가맹본부에 대해 예비가맹점사업자는 자신이 선택한 프랜차이즈시스템의 향후 가치를 확신하지 못하기 때문에 위험이 크다고 인식한다. 로열티는 매출에 비례하여 지출되고 매출은 시스템의 가치에 비례하기 때문에 만약 시스템의 가치가 작다면 가맹점사업자가 지출하는 로열티는 적어진다. 반면 시스템의 가치가 크다면 가맹점사업자가 지출하는 로열티도 이에 비례하여 많아진다. 그러나 가맹비의 경우에는 사업개시 전에 한꺼번에 지출되는 것이기 때문에 시스템의 가치가 확실하지 않은 신생가맹본부가 높은 가맹비를 요구하는 경우 예비가맹점사업자는 이를 매우 위험한 것으로 인식하게 된다. 결국 예비가맹점사업자의 입장에서는 낮은 가맹비-높은 로열티를 부과하는 가맹본부가 가장 위험이 작다고 인식하는 반면에 높은 가맹비-낮은 로열티를 부과하는 가맹본부가 가장 위험이 크다고 인식하기 쉽다.

따라서 시스템의 성장이 최대목표인 신생가맹본부의 입장에서는 예비가맹점사업자가 잘못된 가맹본부를 선택할 위험을 감소시켜 이들을 가맹점으로 끌어들이기 위해 가맹비를 경쟁사보다 낮출 가능성이 높다. 대신 로열티는 업계 평균수준으로 책정하여 주요 수입원으로 할 가능성이 크다.

신생가맹본부가 성장함에 따라 기존의 로열티 및 가맹비 정책은 변화하게 된다. 사업초기 가맹점을 보다 빨리 모집하기 위해 낮은 가맹비를 부과하였던 신생가맹본부는 역사가 오래되고 규모가 커짐에 따라 과거에 지나치게 낮게 책정되었던 가맹비를 인상하여 로열티와 가맹비 간의 균형을 모색하게 된다.

기존 연구결과를 토대로 가맹본부가 가맹비나 로열티를 어느 정도의 수준에서 책정하는 것이 바람직한가에 대한 결론을 도출해 보면 다음과 같다.

- 정적인(static) 관점에서 보면 고품질의 프랜차이즈 시스템일수록 높은 가맹비나 로열티 비율을 부과하는 것이 가능하다. 사업초기의 가맹본부는 높은 가맹비나 로열티를 자사의 시스템이 고품질임을 보여주는 단서로 활용할 수 있다.
- 가맹점에 따라 상이한 로열티비율을 책정할 필요는 없다. 대부분의 가맹본부는 개별 가맹점이 처한 상황에 따라 로열티비율을 다르게 부과하는 것 보다는 표준 비율로 부과하고 있다.
- 동적(dynamic)인 관점에서 보면 가맹비나 로열티 비율은 초기비율을 그대로 유지하는 것이 바람직할 수 있다. 로열티 비율을 변화시키는 데는 가맹점의 저항과 같은 많은 비용이 발생할 수 있다.

6.5 가맹점에 대한 상권보장

개별 가맹점의 상권을 어느 정도 보장할 것인가는 가맹본부에게 있어 매우 중요한 의사결정문제이다. 가맹점의 입장에서도 자신의 상권이 어느 정도 크기이고 얼마나 지속적으로 보장될 수 있는가는 자신의 투자여부를 결정함에 있어 매우 중요하게 고려되고 있다. 이러한 이유로 프랜차이즈사업에 있어 상권보장의 문제는 대표적인 법적 쟁점의 하나가 되고 있다.

가맹본부가 가맹점에게 넓은 상권을 보장할 것인가를 결정함에 있어서 가장 중요하게 고려하여야 할 것은 두 가지 요인, 즉 자사의 성장전략과 시장의 포화정도이다.

가맹점에게 할당된 상권의 크기는 가맹본부의 규모(총 점포수)와 성장률과 직접적으로 관련을 맺는다. 일반적으로 가맹점에게 넓은 상권을 보장한다는 것은 특정지역에서의 점포수가 제한된다는 점에서 가맹본부의 규모와 성장률에 부정적인 영향을 미친다. 따라서 최소규모(critical mass)에 가능한 한 빨리 도달하여 필요한 자금을 확보하고 규모의 경제를 실현하고자 하는 가맹본부의 입장에서는 가맹점에게 넓은 상권을 보장하는 것이 바람직하지 않을 수 있다.

그러나 재원확보나 규모의 경제가 그다지 중요하지 않은 가맹본부의 입장에서는 가맹점에게 넓은 상권을 보장하는 것이 큰 문제가 되지는 않는다. 오히려 특정지역에 많은 가맹점을 개설하여 상권이 좁아지는 경우 포화효과(saturation effects)에 의해 브랜드내 경쟁(intrabrand competition), 즉 동일브랜드 가맹점간의 경쟁이 치열해지고 가맹점의 불만이 커지며, 가맹점의 판매의욕 감소와 소비자 지원 감소로 인해 소비자의 불만족이 증대되어 궁극적으로 가맹본부에게 바람직하지 않은 결과로 돌아올 것으로 우려하기 쉽다.

특정지역에 많은 가맹점을 개설하는 것이 브랜드내 경쟁을 촉진시키고 가맹점이나 가맹본부에게 부정적 영향을 미치는가에 대해서는 의견이 엇갈린다. 넓은 상권을 보장하고자 하는 가맹본부의 의도는 자사브랜드를 취급하는 가맹점에 대해 약속한 수익을 보장하는

데 있다. 그러나 상권보장에서 고려하여야 할 또 다른 요인은 과연 이들 가맹점이 자신의 상권에서 경쟁 가맹본부에 효과적으로 경쟁하고 있는가 나아가 브랜드내 경쟁을 제한하는 것이 본부입장에서 브랜드간 경쟁력을 높일 수 있는가의 문제이다.

넓은 상권은 가맹점에게 최대의 이익을 가져다 줄 수 있다. 역으로 기존 가맹점 바로 옆에 새로운 가맹점이 개설된다면 기존 가맹점의 매출은 감소할 가능성이 크다. 그러나 새로운 가맹점이 개설되더라도 기존 가맹점의 매출이 영향을 받지 않거나 오히려 상승할 수도 있다. 예를 들어 특정상권이 계속 성장하는 경우에는 기존 가맹점에 의해 시장이 충분히 서브되지 않을 수 있다. 시장이 기존 가맹점에 의해 충분히 서브되지 않을 경우 점포수를 그대로 유지하는 전략은 가맹본부에게 최대의 이익을 가져다주지 않는다. 따라서 많은 가맹본부는 기존 가맹점의 반발을 감수하면서도 최대한 많은 가맹점을 개설하고자 한다. 이들은 가맹점의 수를 늘리는 것이 프랜차이즈 시스템 전반의 성과를 높여줄 수 있다고 믿는다. 그 논리를 보면 [그림 2-3]과 같다.

소비자는 가능하면 자신에게 지리적으로 편리한 점포에서 쇼핑하고자 한다. 점포의 수가 많을수록 이들 소비자에게 보다 높은 편의성이 제공되며 소비자가 이들 점포를 선택할 가능성이 높아지고 그 결과 프랜차이즈 시스템 전반의 매출은 상승한다. 시스템 전반의 매출이 증가할수록 가맹본부가 자사의 브랜드를 촉진할 수 있는 마케팅자금 확보가 가능하다. 브랜드 촉진에 의해 자사 제품에 대한 수요가 증가하고 개별 가맹점의 매출은 상승하며 전체 시스템의 매출도 상승한다.

실제로 미국의 경우 성공적으로 운영되고 있는 프랜차이즈 시스템일수록 특정지역에 가능한 한 많은 가맹점을 개설하는 전략을 취하고 있는 것으로 알려져 있다. 이들 가맹본부는 비록 특정상권에서의 점포밀도가 높음에도 불구하고 점포당 평균매출이 높다.

[그림 2-3]	특정상권내 동일 브랜드의 가맹점 수 증가가 개별 가맹점의 매출을 높이는 이유

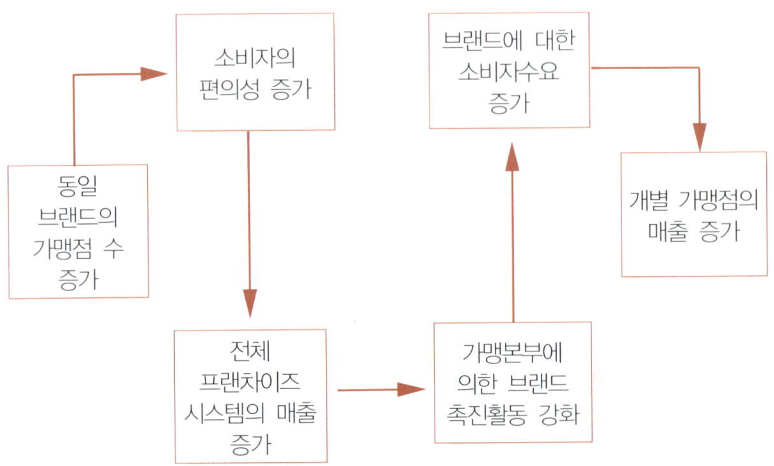

가맹점에게 얼마나 넓은 상권을 보장할 것인가의 문제는 제조업체의 경로커버리지(channel coverage) 전략과 동일한 문제로 볼 수 있다. 제조업체가 시장커버리지전략으로 원하는 모든 중간상으로 하여금 자사제품을 취급토록 하는 집약적 경로(intensive channels), 소수의 자격을 지닌 중간성으로 하여금 자사제품을 취급토록 하는 선택적 경로(selective channels), 특정한 중간상에게만 제품취급을 허용하는 전속적 경로(exclusive channels) 중 무엇을 선택하는 것이 바람직한가는 자신의 전략적 목표나 시장상황, 고객특성과 제품특성에 따라 달라진다. 이와 마찬가지로 가맹점의 상권을 어느 정도 넓게 보장할 것인가를 결정함에 있어 가맹본부는 자사의 전략적 목표와 시장상황, 고객 및 제품 특성을 고려할 필요가 있다.

03장 성공적인 가맹점 사업자

1 가맹점 경영과 독립경영의 장·단점

1.1 독립경영과 비교적 가맹점 경영의 장점비교

프랜차이즈사업에 참여하여 가맹점을 경영하게 되면 자영독립점포를 운영하는 것에 비하여 여러 가지 이점을 얻게 된다.16)

우선 본사가 프랜차이즈 패키지(franchise package)를 개발하여 사업경영의 노하우를 제공하고, 경영지도와 함께 여러 가지 측면에서의 계속적인 자원을 해주기 때문에 사업 성공의 확률이 높다는 점을 들 수 있다.

사업자 자신이 단독으로 창업하는 것보다 가맹점에 가입하는 것이 오히려 소규모 자본으로 사업을 개시할 수 있는 것도 큰 장점이다. 즉, 점포 개점시 가맹본사로부터 설비나 비품, 도구 등을 비교적 저렴한 조건으로 일괄공급받을 수 있으며, 상품 및 소모품에 대한 개점 초기의 재고 투자비용도 경감된다.17)

가맹 본사가 일괄적으로 전국 광고를 하여 브랜드가치를 높여주는 것도 판매증진에 큰 도움이 되며, 집중적으로 대량매입한 양질의

---

16) Spinelli S. Jr., Robert M. Rosenberg, and Sue Birley(2004), Franchising: Pathway to Wealth Creation, London, Prentice Hall.

17) Kaufmann, Patrick J.(1999), "Franchising and the Choice of Self-Employment," Journal of Business Venturing, 14(4), 345-362.

[그림 3-1] 본부가 가맹점에 제공하는 서비스

상품 및 원재료를 싼 값으로 공급 받을 수 있으므로 가맹점의 수익률이 비교적 높게 창출되고, 좋은 품질의 상품을 지속적으로 공급 받을 수 있는 것도 큰 장점이다.

경영환경변화 및 소비자의 구매 행동에 관련된 정보를 가맹본사가 지속적으로 제공해주므로 가맹점은 사업경영에만 전념할 수 있고, 본사가 제공하는 컴퓨터 통신망을 이용하여 전표관리, 기장관리, 종업원관리 등을 측면지원 받을 수 있다.

사업경험이 없는 가맹점사업자도 가맹본부로부터 교육, 훈련, 지도를 받을 수 있을 뿐 아니라 본사가 제공하는 우량상품, 점포디자인, 브랜드 등을 이용하여 경영을 하기 때문에 개점초기부터 지명도를 가지고 경영할 수 있는 선판매효과(presold effect)를 누릴 수 있다.

그리고 가맹점은 가맹본사가 보유한 전문인력, 예를 들어 점포디자인전문가, 경영컨설턴트, 법률전문가들의 도움이나 자문을 받을 수 있고, 가맹점사업자가 질병이나 사망등의 사유로 더 이상 직접경영을 할 수 없는 경우에는 사업수행이 가능한 가족구성원이 추가적인 부담 없이 본사와 재계약을 체결하고 영업을 지속할 수 있는 것도 장점의 하나이다.

[표 3-1] 가맹점 경영의 장점과 단점

장점	단점
• 높은 성공확률 • 소규모 자본으로 사업가능 • 브랜드가치 이용가능 • 일괄구매 가능 • 지속적인 정보관리 용이 • 사업경험이 없어도 가능 • 전문인력의 자문 가능	• 표준화로 인해 지역 특성에 적합시키기 곤란 • 계약조건이 불리할 수도 있음 • 프랜차이즈 패키지를 최대한 지키되, 지역상권 특성에 적합시키려는 추가 노력 필요 • 다른 가맹점의 활동결과에 영향 받음

1.2 독립경영과 비교한 가맹점 경영의 단점비교

가맹점 경영자가 사업수행을 위해 요구되는 충분한 능력과 사업의욕을 갖고 있지 못한 경우 독립경영에 비해 가맹점 사업이 오히려 불리하거나 취약한 요소도 많이 있다.[18)]

18) Ashman, R.,(1989), "Ingenuity and Hard Work Equals Franchise Business Success," Franchising World, 12, 55-67.

프랜차이즈 경영은 기본적으로 가맹 본사가 제공하는 프랜차이즈 시스템을 기본으로 하여 모든 가맹점이 통일적으로 운영되기 때문에 각 가맹점이 자신의 상권 특성에 맞게 보다 좋은 사업방법을 고안하여 집행하는데 어려움이 많다. 예비 가맹점은 상품구입이나 판매방법 등에 있어 지역 상권 특성에 맞게 사업을 경영할 수 있도록 계약 체결 시에 본사에게 별도로 요구할 일이 많겠지만, 가맹본사와의 계약에 있어개별 상황에 따른 자신의 조건을 일일이 추가하기가 매우 어렵다. 그러므로 예비가맹점 사업자는 계약 체결 전에 자신에게 일방적으로 불리한 계약조건이 없는지 자세히 살펴보아야 할 것이다. 가맹점사업자가 계약을 해지한 경우에는 계약 당시에 지불한 가맹비 등이 반환되지 않는 경우가 대부분이며, 계약조건상 충분한 보증이 없는 경우에는 손실을 입을 수밖에 없다. 가맹점사업자는 가맹 본사의 표준화된 프랜차이즈 패키지를 최대한 지키되, 지역상권 특성에 맞추어 경영적으로 개선하여야 할 점이나 가맹점 자신의 문제점들을 객관적으로 발견하고 이를 해결해 나가려는 노력을 게을리 해서는 안 된다. 가맹 본사가 제공하는 프랜차이즈 패키지는 각 가맹점별 특수 상황을 일일이 고려하기 보다는 일반적이고 전체적인 입장에서 최대의 효과를 얻을 수 있도록 기획, 설계되어 있기 때문에 개별 가맹점의 지역적 특수성, 점포입지 특성, 소비자 특성 등이 표준화된 프랜차이즈 패키지에 적합하지 않아 실패할 수도 있다. 따라서 본사의 가맹점 지도 요원과 가맹점 경영자는 충분히 커뮤니케이션을 하여 표준화된 프랜차이즈 패키지와 현실적인 가맹점 상황을 잘 접목시킬 수 있도록 긴밀히 의사소통을 하여야한다.[19)]

같은 가맹본부의, 인근에 있는 다른 가맹점이 고객에게 좋지 않은 인상을 주거나, 평판이 나쁘거나, 사업에 실패한 경우 자신의 점포

19) Lafontaine, F., and S. Bhattachaya(1995), "The Role of Risk in Franchising," Journal of Corporate Finance, 2, 39-74.

이미지와 신용에도 영향을 받을 수 있다. 따라서, 이웃한 가맹점간에는 특히 수시로 정보를 교환하고 사업을 독려함으로써 고객에게 좋은 평판을 유지할 수 있도록 하여야 하며, 공동체적 마인드를 유지하여 서로에게 본의 아닌 피해를 입히거나, 자신의 점포가 간접적인 피해를 받지 않도록 협력할 필요가 있다.[20)]

그리고 가맹본부의 사업추진력이 약화되었거나 영업정책을 자주 변경할 경우에는 가맹점 사업의 위험은 커지며 본사로부터 충분한 지원을 받을 수 없게 된다는 것도 큰 약점이다.

따라서 가맹점은 가맹본부가 제시하는 가맹사업의 취지와 목표, 프랜차이즈 패키지 등의 내용을 충분히 이해하고 본사와 실질적인 상호협력을 유지할 수 있어야 사업의 성공확률이 높아진다는 것을 인식해 둘 필요가 있다.

2 가맹점사업자의 성공요인과 실패요인

새로운 사업을 시작할 때는 세 가지의 접근방법 중에서 하나를 선택할 수 있다.

즉, 자신이 갖고 있는 배경, 즉 명성과 지식, 경제·사회적 배경을 활용한 신규창업과 제3자로의 간섭 없이 본인이 직접 운영할 수 있는 사업을 인수하는 것, 그리고 상품과 상표, 영업권, 마케팅 기술과 운영전략 등의 '서비스'를 팔 수 있도록 프랜차이즈 본부로부터 '권리'를 사는 방법이 있다.

프랜차이즈를 시작하고자 한다면 먼저, 프랜차이즈 창업의 이익과 불이익을 따져보고 또 다른 형태의 사업에 대해 충분히 숙지하고

---

20) Bates T.(1995), "Survival Rates Among Newcomers to Franchising," Journal of Business Venturing, 13, 113-30.

난 후, 얼마만큼 투자할 것인지를 정하고 다음에 스스로 사장이 되기 위한 자잘한 문제들에 대한 결정을 내려야 한다.

그러나 프랜차이즈 창업이 다른 두 방법에 비해 무조건적인 성공을 보장하는 것은 아니다.

프랜차이즈 사업에서의 성공확률은 성공적으로 운영되고 있는 것으로 평가받고 있는 프랜차이즈 시스템에 투자할 때 가능성이 높아진다. 그러나 아무리 성공적으로 운영되고 있는 프랜차이즈 시스템이라 할지라도 예비창업자 자신의 특성이나 능력과 부합하지 않는 시스템이거나 자신의 노력이 수반되지 않는 경우에는 성공할 가능성이 낮다.[21)]

하나의 프랜차이즈 시스템이 성공하기 위해서는 가맹본부와 가맹점 간에 성공요인과 실패요인에 대한 공감대가 형성되어 있어야 한다. 그러나 현실적으로 가맹본부와 가맹점이 인식하는 가맹점의 성공요인과 실패요인은 관점에 따라 많은 차이를 보이고 있다.

Falbe and Welsh(1998)는 NAFTA 가입국인 미국, 캐나다, 멕시코의 가맹본부를 대상으로 가맹점의 성공과 실패용인이 무엇이라고 인식하고 있는가를 조사한 바 있다. 이들의 연구결과, 가맹본부가 인식하는 가맹점의 성공요인으로는 [그림 3-2]에서 보는 바와 같이 다섯 가지 요인이 도출되었다.[22)]

---

21) Shanes, Scott. A.(1998), "Making New Franchise System Works," Strategic Management Journal, 19(1), 697-707.

22) Falbe, C. M. and Daniel Welsh(1998), "NAFTA and Franchising: A Comparison of Franchisor Perceptions of Characteristics Associated with Franchise Success and Failure," Journal of Business Venturing, 13, 151-71.

[그림 3-2] 가맹본부가 인식하는 가맹점의 성공요인

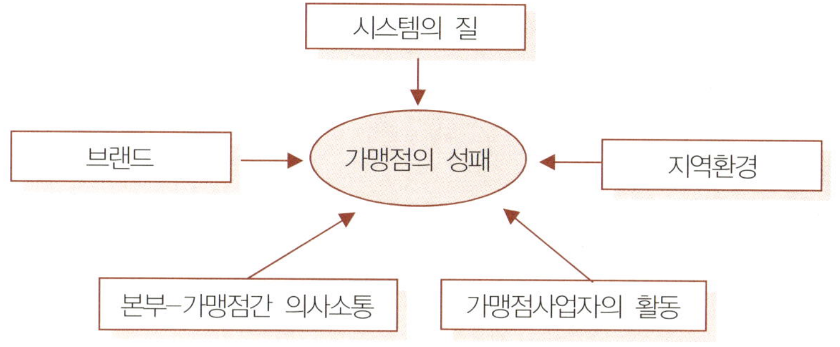

① 시스템의 질(system quality)

프랜차이즈 시스템의 질은 가맹점의 성패를 결정짓는 가장 중요한 요인이다. 여기에는 프랜차이즈 시스템의 적응능력, 시스템유지, 양질의 서비스와 같은 변수가 포함된다. 요인분석결과, 시스템의 질은 브랜드나 지역환경, 본부-가맹주의 활동에 비해 더 중요한 성공요인인 것으로 나타났다. 구체적으로 시스템의질을 결정하는 변수로는 다음과 같은 것들이 포함된다.

- 종업원 간의 팀워크
- 가맹본부-가맹점 간의 팀워크
- 가맹본부의 양질의 지원
- 가맹본부의 교육훈련 및 지원
- 우수한 종업원의 선발
- 신속하고 친절한 서비스
- 가맹본부의 선택적 가맹점 모집
- 가맹점의 학습능력
- 부적절한 종업원의 신속한 해고

② 브랜드(brand name)

프랜차이즈 브랜드는 시스템의 질과 함께 가장 중요한 성공요인으로 인식되고 있다. 전국적으로 강력한 프랜차이즈 브랜드는 긍정적인 소비자 평판 반영하고 있다고 할 수 있으며 다음과 같은 활동에 의해 형성된다.

- 적극적인 전국광고
- 브랜드에 대한 일반대중의 긍정적 인식
- 다양한 촉진활동에의 참여
- 산뜻하고 분명한 슬로건

③ 지역환경(local environment)

가맹점이 활동하고 있는 지역의 환경특성, 예를 들어 경제적 특성과 사회문화적 특성, 지리적 특성도 가맹점의 성패에 영향을 미친다. 예를 들어 다음과 같은 특성은 가맹점성과에 긍정적인 영향을 미친다.

- 좋은 상권
- 점포의 가시성(visibility)
- 가맹점사업자의 현지사업몰두
- 적극적인 현지광고
- 현지시장에의 신축적 적응

④ 가맹점사업자의 활동(franchisee activities)

가맹점 운영을 책임지고 있는 가맹점사업자 자신의 능력과 활동도 가맹점의 성패를 결정짓는 중요한 요인이다. 여기에는 다음과 같은 변수가 포함된다.

- 충분한 사업자금
- 가맹점사업자의 사업개념에 대한 이해

• 가맹점사업자의 리더십
• 우수한 제품/서비스 품질
• 가맹점사업자의 스트레스 해소능력
• 가맹점사업자의 지역사회 참여

⑤ 가맹본부-가맹점간 의사소통(communication)

가맹본부와 가맹점간의 연계는 하나의 프랜차이즈시스템이 유기적으로 활동하는데 있어 필수적인 요건이다. 가맹본부와 가맹점간의 연계가 이루어지기 위해서는 원활한 의사소통과 대등한 위상에서의 의사결정 참여가 보장되어야 한다.

• 가맹점과의 의사소통/네트워크
• 가맹점위원회에 의한 의사결정 참여
• 가맹본부와 대등한 위상의 가맹점

한편, 가맹점의 실패요인을 가맹본부의 의사결정이나 행위에 기인한 것과 가맹점의 의사결정이나 행위에 기인한 것으로 구분하여 측정한 결과, 다음과 같은 사실이 발견되었다.23)

첫째, 가맹점의 실패를 가져오는 가맹본부의 잘못된 의사결정이나 행위 중, 가장 큰 영향을 미치는 요인은 가맹본부의 불법 혹은 비윤리적 행위인 것으로 나타났다. 또한 가맹본부의 거짓말과 불성실이 그 다음으로 중요한 실패요인인 것으로 나타났다. 그 밖의 실패요인으로는 시장포화, 제품의 일시적인 호소력, 과도한 확장, 직영점과 지나친 경쟁 등이 지적되고 있다.

둘째, 가맹점의 잘못된 행위도 가맹점의 실패요인으로 지적되고 있다. 무엇보다도 프랜차이즈 시스템에 대한 가맹점사업자의 수용

23) Blonchek R. M., and M. F. O'Neill(1999), Act Like an Owner, John Wiley & Sons, Inc.

의지가 결여된 것이 가장 큰 실패의 이유로 지적되고 있다. 시스템 운용에 참여의지가 낮은 것도 두 번째로 중요한 실패요인이 되고 있다. 그밖에 가맹점사업자의 거짓말 혹은 불성실, 가맹본부 혹은 공급업자에 대한 대금결제지연, 시설/설비에 대한 관리 부실, 지나치게 빠른 확장, 현지 경제상황의 악화, 지나치게 많은 종업원, 부적절한 재고수준, 과도한 투자 등이 실패요인으로 지적되고 있다.

3 프랜차이즈 사업에서의 핵심성공요인

대부분의 조직이론이나 마케팅이론은 산업특성이 기업성과에 영향을 미치는 것으로 보고 있다. 따라서 프랜차이즈산업에서도 업종에 따라 성공요인이 다를 것이라는 기대를 할 수 있다. 예를 들어, 패스트푸드업의 경우에는 브랜드가 중요한 반면에 소매유통업에서는 지역특성이 중요하다고 할 수 있다.

그러나 프랜차이즈 업종별 성공요인이 크게 다르지 않다는 주장도 있다. 이들 주장에 의하면 산업특성이나 업종이 기업성과에 미치는 영향이 미미하여, 오히려 시스템의 질이나 브랜드와 같이 개별기업이 보유하고 있는 자원이나 역량, 그리고 기업이 택하고 있는 경영전략이 대부분 기업성과를 결정짓는 것으로 보고 있다.

국내외 프랜차이즈 기업의 성공요인을 업종별로 체계적으로 연구하고 있는 보고서는 거의 없다. 성공요인이 사례 위주로 단편적으로 제시되어 있거나 이론적인 검토가 부족하다고 할 수 있다.

이하에서는 주요 업종인 외식, 서비스, 도소매의 세 업종별로 그동안 검토되었던 대표적인 성공요인들을 기술하기로 한다.[24]

24) 임영균(2005), '프랜차이즈 기업의 성공요인', 오세조 외 4인 공저, 프랜차이즈 경영원론, 사단법인 한국 프랜차이즈 협회.

[표 3-2] 업종별 특성 및 요인 요약

업종	특성	핵심 성공 요인
외식업	• 소비자 선호가 매우 다양 • 시장 수요에 대한 예측이 어려움	• 품질 • 확고한 브랜드 컨셉 • 소비자 선호변화에 대한 적응성 • 제품/서비스의 차별화 • 가맹점에 대한 강력한 지원
서비스업	• 무형성 • 비분리성 • 이질성 • 소멸성	• 인적자원의 관리 • 고객지향적 관리
도소매업	• 가맹본부가 도매상 기능 수행 • 가맹본부의 수합, 구분, 배송, 구색기능의 중요성 높음	• 물류시스템의 효과성 • 정보시스템의 효과성 • 효과적인 머천다이징

3.1 외식업에서의 성공요인

국내 프랜차이즈산업에서 외식업이 차지하는 비중은 매우 높다. 전체 21개 업종을 기준으로 할 때 외식업의 비중은 35%를 차지하고 있으며, 이 중 의류, 악세서리, 신발 구두를 제외한 18개 업종을 기준으로 할 때 그 비중은 절반 이상인 51%를 차지하고 있다. 그러나 상당수의 외식업은 가맹본부와 가맹점의 규모가 영세하다고 가맹본부의 경영능력도 아직은 체계화되어 있지 않아 폐업률이 높은 것이 문제가 되고 있다.

외식업에서의 프랜차이징의 활용은 사업확장과 성공의 중요한 요인이 되고 있다. 프랜차이징이 외식사업에 있어 적극 도입되고 있는 이유는 외식업에서 입소문이 매우 빠르게 전달되고 있고 경쟁사가 유사제품으로 시장에 진입히기 이전에 가능한 빠르게 많은 점포를 여는 것이 중요하기 때문이다.

국내외적으로 외식산업이 성공하고 있고 이 과정에서 프랜차이즈 방식에 의한 운영이 활발히 도입되고 있지만 상당수 기업이 어려움을 겪고 있는 것이 현재의 실정이다.

외식업은 도소매나 서비스업과 비교했을 때 아래와 같은 몇 가지 특징을 지니고 있다.

첫째, 외식업은 소비자 선호가 매우 다양하여 기업의 입장에서 볼 때 이질적인 세분시장을 서브하여야 한다는 문제를 지니고 있다. 이질적인 환경 하에서 기업이 직면하는 문제는 표적으로 삼아야 할 세분시장의 규모가 작기 때문에 여기서 얻을 수 있는 잠재수익이 높지 않다는 점이다. 만약 기업이 이러한 이질성을 극복하고 일정규모 이상 수익을 올리고자 한다면 다양한 제품을 시장에 제공하는 수밖에 없다. 다양한 제품을 개발 할수록 이에 소요되는 비용과 이들 제품을 관리하고 판매하는데 소요되는 비용은 증가할 수밖에 없으며 따라서 수익성에 문제가 발생하게 된다.

둘째, 시장 수요에 대한 예측이 어렵다는 문제도 지니고 있다. 조류독감이나 광우병 파동에서 볼 수 있듯이 소비자는 건강문제에 큰 관심을 가지고 있고, 건강과 직결된 먹거리의 경우에는 지나치다 싶을 정도로 민감하게 반응하는 성향이 있다. 이와는 반대로 웰빙바람이 불면서 유기농제품이나 건강보조식품에 대한 수요가 크게 증가하고 있는 것도 외식업에 있어 시장수요가 매우 불안정하게 움직이고 있음을 보여주고 있다. 불안정하고 예측불가능한 소비자 선호에 의해 외식업에 종사하는 기업의 성과는 크게 영향을 받고 있다. Baskin Rabins 31은 소비자에게 다양한 선택기회를 제공하고 있다는 캐치프레이즈를 활용하여 성공하였다. 그러나 Haagen Dazs가 성공한 냉동요구르트 시장을 미리 간파하지 못한 것은 큰 실수로 남아 있다.

이러한 산업상의 특징을 고려할 때 외식업에서 지속적으로 큰 수익을 올리며 성공한다는 것은 매우 어려워 보인다. 그럼에도 불구하고 미국의 McDonald's나 KFC, 우리나라의 BBQ나 (주)놀부와 같은 기업은 장기간에 걸쳐 지속적인 성장을 하고 있으며 이들이 도입하고 있는 프랜차이즈 사업방식은 외식업계에서의 성장전략으로 받아들여지고 있다.

외식업에서의 성공요인은 [보기 3-1]에서와 같이 업종과 품목, 상권, 맛, 고객서비스 등 다양한 요인이 제시될 수 있다. 국내외 문헌을 통해 제시되고 있는 외식업에서의 대표적인 성공요인을 열거하면 다음과 같다.

[보기 3-1] 외식업 창업자가 보는 창업성공요인

월간 창업&프랜차이즈가 서울지역의 외식업 창업자 1,000명을 대상으로 2002년도에 조사한 결과에 의하면, 프랜차이즈 사업자의 54.2%가 기존 가맹점형태를 선호하는 반면에 45.8%는 독립점포를 선호하는 것으로 나타났다. 특히 노하우와 경험이 많은 가맹점사업자일수록 프랜차이즈보다 독립점포를 선호하는 것으로 나타나고 있다. 이는 성공한 사업자일수록 가맹본부의 역할에 대해 부정적인 견해를 가지고 있음을 암시하고 있다. 또한 이들이 성공창업의 가장 중요한 요인으로 꼽은 것은 업종과 아이템(34.6%)이었으며, 상권(28%), 맛(21.2%), 고객서비스(16.2%)가 그 뒤를 잇고 있다. 사업의 가장 큰 애로점은 직원관리(50%)인 것으로 나타났으며, 매출부진(24.8%), 고정비용(13%)등도 지적되고 있다.

① 품질(quality): 제품의 품질은 외식업은 물론 모든 기업에 있어 첫 번째로 중요한 성공요인이다. 그 이유는 품질이 기업의 수익성을 결정짓는 가장 중요한 요인이기 때문이다. 경쟁기업과 비교해 상대적으로 우위에 있는 제품의 품질과 가격은 고객에게 보다 많은 가치를 제공하며 이는 기업으로 하여금 경쟁사보다 높은 시장점유율은 매출의 증대를 의미하며 다른 조건, 예를 들어 생산 및 마케팅비용에서의 효율성만 확보된다면, 기업에게 보다 높은 수익성을 보장해

준다.

외식업의 경우 품질은 제품자체의 품질, 즉 맛과 서비스품질의 두 가지 요소로부터 형성된다. 맛이 없거나 청결하지 못하고 종업원이 불친절한 경우 소비자는 다시 그 레스토랑을 찾고 싶어 하지 않는다. 특히 단일품목의 레스토랑에선 맛이 가장 중요하며 이를 일관되게 유지하는 것 또한 중요하다.

맛과 서비스의 두 요소 중 무엇이 더 중요한지는 판단하기 어렵다. 맛이 없어도 친절한 서비스로 생존하는 레스토랑을 주변에서 흔히 볼 수 있으며, 반대로 맛은 더할 수 없이 좋으나 불친절한 종업원과 비좁고 어수선한 분위기에서 고객을 맞는 레스토랑도 주변에서 흔히 볼 수 있다. 그러나 이들 레스토랑의 생존과 성공은 예외적인 것으로 보아야 한다.

② 확고한 브랜드 컨셉: 고객은 프랜차이즈 브랜드에 대한 이미지를 형성하고 있다. 컨셉이 명확한 프랜차이즈 브랜드는 소비자로 하여금 어떤 제품이나 서비스를 제공받을 수 있는지에 대한 확신을 제공한다. 대부분의 소비자는 간판만 보고도 자신이 해당업소에서 무엇을 먹을 수 있는지에 대한 기대를 갖는다.

외식업에 있어 확고한 브랜드 이미지를 형성하기 위해서는 제품/서비스의 표준화가 필수요건이라고 할 수 있다. 제품/서비스의 표준화는 소비자 기대에서의 일관성을 의미하여 일관성은 기업에 대한 신뢰를 형성하게 한다. 물론 모든 프랜차이즈 기업이 동일한 형태의 점포에서 동일한 가격으로 제품을 판매하는 것은 아니다. McDonald's의 경우에는 전국적으로 동일한 가격으로 판매할 것을 강요하고 있지는 않으며 심지어 지역에 따라 다른 메뉴도 허용하고 있다. Chart House 가맹점의 경우에는 주변 환경에 적합한 독특한 설계를 하고 있다. 그럼에도 불구하고 McDonald's 나 Chart House를 찾는 대부분의 단골고객은 점포에 들어가기 전에 자신을 먹게 될 것인가에 대한 정확한 기대를 가지고 있다.

또한 강력한 브랜드 이미지를 형성하기 위해서는 가맹본부의 광고와 판촉 등 마케팅활동을 강화하여야 한다. 개별 가맹점이 광고와 판촉을 실시하는 현실적으로 어려우며 따라서 가맹본부는 가능한 빠른 시간 내에 최소 가맹점을 확보하여 브랜드 이미지 구축을 위한 투자를 늘리는 것이 중요하다. 1970년대 Marriot의 경우 자사의 Roy Rogers패밀리 레스토랑 본부를 확장함에 있어 최소규모를 확보하지 못해 현지광고에 어려움을 겪은 바 있다.

③ 적응성(adaptability): 소비자의 식성은 자주 바뀐다. 어떤 식당이건 동일한 메뉴로는 오래 유지하지 못한다. 가맹본부의 입장에서는 변화하는 소비자의 기호를 빨리 파악하고 이를 적시에 제품이나 서비스에 반영하는 것이 중요하다. 1900년대 미국의 주요 외식 프랜차이즈 시스템이었던 Harvey House의 경우 소비자 식성에 적응하지 못해 매출이 부진하여 결국 Amfac에 매각되었으며, 지금은 Grand Cayon과 Death Valley 국립공원의 매점운영만을 할 정도로 초라해졌다. White Castle의 경우에도 1950년대의 drive-in 시장에 적응하는데 실패한 경우이다. A&W의 경우에는 자사의 drive-in 컨셉을 McDonald's와 같은 셀프서비스 패스트푸드에 적응시키는데 매우 느렸던 예라 할 수 있다. 그 결과, 1970년대 2,400개가 넘던 점포 수가 이제는 530개(대부분이 가맹점)에 불과하다.

④ 제품/서비스의 차별화: 여타 사업과 마찬가지로 외식업에서 성공하기 위해서는 고객욕구를 파악하여 자사의 경쟁우위 컨셉을 설정하고 이에 근거해 제품을 차별화하는 마케팅 노력이 중요하다. McDonald's 와 Burger King의 햄버거 전쟁에서 두 기업 간의 제품이나 점포운영에서의 차이는 별로 없다. 그러나 Buger King의 광고문안인 'Having it your way'의 경우 소비자가 점포에서 자신이 원하는 햄버거를 구매할 수 있다는 믿음을 줌으로써 McDonald's의 시

장을 파고들 수 있었다. Wendy's의 'Where's the beef?'의 경우에도 보다 많은 쇠고기가 포함되어 있음을 소비자에게 알려 제품을 차별화하고 있다.

⑤ 가맹점에 대한 강력한 지원: 레스토랑 사업의 경우에는 부동산 확보나 입지선정, 장비구입 및 자금조달, 종업원 관리와 같은 문제가 매우 중요하다. 경험이 없는 예비가맹점사업자일수록 가맹본부로부터의 이런 의사결정과 관련하여 강력한 지원을 받을 수 있어야 한다. 가맹본부는 초기 개설지원과 교육훈련 이외에도 개설 후 발생 가능한 문제를 해결할 수 있도록 가맹점에 대해 지속적인 지원을 하여야 한다. 또한 수퍼바이저를 통해 가맹본부가 가맹점을 순회방문하여 가맹점을 교육시키고 감시 감독하는 것은 품질과 서비스 수준을 유지하기 위해 필수적이라고 할 수 있다.

3.2 서비스업에서의 성공요인

서비스는 제품과 비교할 때 몇 가지 상이한 특성을 지니고 있다.[25)]

첫째, 서비스무형성(intangibility)을 지니고 있다. 따라서 소비자 입장에서는 구매하기 이전에 서비스에 대한 가치를 파악하거나 평가하는 것이 어렵다. 따라서 가맹본부의 입장에서는 강력한 브랜드 이미지를 구축하는 것이 소비자로 하여금 자신이 경험하게 될 서비스의 가치를 사전에 판단하는 중요한 수단이 된다.

둘째, 서비스는 생산과 소비가 동시에 일어나는 비분리성(inseparability)을 지니고 있다. 다시 말해 서비스는 생산자가 이를 생산하는 동시에 소비자에 의해 소비되는 특징을 지니고 있다. 이로

25) 이수동, 여동기(2006), 유통관리, 법문사.

인해 대량생산이 어렵고 사전에 품질에 대한 통제가 어렵다는 문제가 발생한다. 따라서 가맹본부의 입장에서는 본부를 대신해 서비스를 생산하는 가맹점의 인적자원관리에 보다 많은 노력을 기울여야 한다. 또한 개별고객과 상호작용이 중요하므로 고객관리가 보다 중요해진다.

셋째, 서비스는 이질성(hererogeneity)을 지니고 있다. 서비스는 생산자에 따라 품질이 다를 수 있고 소비자의 취향에 따라 가변적일 수 있기 때문에 표준화가 어렵다는 특징을 지니고 있다. 표준화가 중요한 경쟁우위요소인 프랜차이즈 사업에 있어서는 가맹본부가 어떻게 서비스품질을 표준화할 것인가가 중요한 관건이 된다.

넷째, 서비스는 재고로 보관할 수 없다는 특징, 즉 소멸성(perishability)을 지니고 있다. 서비스는 구매와 동시에 소멸되기 때문에 재고관리가 어려우며 반복사용이 어렵다. 따라서 가맹본부의 입장에서는 서비스의 과잉생산(인력의 과다 채용)에 의한 비용손실이나 과소생산(인력의 부족)으로 인한 판매기회상실의 문제를 해결하는 것이 중요한 과제로 주어진다.

서비스가 지니고 있는 이러한 특성으로 인해 서비스업의 프랜차이징에 있어 무엇보다 중요한 것은 서비스를 생산하는 인적자원에 대한 관리, 고객지향적 관리, 브랜드 이미지구축의 세 가지 요인이라고 할 수 있다. 이 중 브랜드 이미지의 중요성에 대해서는 외식업의 성공요인으로 이미 설명한 바 있으므로 이하에서는 인적자원관리와 고객지향적 관리에 대해 설명하기로 한다.

① 인적자원관리: 서비스업의 경우 가맹본부의 성공은 가맹점이 얼마나 성공적으로 서비스를 창출하고 고객에게 제공하는가에 의해 좌우된다. 따라서 적절한 사업동기와 능력을 갖춘 가맹점사업자 혹은 종업원을 선발하고 이들을 교육 훈련시키는 것이야말로 서비스업의 성공에 있어 매우 중요하다고 할 수 있다.

대부분의 예비가맹점사업자는 프랜차이즈 사업에 진출함에 있어 사업경험이나 제품/서비스에 대한 지식이 부족하다. 따라서 가맹본부는 이들에게 자사의 사업개념을 충분히 주지시키고 가맹점의 운영과 관련된 경험이나 지식을 제공하고 문화적 공감대를 형성할 수 있도록 도와야 한다. 특히 예비가맹점에 대한 교육은 프랜차이즈 사업에 대한 의욕을 고취하고 이들의 사업역량을 배가하며 보다 효과적인 시스템관리를 가능하게 해준다는 점에서 큰 의의를 지니고 있다.

가맹본부가 가맹점에 대해 교육훈련 지원을 제공하는 방법은 매뉴얼이나 온라인 강좌, 현장방문 등 다양한 수단에 의해 가능하다. 또한 교육훈련은 예비가맹점사업자를 대상으로 사전교육과 사후교육을 병행하여 실시하는 것이 바람직하다. 미국의 주택청소 프랜차이즈시스템인 The Maids Home Services(MHS)는 예비가맹점사업자가 시스템에 가입한 후 2주간 본사교육을 실시하며, 가입7주 전부터 사전교육을 실시하고 있다. 주로 사전교육은 본사교육이 끝난 후 예비가맹점사업자가 예정된 일정대로 사업을 수행할 수 있도록 돕는데 목적을 두고 있다. 본사교육이 끝난 후에도 후속교육프로그램을 실시하고 있다.

MHS의 교육프로그램이 지닌 특징은 예비가맹점사업자만을 대상으로 하고 있지 않으며 가맹점의 관리직과 기술직, 청소원 모두를 대상으로 하고 있다는 점이다. 가맹점사업자와 종업원 모두를 대상으로 교육을 실시함으로써 가맹점은 하나의 팀으로써 일관된 서비스를 제공할 수 있게 된다. MSH는 매년 4회에 걸쳐 교육훈련 프로그램과 매뉴얼을 업데이트하고 있다. 교육훈련 프로그램과 매뉴얼의 질이 가맹점의 성과와 직결되기 때문에 시의적절하게 이를 변화시키고 있다.

② 고객지향적 관리: 미국의 경우, 차량수리서비스, 주택조사서비스, 자산손실평가서비스, 가구수리업, 재무서비스와 같이 다양한 서

비스분야에서 프랜차이즈 시스템의 도입이 활발히 이루어지고 있다. 이들 서비스 프랜차이즈 기업이 성장할 수 있었던 것은 고객이 원하는 서비스욕구를 파악하고 지속적으로 관리할 수 있었기 때문인 것으로 평가되고 있다.

고객지향적 관리에 있어 가장 중요한 것은 고객과의 관계를 어떻게 형성하고 이를 유지하며 발전시켜 나갈 것인가에 대한 판단이라고 할 수 있다. 특히 신규고객의 유치와 고객충성도의 제고, 고객관계관리는 고객지향적 관리에 있어 핵심적인 과제가 된다.[26)]

3.3 도·소매업에서의 성공요인

도·소매업은 제조업체가 생산한 제품을 가맹본부가 구매하고 이를 가맹점을 통해 재판매한다는 점에서 외식업이나 서비스와 다른 특징을 지니고 있다. 도·소매업에서의 프랜차이징은 가맹본부가 도매상으로서의 기능을 수행하고 가맹점이 소매상으로서의 기능을 수행하는 시스템으로 볼 수 있다. 따라서 하나의 프랜차이즈 시스템이 성공하기 위한 요건은 가맹본부가 상품의 수합, 구분, 구색, 배송과 같은 도매상으로서의 기능을 얼마나 효율적으로 수행하는가에 의해 결정된다고 할 수 있다. 특히 할인점, 백화점, 전문점 등 다양한 업태가 치열하게 경쟁하고 있는 소매업의 경우에는 어떻게 도매기능을 가맹본부가 내부화하고 시스템화 하는가가 성공의 열쇠라고 할 수 있다.

도매기능의 내부화는 물류 및 정보시스템의 구축과 효과적인 머천다이징의 두 가지로 함축 될 수 있다.

① 물류 및 정보시스템의 구축: 역사적으로 보면 강력한 소매상들은 공통적으로 강력한 물류 및 정보시스템을 구축하여 성공하고 있

---

26) 박원휴(2004), 프랜차이즈 성공사례연구.

다. 편의점은 도·소매업에서 프랜차이징이 어떻게 성공할 수 있는가 보여주는 대표적인 업종이라고 할 수 있다. 편의점은 비록 매장의 규모가 작고 상품의 구성도 다양하지 못하지만 회전율이 높고 마진이 높다는 특징을 지니고 있다. 무엇보다도 편의점은 가맹본부가 구축하고 있는 효율적인 물류시스템과 강력한 정보시스템에 의해 지원을 받고 있다는 점에서 덩치는 작지만 강한 경쟁력을 지니고 있다.

② 효과적 머천다이징: 도·소매업에 있어 경쟁우위를 확보하는 기본원리는 '적시에 적절한 가격으로 적합한 상품'을 판매하는 것이라고 할 수 있다. 고객이 원하는 다양한 상품을 매입하고 구색을 갖추어 판매하는 머천다이징 기능이 성공적으로 수행될 때 도·소매업체의 경쟁력은 높아진다.

머천다이징이 효과적으로 이루어지기 위해서는 무엇보다 재고총이익률이나 재고회전율과 같은 재무적 목표를 설정하고 이를 달성하기 위해 상품카테고리에 대한 관리나 상품구색의 계획, 매입시스템의 개발과 평가, 공급선의 결정 및 이들과 파트너십 구축과 같은 다양한 활동이 성공적으로 수행되어야 한다.

4 성공적인 프랜차이즈 시스템의 선택

가맹점 사업자가 성공하기 위해서는 ① 올바른 프랜차이즈 시스템을 보유하고 있는 가맹본부를 선정하여야 하고 ② 가맹점 사업자 자신의 장점과 약점, 개인적 특성에 대한 객관적 평가가 이루어져야 하며 ③ 제공되는 프랜차이즈 시스템의 특성과 가맹점사업자 자신의 개인적 특성에 잘 부합하여야 할 것이다.

가맹점 사업자로서 성공하기 위한 프랜차이즈 시스템의 올바른 선택에 관한 위의 3가지 사항에 대해 살펴보기로 한다.

4.1 성공가능성이 높은 가맹본부의 선택[27)]

가맹점 사업자에게 있어 성공가능성이 높은 가맹본부를 선택하는 것보다 중요한 일은 없을 것이다. 우수한 프랜차이즈시스템을 보유한 가맹본부를 선정하기 위해서는 대상 희망업종의 가맹본부에서 정보공개서를 요구하여 제공 받을 수 있다. 정보공개서에는 가맹계약에 대한 모든 조건들이 명시되어 있는 것은 물론 본사와 가맹점 사이에 빈번하게 발생하는 분쟁사항인 본사의 지원사항 부분, 가맹점 사업자가 부담하여야 하는 사항, 영업활동 및 영업지역의 설정 등에 대한 내용들이 포함되어 있으므로 가맹본부에 대한 종합적인 검증이 가능하다.

일반적으로 예비 가맹점 사업자는 가맹본부를 선택할 때는 ①가맹본부가 제공하는 프랜차이즈 시스템의 특성 ②가맹본부의 현황과 특성 ③가맹점 사업자가 가맹본부에 부담하여야 할 사항 등에 대한 검토가 필요하다.

가맹본부가 제공하는 프랜차이즈 시스템의 특성

가맹본부의 가장 주된 기능은 프랜차이즈 시스템을 개발하여 가맹점 사업자에게 제공하는 것이다. 프랜차이즈 시스템은 단순히 가맹점에 상품을 공급하는 것만을 의미하는 것도 아니고, 브랜드 사용권을 제공하는 것만도 아니다. 프랜차이즈 가맹본부는 결국 프랜차이즈 시스템(franchise system) 또는 프랜차이즈 패키지(franchise package)를 개발하여 가맹점에 판매하는 기업이라고도 할 수 있다.

프랜차이즈 시스템의 우수성을 평가할 때는, 프랜차이즈 시스템의 특성과 경쟁력을 좌우하는 [그림 3-3]과 같은 것들을 검토하여야 한다.[28)]

---

27) Caffey, A. A.(2002), Franchise & Business Opportunity, Entrepreneur Pres.
28) Fulop, C. and J. Forward(1997), "Insight into Franchising: A Review of

[그림 3-3] 가맹본부가 제공하는 프랜차이즈 시스템의 특성

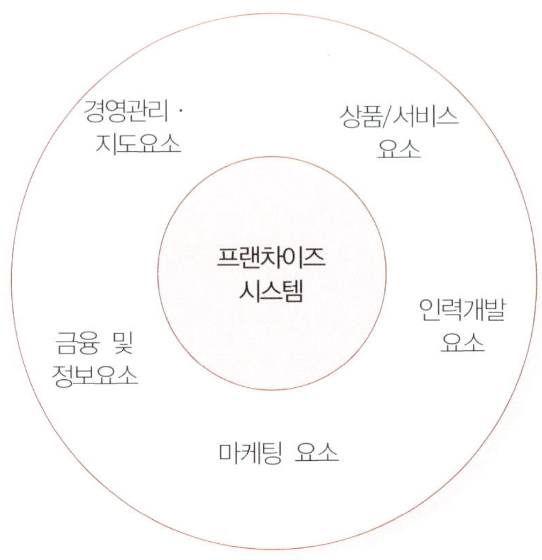

상품/서비스 요소

프랜차이즈 시스템 구성요소가운데서 가장 핵심적인 것을 상품 및 서비스 개발기능이다.

프랜차이즈 사업의 경쟁력은 기본적으로 경쟁사와 차별화된 상품 및 서비스를 개발하여 가맹점에 적절한 가격으로 제공하는 것에서 찾을 수 있다.

항상 소비자가 원하는 것, 소비자의 충족되지 않은 욕구를 찾아내서 이를 수정해 나갈 수 있어야 한다. 또한 가맹본부가 상품/서비스 개발을 위한 원재료 및 부수적인 재료를 모두 자체적으로 개발할 수 없을 때는 이를 가맹본사가 책임지고 아웃소싱하여 가맹점에 공급할 수 있는 능력을 갖추고 있어야 한다.

Empirical and Theoretical Perspectives," The Service Industry Journal, 14, 603-625.

가맹점포 운영을 위한 부자재의 개발 및 공급은 가맹본사가 특정 제조업체와 교섭하여야 하는 경우와, 그 일부를 가맹점에서 직접 구매하게 하는 방법이 있다.

인력개발요소

가맹본부가 아무리 좋은 상품/서비스를 개발하였다 하더라도 소비자와 직 접촉하는 가맹점이 이를 제대로 집행하지 못한다면 아무런 소용이 없다.

가맹본부는 가맹점이 프랜차이즈 패키지를 제대로 이해하고 정확하게 소비자에게 전달할 수 있도록 교육, 훈련기능 갖추어야 한다.

가맹본사가 제공하는 교육/훈련에는 집합교육, 점포현장교육, 순회교육 등이 있으며, 교육대상은 가맹점 사업자에 대한 교육과 가맹점 종업원에 대한 교육으로 나눌 수 있다.

가맹점에 대한 교육/훈련은 일일이 구두로 하는 것이 쉽지 않기 때문에 효율성을 높이기 위해 사후 관리 및 매뉴얼(manual)을 제작하여 활용한다.

가맹점에 대한 지도 및 관리 매뉴얼을 작성하여 이 가맹점에 항상 비치하게 함으로써 교육의 텍스트북(textbook)이 되기도 하며 가맹점의 경영상태를 점검할 수 있는 체크리스트를 활용할 수도 있다.

마케팅 요소

가맹본부의 판매촉진 기능에는 기본적인 것과 부가적인 부분으로 나누어진다.

기본적인 것으로는 점포의 형태, 레이아웃, 진열대 및 점포내 광고, 등 개점시부터 설치되는 것이 있고, 부가적인 판매촉진 기능에는 가맹점 경영이 미리 정해진 프랜차이즈 패키지가 제대로 실현될 수 있도록 하기 위한 판촉지원과 신상품 보급을 위한 판촉, 프랜차이즈 시스템 전체의 이미지를 강화하기 위한 판매촉진 활동 등이 있다. 대부분의 프랜차이즈 시스템 전체의 이미지를 강화하기 위한 판매촉진 활동 등이 있다. 대부분의 프랜차이즈 경영에 있어 가맹본사가 판매촉진 프로그램을 만들어 가맹점에 제시하고, 가맹점이 이를 집행하는 형식을 띄고 있다.

따라서 가맹본부는 ① 판매촉진 프로그램의 기획 ② 광고디자인의 제작 ③ 판매촉진과 다른 경영기능과의 연계 ④ 판매촉진에 따른 가맹점매출의 증대 등에 관한 판매촉진 프로그램을 기획한다. 또한 가맹본부는 점포개발 및 설계에 관한 기획기능도 갖는다. 좋은 점포개발은 입지선택에서 시작되며, 고객을 흡인할 수 있는 점포설계를 위해서는 사전에 충분한 조사와 분석이 필요하다.

가맹본부는 본격적인 가맹점 모집에 앞서 사전에 표준입지 선택기준과 표준점포 설계도를 비치하여 상담단계부터 예비 가맹점 사업자에게 제시하여야 한다.

금융 및 정보 요소

가맹본부가 가맹점에 자금을 지원해 주기 위한 금융기능을 갖추는 것이 원활한 프랜차이즈 경영을 위해 필요하다. 가맹점 사업자가 자기자본으로 점포를 개설하여야 하는 것이 기본이지만 가맹본부의 금융기능을 본부가 금융기능을 담당할 수 있으면 더욱 바람직하다.

가맹본부의 금융기능을 본부가 가맹점에 지접금융을 제공하는 직접금융과 본부가 금융기관 등과 연계하여 가맹점에 금융기능을 제공하는 중개금융으로 나눌 수 있다.

이 둘 중에서 보다 일반적인 방법은 가맹본부가 금융기관과 협약을 하여 자금조달을 알선하고, 가맹점이 금융기관에 담보를 넣고 융자를 받는 중개금융의 형태이다.

금융기능은 가맹본부의 또 다른 중요기능이다. 가맹점 경영에 직·간접으로 필요한 정보의 수집에서부터 정보의 처리, 가공과정을 거쳐 각 가맹점에 필요한 정보를 제공하는 것은 프랜차이즈 시스템의 성공을 결정하는 중요사항이다. 가맹본부는 가맹점의 판매활동 결과를 비교 · 평가하여 각 가맹점의 상황에 맞는 경영전략을 수립할 수 있도록 지도하여야 하며, 각 가맹점의 판매상황 정보를 온라인을 통해 실시간으로 확보하여 이를 컴퓨터로 분석·활용하여 지속적이고 체계적인 가맹점관리가 가능하도록 하여야 한다.

경영 관리·지도 요소

경영 관리·지도기능을 구체적으로 살펴보면 원가계산 및 매출액 파악, 이익 및 비용계산, 의료보험 등의 복지사무, 영업실적분석, 고객분석, 자금수금 등에 대해 가맹본부가 가맹점에 대해 지도해주는 기능을 말한다. 이러한 기능들을 가맹점이 직접 수행하려면 별도의 시스템과 인력을 갖추어야 하며, 이를 위해서는 추가적인 투자와 비용이 발생하기 때문에 프랜차이즈 시스템 전체의 통일성을 유지하면서 가맹본부가 일괄 처리하는 것이 효율적이다.

또한 가맹본부로서는 가맹점의 각종 경영지표를 일괄 처리함으로써 시스템 전체의 효율성도 높일 수 있고, 각종 데이터를 이용하여 가맹점을 관리 하기위한 정보를 활용할 수도 있다.

가맹본부의 현황과 특성

예비 가맹점 사업자가 가맹본부를 선택할 때는 프랜차이즈 시스템의 특성과 함께 가맹본부의 현황과 특성에 대해서는 검토하여야 한다.

예비가맹점사업자는 가맹 본사를 선택할 경우 다양한 방법으로 가맹 본사에 대해 알아보아야 한다. 우선 가맹본사의 설립시기에 따른 명성, 지급력, 재무제표는 건실한가를 살펴보아야 한다. 그리고 가맹본사의 경영방침을 수행하는 데 필요한 인재와 지도력은 충분한지와 장래의 발전 계획은 세워져 있으며, 어느 부분에 치중하고 있는가를 살펴보아야 한다. 또한 가맹점 모집법규의 준수여부와 본사의 경영내용은 어느 정도 공개되어 있는지도 파악하여야 한다. 그리고 가맹본사에서 지역별, 가맹점별, 판매지역이 명확하게 구분되어 있으며 제시된 상권이 충분히 매력적인지도 알아보아야 한다.

가맹본부의 현황과 특성을 검토할 때 피해야 할 가맹본부의 특성도 함께 고려하여야한다.

일반적으로, 아주 소규모를 투자해도 빠른 시일 내에 엄청난 이익을 보장한다고 광고하는 본부나, 가맹점 희망자가 가맹사업 내용에 대해 타당성 검토를 채하지 않았음에도 불구하고, 늦기 전에 시작해야 한다고 재촉하는 가맹본부는 피하여야 한다. 또한 가맹본사의 총매출액과 이익금, 매장 위치 등에 대한 자료를 영업비밀이라고 하면서 공개하지 않거나 가맹점 희망자를 무시하는 가맹본부와 가맹 본사가 제공하는 상품의 판매가 아주 쉬워 매출 걱정을 안 해도 된다고 장담하는 가맹본부도 신뢰하기 어렵다. 그리고 가맹 본사 경영진·임원·간부 등의 신상명세를 밝히기 꺼리는 가맹본부와 최종소비자를 대상으로 하지 않고, 가맹점이나 판매원을 통해 큰 이익을 얻을 수 있다며 '판매'를 강조하는 가맹본부도 기피하여야 한다. 마지막으로 파트타임이나 자영업 겸업만으로 큰 노력 없이도 많은 소득을 올릴 수 있다고 장담하는 가맹본부나 가맹점 가입시 가맹비나 로열티가 아주 싸거나 없는 가맹본부도 일단 의심해 보아야 한다.

가맹점이 가맹본부에 부담하여야 할 사항

프랜차이즈 계약에서 가맹점이 본부를 평가 할 때는 프랜차이즈 시스템 및 가맹본부의 특성과 현황을 파악하는 것과 함께 가맹점에게 요구되는 의무사항에 대해서도 검토가 있어야한다.

예를 들면 가맹점 가입시 가맹본부가 요구하는 가맹비에 관한 사항은 언급되어 있는지, 개점 후 정기적으로 가맹본부가 징수하는 로열티에 관한 사항은 기재되어 있는지를 검토하여야 한다. 또한 점포 개설시 점포 구조나 레이아웃에 대해 특별한 의무가 명시되어 있는지도 살펴보아야 하고, 점포 운영시 상품 대금 결제방법에 대한 사항은 명시되어 있는지 검토하여야 한다.

4.2 창업자 자신에 대한 평가

미국의 프랜차이즈 컨설팅 기업인 FranChice의 Jeff Elgin 사장은 예비가맹점사업자가 지녀야할 특성으로 [그림 3-4]와 같이 다음의 다섯 가지를 들고 있다.

가맹점사업자가 성공한 기업가가 되기 위해서는 먼저 자신의 사업에서 성공하여야 한다. 가맹점사업자로 성공하기 위해 가장 중요한 것은 자신에게 맞는 프랜차이즈사업을 선택하는 것이다. 예비가맹점사업자가 진정 성공하길 원한다면 프랜차이즈사업을 하기 전에 몇 가지 사항을 꼼꼼히 검토하여야 한다.[29]

[그림 3-4] 성공적인 예비가맹점사업자의 특성

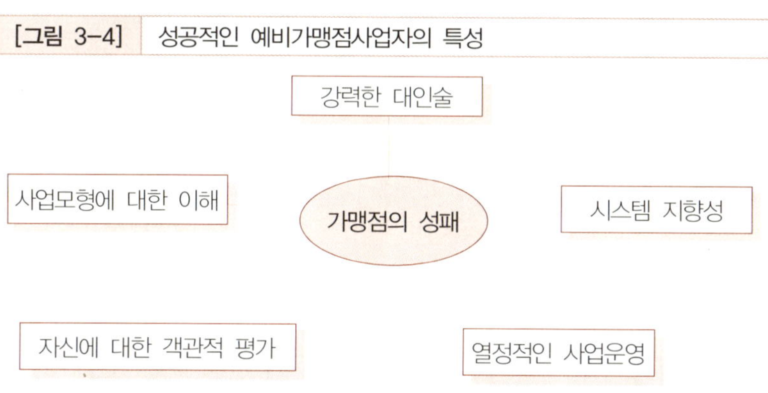

29) Beiler, A., S.R. Beiler and G. S. Markley(2005), "Determining Whether Franchising Suits Your Needs and Interests," Buying A Franchise; Inside the Minds, Aspatore Books.

자신에 대한 객관적 평가

예비가맹점사업자는 자기 자신에게 솔직하고 엄격해야 한다. 프랜차이즈사업 중에는 자신의 성격에 맞는 것이 있고 맞지 않는 것이 있다. 연령, 가용시간, 정력, 인내심, 위험의 감수의지 등을 진실되게 따져보아야 한다.

무엇보다 자신의 능력이나 재정상태를 과대평가해서는 안된다. 예비가맹점사업자가 범하는 가장 큰 실수는 프랜차이즈에 대한 평가에 있어 자신이 처한 상황을 객관적으로 평가하지 않는다는 것이다. 예비가맹점사업자는 가맹본부가 제공하는 자료를 보거나 다른 가맹점사업자와의 대화를 통해 가맹본부를 평가한다. 그러나 자기 자신에 대한 평가에는 소홀하다. 이들은 가입에 앞서 가맹본부에게 1년 동안은 돈을 벌 생각이 없다는 말도 서슴없이 한다. 하지만 막상 3개월이 지나도 수익이 기대에 못 미치면 불안해한다.

애초에 가맹점사업자가 프랜차이즈사업을 하기로 결심할 때는 여러 가지 이유가 있기 때문이다. 가장 큰 이유는 남의 간섭을 받지 않고 자신의 사업을 한다는 자부심이라고 할 수 있다. 독립점포에 비해 사업실패의 위험을 줄이면서 적정수입을 올릴 수 있다는 기대도 이유 중의 하나라고 할 수 있다.

성공적인 가맹점사업자가 되기 위해서는 사업상 여러 문제를 처리해야 하며, 회계장부를 관리하는 것에서부터 종업원의 고용, 교육, 해고, 건물·점포의 관리에 이르기까지 해야 할 일이 너무 많다. 우수한 가맹본부의 경우에는 가맹점사업자의 이러한 활동을 충분히 지원한다. 그러나 가맹본부의 지원은 지원일 뿐이며 실제로 행동에 옮기는 것은 가맹점사업자 자신이다. 프랜차이즈사업은 자신의 사업을 창출하고 소유하는 것이 아니다. 가맹점사업자가 가맹본부에게 사업아이디어를 제공하기는 하지만, 프랜차이즈사업은 기본적으로 가맹본부가 개발한 사업을 계약에 의해 또한 시스템에 의해 가맹점사업자가 직접 수행하는 것이다.

만약 예비가맹점사업자가 사업위험을 감수하고자 하고 이에 충분한 자본을 가지고 있다면 굳이 가맹점사업자가 되는 것보다는 자신이 직접 사업구상하고 개발하는 것이 나을 수 있다. 창의적인 사람의 경우에는 프랜차이즈사업에 대해 답답한 생각을 가지기 쉽다. 이런 유형의 사람도 프랜차이즈사업에 적합한 사람은 아니다.

많은 사람이 가맹점사업자로 성공하기 위해서는 위험을 감수해야 한다고 믿고 있으나 사실은 그렇지 않다. 성공적인 가맹점사업자들은 위험회피적이다. 이들이 위험을 전혀 감수하지 않는 것은 아니지만 되도록 적은 위험을 자신이 통제할 수 있는 범위 내에서 수용한다. 점포투자에는 항상 위험이 따르는 것이지만 이는 가맹본부가 제공하는 과거의 매출과 이익을 분석하면 어느 정도 줄일 수 있다.

사업모형에 대한 충분한 이해

예비가맹점사업자는 자신이 선택한 프랜차이즈 사업모형을 충분히 이해하고 있어야 한다. 자신이 이해하지 못하는 사업을 성공적으로 수행할 수는 없다. 프랜차이즈사업의 경우에도 이에 대한 정확한 이해가 있어야만 성공할 수 있다. 자신에게 적합한 사업이 파악되면 바로 점포를 운영하기 전에 6개월 정도 꼼꼼히 관찰하고 연구하여야 한다. 이를 위해 가능하다면 종업원으로 일해 보는 것도 방법이다.

가맹본부의 특성과 시스템을 분석하고 특히 가맹본부가 가맹점사업자와 어떻게 상호작용하는가를 살펴봐야 한다. 여타 가맹점과의 인터뷰를 통해 자신이 궁금한 사항을 물어보는 것도 방법이다. 이때 인터뷰대상 가맹점으로는 최소한 5년 동안 가맹점사업을 수행한 사람을 선택하는 것이 좋다. 인터뷰 대상으로 불평불만이 많은 가맹점사업자는 피하는 것이 좋다. 이들은 실패한 가맹점사업자이다. 특히 투자에 대한 수익이 어느 정도 발생할 것인가를 정확히 예측하는 것이 중요하다.

미국의 프랜차이즈기업인 Kitchen Tune-Up의 설립자이자 CEO인 David Haglund는 많은 예비가맹점사업자가 사업에 필요한 비용을 잘못 계산하는 것으로 보고 있다.[30] 가맹점사업자는 초기 투자가 얼마나 드는가 만을 생각하기 쉽다. 그러나 초기 투자보다 중요한 것이 계속투자이다. 가맹비나 건물임대료, 권리금은 초기 투자에 해당한다. 로열티나 광고캠페인비용, 종업원 급여 등은 계속투자에 해당한다. 초기투자가 적게 드는 프랜차이즈를 구매하는 것은 텅 빈 집을 사는 것과 같다. 어차피 살림을 하기 위해서는 필요한 가구와 집기를 구매하여야만 한다. 초기투자가 적게 드는 프랜차이즈는 시스템이 미비하거나 브랜드 명성이 낮기 때문에 점포를 개설한 후에도 시설투자와 광고비등의 계속투자를 많이 요구한다.

로열티의 경우를 보자. 대부분의 가맹본부는 매출액의 4%에서 10%까지의 로열티를 부과한다. 이는 아파트의 임대료(임대료는 고정비라서 변동비인 로열티와는 성격이 다소 다르지만)와 같이 꼬박꼬박 가맹점사업자의 호주머니에서 가맹본부로 들어간다. 대부분의 가맹점사업자는 매출이 적을 때는 로열티에 인색하지 않다. 그러나 매출이 커질수록 자신이 너무 많은 비용을 지불한다고 생각한다. 가맹본부로부터 아무 지원이 없는 경우에는 도대체 자신이 왜 로열티를 지불해야 하는가에 회의를 가진다.

그러나 로열티는 이미 사업이 시작되기 전에 가맹본부와 가맹점이 계약에 의해 약속한 비용이다. 로열티를 아까워한다는 것은 로열티가 무엇인지에 대한 이해를 하지 못하고 사업을 시작하였다는 것밖에 안된다. 광고비의 경우에도 자신이 왜 광고비를 내야 하는가를

30) Haglund, D. L.(2005), "Taking Advantage of the Many Opportunities Offered by Franchising," The Franchise Business, Inside the Minds, Aspatore Books.

놓고 불만을 가지는 가맹점사업자가 많다. 이 또한 계약 당시 자신이 지불하기로 약속한 비용이라는 점을 명심해야 한다.

시스템지향성

가맹점사업자가 되기 위해서는 시스템을 따라야 한다. 가맹점사업자가 범하기 쉬운 가장 큰 실수 중의 하나는 가맹본부의 사업계획이나 운영모델을 따르고자 하는 열망이 없다는 점이다. 가맹본부는 가맹점이 자신의 시스템을 온전히 따라줄 것을 기대한다. 대부분의 가맹점사업자는 초기에는 시스템을 따른다. 그러나 시간이 지나면 시스템을 따르지 않고 자신의 사업계획을 따르기 시작한다. 이러한 계획은 가맹본부가 범하지 않길 기대하고 있는 실수이며 이는 사업실패를 초래한다.

가맹점사업자가 망각하기 쉬운 것은 가맹점사업이 자신이 만든 사업이 아니라는 점이다. 가맹점사업자는 가맹본부가 만든 사업을 계약에 의해 일정기간 가맹본부의 지도 아래 운영할 수 있는 권한을 가지고 있을 뿐이다. 계약이 종료되거나 가맹본부의 지도를 따르지 않는 가맹점사업자는 더 이상 가맹본부의 브랜드나 시스템을 활용해 사업을 하지 못한다는 점을 잊어서는 안된다.

성공적인 가맹점사업자는 시스템지향적이다. 가맹점을 운영하기 위해 반드시 강렬한 기업가 정신이 필요한 것은 아니다. 자신의 능력을 기반으로 벤처기업을 창업하는 것과 달리 프랜차이즈 사업에서 가맹점을 운영한다는 것은 어느 정도 사업성이 인정된 시스템을 구매하는 것이다. 프랜차이즈시스템의 한 구성원이 됨으로써 가맹점사업자는 가맹본부가 제시하는 최선의 사업모형을 실천에 옮길 수 있으며 여타 가맹점의 성공 및 실패사례를 빨리 배울 수 있다.

열정적인 사업운영

가맹점사업자는 자신의 사업에 열중해야 한다. 자신의 능력을 다 해 가맹본부와 맺은 계약에 충실해야 한다. 성공적인 가맹점사업자는 열정적이며 근면하다. 대부분의 프랜차이즈시스템은 가맹점사업자에게 많은 과업을 수행할 것을 요구한다. 성공적인 가맹점사업자는 자신에게 주어진 이들 과업을 완수할 수 있어야 한다.

미국의 프랜차이즈기업인 Wild Birds Unlimited의 설립자이자 CEO인 Jim Carpenter는 가맹본부를 선택하는 것을 배우자를 선택하는 것에 비유하고 있다.[31)] 결혼이나 프랜차이즈사업이나 쌍방이 장기간 서로에게 상당한 몰입을 해야 하며 어떤 가맹본부를 선택하느냐에 따라 자신과 가족의 인생이 크게 변하게 된다.

가맹본부는 가맹점사업자가 고객을 응대하기 위해 어떤 성격을 가져야 하는가를 지도하며 성공적으로 점포를 운영하기 위한 기술을 교육시킨다. 그러나 가맹본부가 가맹점사업자의 성격을 고칠 수는 없다. 또한 영업능력이나 기술을 갑자기 향상시킬 수도 없다. 가맹점사업자의 성격이나 능력을 가맹본부가 바꾸는 데는 한계가 있다.

가맹점이나 가맹본부가 범하기 쉬운 가장 큰 실수는 고객이 만족하건 만족하지 않건 개의치 않고 그저 그렇게 고객을 대하면 될 것이라는 생각이다. 그러나 만족하지 않은 고객은 다시는 그 점포를 찾지 않는다. 해당 점포뿐만 아니라 동일한 브랜드를 내건 다른 점포도 찾지 않는다. 이는 프랜차이즈시스템의 붕괴를 가져오는 가장 큰 실수라 할 수 있다.

점포 중에는 가맹본부의 비전과 미션에 잘 부응하며 운영하고 있는 점포가 있는 반면에 그렇지 않은 점포도 있다. 그 차이는 바로

---

31) Carpenter, J.(2005), "Choose the Right Franchise for You and Then Operate It with Passion!" The Franchise Business, Inside the Minds, Aspatore Books.

사업에 대한 열정에 있다. 열정이 있는 가맹점은 고객을 만족시키기 위해 아주 특별한 감동을 주고자 노력한다.

미국의 프랜차이즈기업인 Allegra Network의 CEO인 William McIntyre는 프랜차이즈사업에서 중요한 황금규칙으로 가맹점사업자가 긍정적인 사고방식과 태도를 가지고 사업목적을 분명하게 인식하면서 최선의 노력을 다하여야 하는 것으로 보고 있다.[32)]

강력한 대인술

성공적인 가맹점사업자는 강력하고 탁월한 대인술을 지니고 있다. 성공적인 가맹점사업자는 다른 사람의 의견을 듣고 실천한다. 프랜차이즈 사업은 가맹점사업자가 '스스로' 하는 것이긴 하지만 혼자 하는 것은 아니다. 성공적인 가맹점사업자는 가맹본부의 스탭을 통해 자신이 가입한 프랜차이즈시스템의 여타 가맹점의 성공사례를 적극적으로 배우고 이를 따르고자 노력하여야 한다. 그리고 궁금한 것이 있으면 이들에게 항상 질문을 던져야 한다.

강력한 대인술은 가맹본부나 자신의 종업원, 고객과의 상호작용을 효과적으로 수행하게 해준다. 그 결과 가맹본부와의 갈등이 적으며 종업원과 고객의 충성도는 높아지고 점포의 가치와 신뢰는 커진다. 강력한 대인술이야말로 프랜차이즈사업에 있어 가장 중요한 요건이라고 할 수 있다.

종합적으로 볼 때, 프랜차이즈 가맹점 사업가가 되기 위해서는 어떤 업종의 어떤 가맹본부에 가입할 것인가를 잘 선택하는 것도 중요하지만, 그보다 우선 예비 가맹점 사업자 본인에 대한 객관적 평가가 선행되어야 한다.

가맹점 사업자가 되기 위해서는 충분한 시간과 정열을 사업에 투

---

32) McIntyre, W. D.(2005), “Be in Business for Yourself, Not by Yourself,” The Franchise Business, Inside the Minds, Aspatore Books.

입 할 수 있어야 하고, 가족들의 지지와 협조를 이끌어 낼 수 있어야 한다. 실제로 국내의 가맹본부에서는 가맹계약을 맺기 전에 예비가맹점 사업자 부부를 함께 방문하게 하여 부부간의 다정함이나 신뢰수준, 협력가능성 등을 체크하기도 한다. 또한 사업에 충분한 자금여력이 있어야 하고 장시간의 근무를 이겨 낼 수 있는 체력을 갖추어야 할 것이다.

가맹점 사업은 이미 어느 정도의 사업성을 인정받은 사업시스템을 구입하여 감수할 필요가 없으므로 위험을 잘 관리할 수 있고 합리적인 마인드와 소유자보다는 스타플레이어 정신이나 특출한 기업가정신의 시스템지향적이고 다른 주체들과 상호협력 할 수 있는 성향을 지닌 사람에게 적합하다.

가맹점사업은 자신의 자금을 투입하여 '스스로'독자적인 사업을 주체적으로 수행하는 것이기는 하지만 결코 혼자만의 사업은 아니므로 가맹본부의 마케팅전략이나 정책에 잘 협조하고 가맹본부의 전문가들이 제공하는 교육 및 지도를 겸손하게 수용하는 자세가 우선하여야 하며, 지나치게 자기주장을 하고 자기의 개인적 성향이나 관점을 일반화 하려는 성향이 강한 사람에게는 적합하지 않다.

마지막으로 프랜차이즈 가맹점 사업도 독자창업의 경우보다는 약하겠지만 상당한 수준의 기업가정신을 요구하는 것이 사실이다. 상당한 수준의 기업가정신을 요구하는 것이 사실이다. 시스템 지향적이고 겸손한 자세가 요구된다고 하여 사업의 주체임을 포기하고 본부에서 모든 것을 다 알아서 해 주겠지 하고 수동적인 자세는 매우 바람직하지 않다. 위험을 관리 할 줄 알고 시스템을 존중하고 본부 및 다른 가맹점과 협조 할 수 있는 합리적인 성향이 요구된다는 것이지, 기업가정신이 필요 없다는 것은 아니다. 결국 가맹점간의 성과는 가맹점 사업자의 사업가적 역량과 판단, 활동력, 추진력, 고객 및 직원과의 원활한 인간관계, 고객에 대한 DB를 만들고 고객을 일회용 고객이 아닌 지속적 고객으로 관리해 나갈 수 있고 능력에 달려 있다. 그러므로 월급쟁이정신이 아닌 기업가적정신을 어느 정도 보유한 적극적이고 원만한 인품이 요구된다.

4.3 프랜차이즈 시스템과 가맹점사업자간의 적합성

모든 사람이 다 가맹점사업자가 될 수는 없고, 또 된다 하더라도 성공 할 수는 없다.

지금까지 한 번도 경험해 본 적이 없는 프랜차이즈 시스템의 가맹점사업자가 되어 가맹사업을 경영하기 위해서는 자신이 가맹사업 경영에 적합한지 스스로 적성을 신중하게 체크해 볼 필요가 있다. 가맹점사업자 자신이 가맹사업에 적합한지를 점검하기 위해서는 우선, 본인의 성격이 가맹사업 경영에 맞는지를 생각해 볼 필요가 있다.33)

만약 경영의 모든 측면을 자신이 직접 기획, 설계하고 직접 집행하여야 하고 성향의 사람은 프랜차이즈 가맹점 사업자가 되기보다는 완전 독립형 창업자가 되는 것이 낫다. 거의 모든 프랜차이즈 프로그램은 가맹점 사업자들에게 고객접객은 어떻게 하여야 하며 매장의 인테리어나 간판 등 비치하여야 할 시설이나 집기의 종류나 규격까지도 규제하고 있다.

또한, 가맹점 사업자로서 종업원을 다스릴 능력은 있는지, 가맹본부의 경영방침에 따라 통일적이고 표준화된 운영방법을 적용할 수 있는 마음가짐과 유연한 대응력이 있는지도 생각해 보아야 한다.

뿐 만 아니라 프랜차이즈 시스템의 장점과 단점을 잘 이해하고 있는지, 사업전개시 소요자금이 원활히 조달되며, 조달 가능액은 얼마인지도 생각해 보아야한다.

---

33) Caffey, A. A.(2002), Franchise and Business Opportunities, Entrepreneur Press.

그리고 사업설명회의 설명만으로 가맹점 가입을 결정하려고 하는지 않는지, 집안의 모든 식구들이 환영하며 상호 협력하여 일해 나갈 수 있는지 등도 부수적으로 염두에 두어야 한다. 비록 종업원을 일부 고용하기도 하지만 대부분의 가맹점 사업자는 종업원들에게 권한이나 기능을 위임하기 보다는 직접기능을 수행하여야 하고, 처음부터 끝까지 자신이 결정하고 집행하여야 한다. 따라서 가족의 이해와 협력이 매우 필요하다.

대부분의 사람들이 프랜차이즈는 최소한 노력으로 많은 돈을 벌 수 있을 것이라 생각한다. 그러나 이것은 매우 잘못된 생각이다. 가장 열심히 일한 사람만이 큰 이익을 남길 수 있다. 적어도 초기에는 어느 정도의 희생을 각오해야 한다. 이미 널리 알려지고, 성공이 보장된 것처럼 보이는 유명 프랜차이즈라 할지라도, 개별 가맹사업자가 처음 기반을 다지기 위한 노력은 다른 것에 비해 오히려 더할 것이다. 오랜 시간 동안 열심히 하고, 무엇보다도 종업원들에게 실망할 것도 미리 예상하고 있어야 한다. 종업원들에 대한 이러한 실망은 어떠한 사람들을 선발하는가 또 어떻게 관리하는가에 따라 가장 괴로운 현실이 될 수도 있다.

그리고 다음으로 고려해야 할 것은 본인이 얼마나 계획적이며, 사업을 운영하는 데 충분히 뒷받침해 주는 체력을 가지고 있느냐 하는 것이다.

특히 명심해야 할 것이 프랜차이즈 본부가 단지 당신의 돈에만 관심을 보이고, 당신이 가맹사업자로서 성공할 수 있는지에 대해서 무관심 하다면 그 프랜차이즈 본부는 큰 문제가 있는 것이다. 그러나 자신이 프랜차이즈 본부를 판단하기 전에 먼저 자신을 평가할 수 있다면, 이런 위험을 크게 줄일 수 있다.

다음 [보기 3-2]의 질문을 통해 지금 바로 본인을 테스트해보자.

[보기 3-2]	가맹점 사업자의 자기진단 체크리스트

- 프랜차이즈 운영이 당신 사생활의 대부분 시간을 차지할 것인가? 만일 그렇다면 어떻게 대처할 것인가?
- 가족들이 당신의 프랜차이즈 사업에 절대적인 지지를 하는가? 그렇다면 당신의 가족들을 고용해 함께 일할 의향이 있는가?
- 당신은 다른 사람들과 일하는 것을 즐겨하는 편인가?
- 소유에 대한 열정과 욕구가 있으며 소유권에 필요한 특성이나 경험을 가지고 있는가?
- 당신은 필요자본이 충분하거나, 투자에 대한 확고한 의지가 있는가?
- 튼튼한 체력으로 장시간 동안 힘든 일을 이겨낼 자신이 있는가?

04장 프랜차이즈사업에서의 기업가정신

지난 10년 동안 프랜차이즈사업은 새로운 벤처기업의 성장과 확장에 큰 기여를 해 왔다. 이에 따라 프랜차이즈사업은 소자본 창업의 대표적인 수단으로 인식되고 있다. 하지만 프랜차이즈란 용어는 일반인은 물론 업계의 이해부족으로 매우 혼란스럽게 인식되고 있다.

프랜차이즈사업은 퇴직자가 여생을 위해 퇴직금을 투자하는 단순한 고용수단으로 인식되고 있다. 만약 가맹점사업자가 단순히 직장을 대신하는 수단으로 프랜차이즈사업에 참여한다면 프랜차이즈시스템은 가맹본부가 제공하는 취업기회를 제공하는 일종의 고용알선기구와 다를 것이 없다. 대부분의 가맹점사업자는 많은 돈을 프랜차이즈사업에 투자하고 있다. 단순히 취업하기 위해 이렇듯 많은 투자를 하는 사람은 없다. 따라서 프랜차이즈시스템은 단순한 고용알선기구가 아니다.

정부기관과 언론은 가맹본부와 가맹점간의 분쟁과 소송에 지나치게 초점을 맞추고 있다. 이로 인해 일반인의 인식은 가맹본부가 가맹점을 착취하는 사업방식으로 인식되고 있기도 하다. 더구나 학계에서는 프랜차이즈사업의 중요성을 간과하는 성향이 있다. 대부분의 대학에 프랜차이즈전공과정이 개설되어 있지 않으며 이를 연구하는 교수도 매우 제한적이다.

프랜차이즈사업은 전문적인 경제활동의 하나로 막대한 부를 창출할 수 있는 잠재력을 지니고 있다.[34] 하지만 모든 신설 벤처기업이

34) Spinelli, Stephen Jr., Robert M. Rosenberg, and Sue Birley(2004),

부를 창출하리라는 보장이 없듯이 프랜차이즈사업의 경우에도 부를 창출하는데 실패할 가능성은 항상 존재한다. 프랜차이즈사업이 실패로 끝나는 이유는 매우 다양하다. 하지만 가장 중요한 이유는 애당초 프랜차이즈사업이 투자자인 가맹점사업자에게 적합한 사업방식이 아니거나 가맹점사업자의 사업가적 마인드, 즉 기업가적 정신이 부족한 데서 찾을 수 있다. 프랜차이즈사업이 투자자에게 적합한 사업방식인가는 프랜차이즈사업에 대한 투자자의 참여가 어떤 과정을 거쳐 이루어지는가를 분석함으로써 이해될 수 있다. 이하에서는 프랜차이즈사업에서의 기업가정신을 논의하기에 앞서 가맹점사업자가 왜 프랜차이즈사업을 시작하는가를 이해하도록 한다.

1 프랜차이즈사업과 창업

투자자의 입장에서 볼 때 프랜차이즈사업은 자신이 만든 사업은 아니지만 자신이 사업에 참여할 수 있는 수단이다.[35] 프랜차이즈사업은 가맹본부가 만든 시스템이지만 예비가맹점사업자는 가맹점에 투자하고 이를 운영함으로써 자기 사업을 영위할 수 있다.

개인이 창업을 하는 데는 여러 이유가 있다. 자신의 사업을 운영함으로써 소득을 올리고 사회적 신분을 유지하며 자아실현의 욕구를 달성하기도 한다. 그러나 자영점을 운영하는 대신 프랜차이즈시스템의 일원으로 가맹점을 선택하는 데는 나름대로의 이유가 있다.

프랜차이즈사업은 가맹점사업자가 그다지 사업경험이 없더라도 뛰어들 수 있다. 가맹점사업자는 가맹본부가 오랫동안 개발하여 제

Franchising: Pathway to Wealth Creation, London: Prentice Hall.

35) Kaufmann, Patrick J.(1999), "Franchising and the Choice of Self-Employment." *Journal of Business Venturing*, Vol. 14 Issue 4, p345-362.

도화한 사업컨셉을 활용하여 사업을 한다. 이는 사업실패의 불안감을 줄여주며 경제적 보상을 얼마나 얻을 수 있는가에 대한 예측을 가능하게 해준다.

한편 가맹점사업자가 되기 위해서는 일정 수준의 투자를 하여야 한다. 자영점을 개설하더라도 투자는 필요한 것이지만 가맹점사업자는 투자대상과 규모, 시기 등을 선택함에 있어 제약을 받는다. 가맹비와 로열티를 가맹본부에게 지급하는 것 이외에도 점포의 위치, 사업양도 및 승계, 내부인테리어 등의 의사결정이 자영점과 달리 프랜차이즈사업에서는 가맹계약에 의해 크게 제약을 받는다.

1.1 프랜차이즈사업에의 참여과정

프랜차이즈사업에서의 기업가정신을 이해하기 위해서는 우선 예비가맹점사업자가 프랜차이즈사업에 참여하기까지의 과정을 이해할 필요가 있다. [그림 4-1]은 예비가맹점사업자가 프랜차이즈사업에 참여하기까지의 과정을 보여주고 있다.

가맹점을 운영하기까지의 의사결정은 자기고용에 대한 의사결정으로부터 시작된다. 자기고용의 의도가 형성되면 다음 단계에서는 조직형태와 사업부문을 결정한다. 이때 조직형태를 먼저 결정하고 사업부문을 결정하기도 하며, 사업부문을 먼저 결정하고 조직형태를 결정하기도 한다. 마지막 단계에서는 여러 가지 상황요소들을 고려하여 최종 브랜드를 결정하게 된다.

자기고용에 대한 의사결정은 직접적으로 세 가지 변수, 즉 자기고용에 대한 개인의 태도, 자기고용에 대해 개인이 인식하는 사회적 규범, 행위적 통제에 대한 인식에 의해 영향을 받는다.[36] 자기고용

36) Kolvereid, L(1996), "Prediction of Employment Status Choice Intentions," *Journal of Business Venturing*, Fall, 47-57.

[그림 4-1] 예비가맹점사업자의 프랜차이즈사업 참여과정

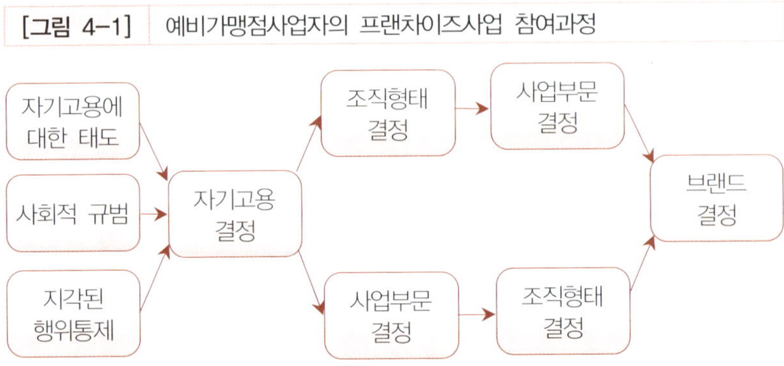

에 대한 태도는 개인의 자율성, 도전, 자아실현 등의 가치를 개인이 얼마나 선호하는가를 말한다. 사회적 규범은 자기고용이 이러한 가치를 얼마나 구현할 수 있는가에 대한 자신 혹은 가족의 신념을 말한다. 지각된 행위통제는 개인이 자신의 의사결정과 그 성과를 얼마나 통제할 수 있다고 느끼는가를 말한다. 인구통계적 변수와 고용경험 등이 이들 변수에 영향을 미치는 것으로 알려져 있다. 예비가맹점사업자가 자율성이나 도전, 자아실현 등의 가치를 선호하고 있고 자기고용이 이를 구현할 수 있는 수단이라고 자신 혹은 가족이 믿고 있으며, 자신이 성공적으로 사업을 수행할 수 있다고 믿을수록 자기고용의 의사결정을 할 가능성은 커진다. 프랜차이즈 분야의 연구에서는 가맹점사업자가 직장을 포기하고 가맹점을 운영하는 가장 큰 이유는 개인의 독립심 혹은 자율성에 있는 것으로 밝혀지고 있다.[37)]

자기고용에 대한 의사결정에 있어 사회적 이슈도 중요한 변수이다. 예를 들어 개인의 가족에서의 역할과 직장에서의 역할이 서로 일치하지 않을 때 가족-직업간 갈등이 발생하며 이러한 갈등이 심할수록 직장에서의 직무만족도는 낮아지고 따라서 직장을 버리고 자

37) Knight, R. M.(1986), Franchising From the Franchisor and Franchisee Points of View," *Journal of Small Business Management*, July, 8-15.

기고용, 즉 창업을 할 가능성은 커진다.[38] 그밖에 부인이나 자식 등 가족구성원에게 고용기회를 제공하고 자신의 사업을 가업으로 승계하는 것을 중요하게 생각하는 자도 자기고용의 가능성이 높다. 또한 과거 자기고용 경험이 있는 자나 부모가 자기고용 경험이 있는 자일수록 자기고용을 선택할 가능성이 높다.

자기고용에 대한 의사결정이 이루어진 후에는 조직형태와 사업부문에 대한 의사결정이 이루어진다. 조직형태에 대한 의사결정은 자영점을 운영할 것인가 가맹점을 운영할 것인가에 대한 선택을 말한다. 사업부문에 대한 의사결정은 여러 업종(예를 들어, 외식, 편의점, 제과제빵업 등) 중 어떤 업종으로 사업을 할 것인가에 대한 의사결정을 말한다. 기존 연구에 의하면 63%에서 75%의 사람이 사업부문에 대한 의사결정을 먼저 하고 다음에 조직형태를 정하는 것으로 조사되고 있다.[39]

사업부문에 대한 의사결정을 먼저 하느냐 조직형태에 대한 의사결정을 먼저 하느냐의 문제는 가맹점 구매의사결정에 큰 영향을 미친다. 모형에서 보듯 이들 의사결정에 영향을 미치는 선행변수는 어느 경로를 택하더라도 동일하다. 하지만 이들 선행변수가 미치는 영향의 정도는 어떤 경로를 택하느냐에 따라 크게 다르게 나타날 수 있다.

예를 들어 취업경험은 조직형태에 대한 의사결정이 먼저 이루어

---

38) Boles, J. S.(1996), "Influences of Work-Family Conflict on Job Satisfaction, Life Satisfaction, and Quit-Intentions Among Business Owners: The Case of Family-Operated Business," *Family Business Review*, 9(1), 61-74.

39) Bradach, J. and P. J. Kaufmann(1988), "Franchisee or Independent Businessperson: Some Observations on the Decision Process," in G. E. Hills and W. Laforge, eds., *Research at the Marketing/Entrepreneurship Interface*, Chicago: University of Illinois at Chicago, 38-48.
Kaufmann, P. J. and J. Stanworth(1995), "The Decision to Purchase a Franchise," *Journal of Small Business Management*, 33(4), 22-33.

지는 경우에 비해 사업부문에 대한 의사결정이 먼저 이루어지는 경우 더 큰 영향을 미치게 된다. 조직형태에 대한 의사결정이 먼저 이루어지는 경우에는 가맹점을 선택하는 것 자체가 가맹본부의 교육이나 지원을 수반하는 것이기에 동종 사업부문에서의 취업경험이 사업부문의 선택에 미치는 영향이 크지 않을 수 있다. 그러나 사업부문에 대한 의사결정이 먼저 이루어지는 경우에는 취업경험에 따라 위험을 수용하고자 하는 의지가 달라지기 때문에 취업경험이 사업부문의 선택이 더 큰 영향을 미치게 된다. 실제로 가맹점사업자 중 사업부문에 대한 의사결정을 먼저 한 응답자의 50%가 동종 사업에서의 취업경험이 있음을 보여 주고 있다. 반면 조직형태를 먼저 결정한 개인의 경우에는 취업경험이 있는 사업부문을 아무도 선택하지 않은 것으로 나타나고 있다.[40)]

가맹점의 선택은 프랜차이즈사업으로부터 얻을 수 있는 사업적 편익(브랜드명성, 가맹본부의 교육 및 지원 등)과 개인적 편익(예를 들어 독립심)이 영향을 미친다. 이 중 개인적 편익의 중요성은 프랜차이즈사업과 직장에의 취업을 비교한 결과이며 사업적 편익의 중요성은 가맹점과 자영점을 비교한 것이다. 직장에의 취업은 이미 전 단계인 자기고용에 대한 의사결정에 영향을 미치고 있다. 따라서 조직형태에 대한 의사결정에서 개인적 편익이 미치는 영향은 배제할 수 있다. 결국 조직형태에 대한 의사결정은 사업적 편익에 의해서만 영향을 받는 것으로 볼 수 있으며, 사업적 편익을 중요하게 생각하는 개인일수록 자영점보다 가맹점을 선택할 가능성이 높다고 할 수 있다.

가맹점을 운영하기로 한 개인의 경우에는 비록 자신이 특정사업부문에 대한 경험이 없더라도 가맹본부로부터 교육 및 지원의 혜택

40) Kaufmann(1999), 앞 논문.

을 받을 수 있다. 반면 자영점을 운영하기로 한 개인의 경우에는 자신의 취업경험을 활용하고자 하는 동기가 크다고 할 수 있다. 따라서 가맹점사업자는 자영업자에 비해 과거 동종사업분야에서의 취업경험이 적을 가능성이 높다. 실제로 가맹점을 선택한 사업자의 70%가 자신이 전문성을 가지고 있지 않은 사업부문을 선택하고 있다.41)

1.2 프랜차이즈사업의 위험

흔히 가맹점을 운영하는 것이 자영점을 운영하는 것보다 실패의 위험이 적다고 알려져 있다. 창업자가 자영점 대신 가맹점을 선택하는 이유는 가맹본부로부터 브랜드, 제품 및 서비스, 마케팅 프로그램, 운영절차 등을 제공받으며 경영지원과 조언, 대출보증이나 신용연장 등 자금지원을 받을 수 있기 때문이다. 일반적으로 위험회피적인 성향의 창업자일수록 자영점보다 가맹점을 선호하는데 그 이유는 프랜차이즈사업의 경우에는 가맹본부와 모든 가맹점이 위험을 서로 공유하고 있기 때문에 효과적인 대응이 가능하기 때문이다.

하지만 가맹점의 성공률이 자영점보다 높다는 확고한 증거는 없다. 일부 연구는 가맹점이 자영점보다 위험이 낮다고 보고하고 있는 반면에 또 다른 연구는 자영점이 가맹점보다 위험이 낮다고 보고하고 있다.

미국의 IFA와 일부 연구는 가맹사업의 생존율 보다 낮다고 일관되게 주장하고 있다. 중소소매상이 5년 이내에 폐업하는 반면에 가맹점은 연간 1.6%의 폐업률을 보인다는 증거가 제시되고 있으며,42) 가맹점의 92%가 5년간 생존하는 반면에 자영점은 23%만이 생존한

41) Kaufmann(1999), 앞 논문.

42) Atkinson, J.(1968), *Franchising: The Odds-On Favorite*, Chicago: International Franchise Association.

다는 보고, 5년 이내에 개점한 가맹점 중 96.9%가 생존하고 있다는 보고, 프랜차이즈의 실패율이 연간 4~5%라는 보고도 있다.[43)]

그러나 프랜차이즈사업의 성공률이 과장되었다는 비판도 있다. 이러한 비판은 주로 기존 보고서가 지닌 방법론상의 문제점을 지적하고 있다. 기존 보고서가 실제 가맹점사업자에 대한 서베이자료가 아니고 가맹본부에 대한 서베이자료이기 때문에 가맹본부가 자신에게 불리한 폐업율을 공개하지 않았을 가능성이 높다고 보고 있다. 이를 뒷받침하듯 일부 연구는 프랜차이즈사업이 자영업보다 생존율이 높거나 낮다는 확신을 주는 과학적인 증거를 발견하고 있지 못하다.[44)] 이들 연구는 가맹점의 생존율이 매우 낮은 것으로 보고하고 있다. 가맹본부 중 24.6%만이 10년 후까지도 영업을 하고 있다는 보고와[45)] 신생 프랜차이즈기업의 폐업율은 34.7%인데 비해 자영업은 28%라는 보고도 있다.[46)] 가맹본부의 생존율이 낮다는 것은 가맹점의 생존율도 낮을 것이라는 기대를 가지게 한다. 실제로 한 연구는 대규모의 성숙한 프랜차이즈의 경우에는 가맹점이 자영점보다

---

43) Ashman, R.(1988), "*Ingenuity and Hard Work Equals Franchise Business Success*," Franchising World, 12, 55-67.
Arthur Anderson and Co.(1992), *Franchising in the Economy: 1989-1992*, Washington, D.C.: International Franchise Association.
Castrogiovanni, G. J., R. Justice, and S. D. Julian(1993), "Franchise Failure Rates: An Assessment of Magnitude and Influencing Factors," *Journal of Small Business Management*,, 31, 105-14.
International Franchise Association(1996), *Study of Franchised Unit Turnover*, Unpublished Report.

44) Lafontaine, F. and S. Bhattacharyya(1995) "The Role of Risk in Franchising," *Journal of Corporate Finance*, 2, 39-74.

45) Shane, Scott A.(1996), "Hybrid Organizational Arrangements and Their Implications for Firm Growth and Survival: A Study of New Franchisors," *Academy of Management Journal*, 39, 216-34.

46) Bates, T.(1995), "Survival Rates Among Newcomers to Franchising," *Journal of Business Venturing*, 13, 113-30.

생존율이 높지만, 소규모 신생 프랜차이즈의 경우에는 가맹점의 생존율이 자영점보다 낮은 것으로 보고하고 있다. 특히 기존 가맹점을 인수하여 창업을 하는 경우에는 실패의 위험이 더 큰 것으로 보고하고 있다.[47)]

이상의 연구의 결과를 볼 때, 가맹점이 자영점보다 창업에서의 위험이 낮다는 주장은 잘못된 것일 수 있다. 가맹점사업자는 자신이 사업경험이 없더라도 등록상표와 함께 가맹본부의 체계적인 지원을 받을 수 있기 때문에 보다 수월하게 사업을 시작할 수 있다. 그러나 가맹점을 운영하는 것이 반드시 자영점보다 성공률이 높다는 보장은 없다. 가맹점이 성공하기 위해서는 무엇보다 올바른 가맹본부를 선택하고 기업가정신을 발휘하여 자신의 열정과 노력을 다하는 것이 중요하다.

2 프랜차이즈사업과 기업가정신

프랜차이즈사업은 기업가정신(entrepreneurship)과 관련이 있을 수도 있으며 없을 수도 있다. 기업가정신을 창의적이고 혁신적인 사업방식으로 이해할 때 프랜차이즈사업은 가맹본부가 개발한 제품과 서비스를 표준매뉴얼에 의해 가맹점사업자가 운영하는 사업방식이라는 점에서 가맹점사업자 본인의 기업가정신과는 무관해 보인다. 반면에 기업가정신을 독립심이나 주인의식으로 이해한다면 프랜차이즈사업은 가맹점사업자가 자신의 사업을 직접 운영하고 노력에 따른 보상이 다른 사람에 의해 주어지는 것이 아니라 스스로 얻는다

47) Bates, Timothy(1997), "Survival Patterns Among Newcomers to Franchising," Discussion Papers, U.S. Bureau of the Census, Center for Economic Studies.

는 점에서 기업가정신의 한 형태로 볼 수 있다.

업계나 학계에서는 가맹본부의 창업자 내지는 최고경영자의 기업가정신에 초점을 둘 뿐 가맹점사업자의 기업가정신은 무시하는 경향이 있다. 그러나 가맹점사업자의 기업가정신은 프랜차이즈시스템의 성장을 위해 반드시 필요하다. 왜냐하면 프랜차이즈시스템의 성장은 가맹점의 성장에 달려있기 때문이다. 이하에서는 기업가정신이 무엇인가를 살펴보고 기업가정신이 왜 중요하며 어떻게 하면 기업가정신을 구현할 수 있는 방안을 제시하기로 한다.

2.1 기업가정신과 기업가

기업가정신의 정의

기업가정신이 무엇인가에 대한 합의되고 정확한 정의는 없다. 기업가정신은 '사업수행에 따른 위험을 경영자 스스로 부담하며 독립적으로 사업을 운영하고자 하는 의식'으로 정의되기도 하며,[48] 경영자가 현재 획득가능한 자원과 관계없이 기회를 활용하고자 하는 노력으로도 정의된다.[49] 기업가정신의 정의에 있어 핵심적인 것은 불확실하고 모호한 환경에서 새롭고 독특하며 가치있는 자원의 결합으로부터 새로운 부를 창출하는 정신적 능력에 있다. 따라서 기업가(entrepreneur)는 사업기회를 파악하고 창출하며 생산, 마케팅 등 자원을 새롭게 통합하여 이익을 창출하는 자로 정의할 수 있다.

기업가정신은 다차원적인 개념이며 이에 대한 정의는 시대와 학

48) Amit, Raphael(1993), "Challenges to Theory Development in Entrepreneurchip Resarch," *Journal of Management Studies*, 30(5), Sept., 815-834.

49) Stevenson, H. H., and J. C. Jarillo-Mossi(1990) "A Paradigm of Entrepreneurship: Entrepreneurial Management," *Strategic Management Journal*, 11(Summer), 17-27.

자에 따라 다르게 발전되어 왔다.[50] 기업가란 용어는 16세기 경 프랑스에서 탄생한 것으로 알려지고 있다. 당시 기업가정신은 용병을 고용하여 왕족과 그가 통치하는 도시를 관리하도록 한 재정관(captain of fortune)을 묘사하는데 쓰였다. 경영분야에서 기업가란 용어는 18세기경 공공사업 계약을 수행하거나 혁신적인 농업기술, 혹은 개인재산을 위험이 수반된 사업에 투자하는 경제인을 의미하였다. 따라서 기업가정신은 이들 기업가가 지닌 특성, 즉 위험이나 불확실성을 수용하고자 하는 의지와 매우 밀접한 관련을 맺는 것으로 이해되었다. 이후 경제학자 Schumpeter는 위험을 감수하고자 하는 의지에 창의성 혹은 혁신성을 기업가정신의 핵심요소로 보았으며 이를 근거로 통상적인 경제인과 기업가를 구분하였다. 그 결과 기업가정신의 영역은 새로운 기업의 설립에 초점을 두게 되었으며 이미 설립된 기업의 경영과 관련된 영역은 자연스럽게 배제되었다.

최근에 와서 기업가정신에 관한 연구는 두 가지 방향으로 발전하였다. 첫째는 기업가정신의 정의가 상업외적인 노력, 다시 말해 비영리조직의 활동도 포함하게 되었다는 것이며, 둘째는 기업가정신의 핵심요소로 새롭고 혁신적인 사업의 창출이 반드시 필요한 것은 아니라는 것이다.

이 중 관심을 끄는 것은 두 번째 변화이다. 이에 의하면 기업가정신은 이미 설립된 기업의 전문경영인이라 하더라도 마치 기업가처럼 행위를 하면 기업가로 정의된다. 사업기회의 공격적인 모색, 유연성(flexibility)과 적응(adaptation)에 의한 변화의 수용, 창의성과 혁신의 촉진, 위험감수적 성향과 같은 기업가정신의 핵심요소는 비록 창업자가 아닌 전문경영인도 지닐 수 있는 자질이며 따라서 이들

---

50) Kaufmann, P. J, and R. P. Dant(1999), "Franchising and the Domain of Entrepreneurship Research," *Journal of Business Venturing*, Vol.14(1), 5-16.

도 기업가로 볼 수 있다는 것이다.

그러나 기업가정신을 전문경영인에게도 확장하는데 대한 비판도 없지 않다. 이들 비판은 전문경영인의 기업가적 기질은 기업가정신이 아니라 단순히 능동적인(proactive) 경영활동에 불과하다는 것이다. 더구나 전통적으로 기업가정신은 소유권(ownership)이나 전문경영(professional management)과 뚜렷이 구별되는 개념인데 이를 혼용하는 것은 문제가 있다는 것이다.

기업가정신의 중요성

기업가정신에 관한 연구는 1980년대 벤처산업에 대한 관심이 커지면서 활발히 이루어졌다. 당시 기업가정신에 대한 연구는 자동차나 컴퓨터와 같이 혁신적인 제품과 생산시스템의 개발을 선도하는 제조업체의 경영자가 기업가정신의 연구대상이 되었다.

프랜차이즈사업은 크게 제품유통형 프랜차이즈사업과 사업형 프랜차이즈사업으로 구분된다. 제품유통형의 경우에는 제품이나 브랜드의 유통을 목적으로 이루어지지만 사업형 프랜차이즈사업은 제품·브랜드는 물론 표준화된 사업시스템을 개발한다. 이 중 기업가정신과 밀접한 관련을 맺는 것이 사업형 프랜차이즈사업이다.

사업형 프랜차이즈사업이 발전해 나온 과정을 보면 일부 사업의 경우 남의 것을 모방하고 있다는 비난도 받고 있지만 일부 사업은 매우 독특하다고 할 수 있다. 사업의 독특성 이외에도 프랜차이즈 기업가의 경우 실패의 위험을 무릅쓰고 시스템 개발에 많은 투자를 하며 개발된 시스템을 가맹점사업자에게 판매하기 위해 계약체결에서부터 사후관리에 이르기까지 효율적인 방법을 활용한다. 이러한 점은 프랜차이즈사업에서의 기업가정신이 제조업에서의 기업가정신과 매우 공통된 특징을 지니고 있음을 보여준다.

그러나 제조업과 프랜차이즈사업은 몇 가지 점에서 다른 특징을 가지고 있다. 프랜차이즈사업과 같은 소매업에서의 기업가정신은 생산설비나 관리본부가 일부 지역에 집중된 제조업과는 달리 지리적으로 여러 곳에 분산된 점포를 어떻게 관리하느냐의 문제와 관련되어 있다. 또한 제조업과 달리 프랜차이즈사업에서는 개별 점포의 크기가 경쟁력을 확보하는데 크게 중요하지 않은 경우가 많다. 소규모 점포의 경우에도 틈새시장을 겨냥하여 성공적으로 운영되는 경우가 많다. 제조업에서는 경쟁기업의 도전에 맞서 기존 제품에 추가로 제품라인을 확장하는 것이 우선적으로 모색되지만 프랜차이즈사업의 경우에는 새로운 컨셉을 지닌 경쟁점포가 들어서면 자신의 컨셉을 완전히 바꾸어야 하는 경우도 있다.

소매업에서의 성장은 곧 점포의 증가를 의미한다. 점포가 여러 지역에 걸쳐 증가하면서 이들 점포에 대한 통제의 문제가 발생한다. 또한 지역특성이 다른 곳에서 적응하며 어떻게 영업을 할 것인가의 문제도 발생한다. 상이한 지역에서의 사업은 소매업체에게는 위험이 수반되는 도전이다. 더구나 동일한 상호 하에서 점포를 운영하여야 하기 때문에 특정지역에서의 성공 혹은 실패는 시스템 내 모든 점포의 성과에 영향을 미친다.

프랜차이즈사업은 소매업이 성장하는 과정에서의 이러한 문제를 극복할 수 있는 훌륭한 대안이 된다. 가맹본부는 적절한 인센티브를 가맹점사업자에게 제공하며 이들과 위험을 공유한다. 프랜차이즈사업의 보다 큰 특징은 가맹본부와 가맹점간의 파트너십이 시스템성공을 위해 필수적이라는 점이다. 가맹점사업자는 가맹본부가 성장하기 위해 반드시 필요한 사업자이며 동반자적 관계에 있다. 이들 간에 괴리가 발생하면 갈등과 불만족이 커지며 심한 경우 시스템의 붕괴로 이어질 수 있다. 따라서 이들 간의 조화를 모색하는 것이야말로 매우 중요하다고 할 수 있다. 가맹본부의 경영자와 가맹점사업자의 기업가정신에서의 공통점과 차이점을 살펴보는 것은 조화를 모색하기 위한 출발점이 된다.

2.2 기업가정신의 프랜차이즈사업에의 적용가능성

기업가정신은 프랜차이즈사업에 적용가능한 것인가. 이에 대한 답은 기업가정신에 대한 정의를 어떻게 할 것인가에 따라 달라진다.

[표 4-1]은 기업가정신에 대한 다양한 정의가 가맹본부의 창업자와 가맹점사업자에게 적용가능한가를 보여주고 있다. 여기서 보면 가맹점사업자는 창조적 파괴과정을 주도하는 선도자이거나 경제순환의 정태적 균형을 파괴하는 자는 아니지만 위험감수, 리더십, 동기부여, 불확실성에 대한 투자, 불리한 시장여건의 극복, 새로운 시장기회의 파악과 고객욕구의 충족을 주도하며, 표준화된 운영시스템에 의해 가맹본부와 함께 가맹점을 운영하며 경제적 이익을 획득하고 있다.

기업가정신에 대한 정의는 세 가지 상이한 관점, 즉 기업가의 자질, 기업가정신이 수행되는 과정 및 결과, 기업가의 활동 중 어디에 초점을 두고 있는가에 따라 달라진다.

첫째, 자질적 관점(traits perspective)은 기업가가 지닌 자질, 예를 들어 위험감수, 리더십, 동기부여, 위기극복, 창조적 파괴, 불확실성에의 도전과 같은 요소에 의해 기업가정신을 정의한다. 기업가정신을 연구하는 많은 학자는 이들 기업가적 자질이 성공적인 기업가가 되기 위한 요건인 것으로 제시하고 있다. 그러나 이 중 일부 자질은 기업가뿐만 아니라 전문경영인에게서도 찾을 수 있는 것이다.

가맹본부의 창업자는 대부분 기업가로서의 자질을 가지고 있다. 그러나 가맹점사업자의 경우에도 기업가로서의 자질을 가질 수 있다. 성공한 가맹점사업자의 경우에는 대부분의 기업가자질을 지니고 있는 것으로 평가되고 있다.

[표 4-1]	기업가정신의 정의와 프랜차이즈사업에의 적용가능성

기업가 및 기업가정신에 대한 대표적인 정의	가맹본부에게 적용가능한가	가맹점 사업자에게 적용가능한가
기업가는 위험감수, 리더십, 동기부여, 위기극복 능력을 지닌 개인을 말함.	예	예
기업가는 창조적 파괴 과정의 선도자와 기여가 큰 자를 말함. .	예	아니오
기업가는 불확실한 투자에 주저하지 않고 불확실성을 회피하는 성향이 각별히 낮은 개인을 말함.	예	예
기업가정신은 새로운 사업을 창출하는 것임.	예 (개념)	예 (시장)
기업가정신은 새로운 조직을 창출하는 것임.	예 (개념)	예 (시장)
기업가는 생산요소(토지와 노동)의 새로운 결합을 시도하며, 이는 신용과 결합하여 경제순환의 정태적 균형을 파괴하며 새로운 수준으로 끌어올림.	예	아니오
기업가정신은 불확실하고 모호한 환경 하에서 자원의 새롭고 독특하며 가치있는 결합으로부터 이익을 추출하는 과정임.	예	예 (불확실한 환경)
기업가는 (1)서로 다른 시장을 연계하고, (2)어려운 시장여건에 대응하고 극복하며, (3) 특정 기간의 명시적 혹은 묵시적 계약관계와, 자원 전환에 필요한 조직구조를 창출하고 관리하고, (4) 시장에 필요한 자원을 공급하는 활동 중 하나 이상의 활동을 수행함.	예 (1,2,3,4)	예 (2,4)
기업가정신은 이익지향적인 사업을 개시하고 유지하며 개발하는 목적을 지닌 활동임.	예	예
기업가는 이익기회를 발견하고, 현재 충족되지 않은 욕구를 채우거나 기존활동을 보다 효율적으로 수행하기 위해 행동을 주도함.	예	예
기업가는 조직 운영을 통제하며 경제적 이득(지대)을 요구하는 자임.	예 (시스템 이익/가맹점가 통제공유)	예 (점포이익/ 가맹본부와 통제공유)

자료: Kaufmann and Dant(1998)

둘째, 기업가정신에 대한 과정적 관점(process perspective)은 기업가정신이 수행되는 과정과 결과에 초점을 두고 있다. 새로운 사업의 창출, 새로운 조직의 창출, 새로운 생산요소 혹은 자원의 결합과 같은 과정이 기업가정신의 핵심요소가 된다. 이러한 정의는 기업가의 예외적이고 독창적이며 변화를 주도하는 창업 과정을 강조하고 있다.

그러나 과정적 관점이 가지고 있는 문제는 기업가정신이 정말로 예외적이고 독창적이라면 이러한 과정을 사전에 예측하고 규정하는 것이 불가능하다는 논리적 모순에 있다. 예외적이고 독창적인 활동은 사전에 예측이 어려우며 사후에나 하나의 사례 혹은 일화로 분석될 수 있을 뿐이다.

셋째, 기업가정신에 대한 활동적 관점은 기업가가 수행하는 활동, 예를 들면 상이한 시장을 연계하고 어려운 시장상황에 대응하고 극복하며, 계약을 체결하고 조직구조를 변화시키는 행위, 새로운 시장 기회를 발견하고 고객욕구를 충족시키는 행위 등 다양한 활동에 초점을 두고 있다. 활동적 관점 역시, 과정적 관점처럼 이러한 행위를 사전에 예측하고 규정하는 것이 어렵다는 문제점을 안고 있다.

요약컨대 기업가정신에 대한 정의는 매우 어렵다고 할 수 있다. 자질적 관점이나 과정적 관점, 활동적 관점 어느 것이건 기업가 혹은 기업가정신을 명확하게 정의하는 데는 한계가 있기 때문이다.

기업가정신에 대한 보편적인 정의를 내리기 어려움에도 불구하고 많은 연구가 기업가정신의 중요성을 강조하고 있다. 특히 프랜차이즈사업의 경우에는 가맹본부 경영자의 기업가정신과 가맹점사업자의 기업가정신이 서로 충돌할 가능성이 높기 때문에 기업가정신의 조화가 매우 중요하다.

기업가정신의 조화

가맹본부와 가맹점사업자가 지닌 기업가정신은 각자에게 주어진 역할을 충실히 수행함으로써 조화가 가능하다. 가맹본부와 가맹점사업자는 사업파트너로서 투자와 위험을 공유한다. 가맹점사업자는 가맹본부가 성장하는 데 필요한 자금의 효율적인 원천이다. 가맹본부가 브랜드나 시스템의 개발에 필요한 투자를 한다면 가맹점사업자는 현지 시장의 개발을 위해 투자를 한다. 가맹점사업자는 가맹본부에 비해 현지 시장에 대해 많은 정보를 가지고 있다. 가맹점사업자의 역할은 가맹본부의 사업컨셉을 현지 시장에 도입하고 이를 확산하는데 있다. 경우에 따라 가맹점사업자는 현지 시장에 적응하도록 가맹본부의 사업컨셉을 일부 변화시키는 역할도 수행한다.

한편 가맹점사업자는 가맹본부의 대리인으로서의 역할도 수행한다. 가맹본부가 현지에 직영점을 개설하는 경우에는 적절한 점포관리자를 고용하여야 한다. 그러나 점포관리자가 과연 가맹본부의 기대에 부응하여 최선의 노력을 다할 것인지를 사전에 판단하기란 쉽지 않다. 이들의 행위를 일일이 감시감독하는 것도 어려우며 여기에 소요되는 비용도 만만치 않을 수 있다.

프랜차이즈사업은 가맹점사업자로 하여금 자신의 노력 여하에 따라 자신에게 돌아가는 수입이 달라지게 인센티브구조를 설계함으로써 가맹본부가 일일이 가맹점사업자를 감시감독할 필요가 없게 한다. 더구나 가맹점사업자는 자신의 점포운영에 대해 의사결정권한을 가지고 있으므로 자신이 생각하는 최선의 방안을 구사할 수도 있다. 물론 가맹본부가 시스템을 유지하기 위해 필요한 핵심개념(예를 들어 고객에게 제공되어야 할 제품·서비스의 품질수준)을 유지해야 한다는 것은 가맹점사업자에게 주어진 제약이지만, 대부분의 가맹점사업자는 현지 시장에 적합한 독특한 마케팅프로그램을 개발하고 실행할 수 있는 권한을 가지고 있다. 프랜차이즈시스템 전체의 일관성을 유지하기 위해 가맹본부는 가맹점에 대해 일정 수준의 통제를 가할 수밖에 없으며 가맹점은 자신의 기업가정신을 실천함에 있어 어느 정도 제약을 받을 수밖에 없다. 통제와 자율이 조화를 이루어야 하는 것이다. 이에 대해서는 후술하기로 한다.

다점포 가맹점사업자의 기업가정신

프랜차이즈사업은 소규모로 운영될 수도 있으며 대규모로 운영될 수도 있다. 어떤 가맹점사업자는 단지 하나의 점포를 운영하는 것만으로도 자신의 기업가정신이 발휘되고 있다고 생각한다. 반면 어떤 가맹점사업자는 열 개에서 스무개 정도의 점포를 운영하여야만 자신이 기업가라고 생각한다.

미국의 프랜차이즈업계에서의 큰 특징 중의 하나는 여러 개의 점포를 운영하는 다점포 가맹점사업자(multi-unit franchisee)가 많다는 점이다. 미국의 프랜차이즈 컨설팅 기업인 FRANdata의 조사에 의하면 미국내 가맹점 전체 숫자 중 다점포 가맹점사업자가 운영하고 있는 가맹점의 비율은 50%를 넘는다.[51)]

다점포 가맹점사업자의 확산으로 인해 이들과 가맹본부간의 기업가적 파트너십이 긍정적으로 발전하는가 아니면 부정적으로 발전할 것인가에 대한 연구가 활발히 이루어지고 있다. 이에 대한 결론은 극단적으로 다르게 나타나고 있다.

일부 연구는 넓은 지역에서 많은 점포를 개발하는데 따른 투자위험을 두려워하지 않는 가맹점사업자의 경우에는 가맹본부의 영향력 행사를 거부하고 자신이 운영하는 소규모 프랜차이즈 시스템을 개발할 수 있는 권리를 요구하는 성향이 있는 것으로 알려져 있다. 이러한 이유로 일부 가맹본부는 다점포 가맹점사업자를 허용하지 않고 있다.

반면, 또 다른 연구는 다점포 가맹점사업자가 오히려 가맹본부의

51) Wood, Tom(2009), 'Courting Multi-Unit Operators in a Challenging Economy,' *Franchising World*, Vol.41, Issue 12(Dec.), 34-35.

양보 요구나 조언을 더욱 수용한다는 연구도 있다. 다점포 가맹점사업자의 경우 많은 점포를 운영하면서 과거 가맹본부가 경험하였던 경영상의 문제를 자신도 경험하게 되고 따라서 이를 해결하기 위해 가맹본부와 적극 협력하게 된다는 것이다.

업계 현실에서도 어떤 가맹본부는 가맹점사업자로 하여금 다수의 점포를 운영하지 못하도록 하고 있는 반면에 어떤 가맹본부는 이를 권장한다. 일부 가맹본부의 경우에는 가맹점사업자의 능력을 벗어날 정도로 다점포 운영을 밀어붙이기도 한다. Boston Markets(과거 Boston Chicken)의 경우 다점포 운영을 강요한 결과, 파산과 MacDonald's에 의한 인수라는 참담한 실패로 나타났다.

다점포 운영이 긍정적 성과를 가져오기 위해서는 가맹본부가 가맹점사업자의 능력과 동기를 잘 이해하고 있어야 한다. 가맹본부는 모든 가맹점사업자가 여러 개의 점포를 운영하고자 원하지는 않는다는 것을 알아야 한다. 프랜차이즈시스템은 하나의 점포를 운영하고자 하는 가맹점사업자, 여러 개의 점포를 운영하고자 하는 가맹점사업자, 그리고 가맹본부로 구성된다는 점을 잊어서는 안된다.

가맹점사업자와 자영업자의 기업가정신

가맹점사업자와 자영업자는 기업가정신에 있어 상당한 공통점을 지니고 있다. 가맹점사업자와 자영업자는 앞서 프랜차이즈사업에의 참여과정에서 살펴보았듯이 배경이나 사고방식이 자영업자와 비슷하다. 가맹점사업자의 상당수는 사업시작에 앞서 자영업자로의 길을 갈 것인가 아니면 가맹점사업자로의 길을 갈 것인가를 두고 고민한다. 자영업자 중 상당수는 자신의 사업을 확장하기 위해 프랜차이즈시스템을 도입하여 가맹본부 사업자로 발전한다. 하지만 가맹점사업자는 자영업자와 달리 가맹본부의 통제를 받고 완전한 자율이 주어지지 않는다는 점에서 근본적인 차이가 있다.

2.3 기업가정신의 구현

기업가정신을 어떻게 구현할 수 있는가에 대해서는 다양한 이론이 제시되고 있다. 이들 이론은 기업가정신이 구현되기 위한 필요조건을 다음과 같이 제시하고 있다.

첫째, 사회문화이론(social/cultural theory)은 기업가정신이 발현되기 위한 조건을 기업가가 처한 사회문화적 특성에서 찾고 있다. 사회문화이론의 관점에서 보면 기업가정신이 발현되기 위해서는 기업가가 사회적 불평등에 대한 인내심이 많아야 하며, 집단행동보다는 개인의 행위를 중시하고, 위험을 회피하지 않고 감수하고자 하며, 여성적이지 않고 보다 남성적인 특징을 지녀야 하는 것으로 주장할 수 있다. 또한 기업가가 되고자 하는 이유를 창업자가 종전의 사회적 지위를 상실하였거나 상실할 위기에 있기 때문이며 창업 이외의 다른 수단으로는 지위를 유지하는 것이 어렵다고 판단하기 때문인 것으로 보고 있다.

둘째, 심리이론(psychological theory)은 기업가가 지니고 있는 심리적 특성에 초점을 두고 있다. 심리이론에 의하면 기업가는 다음과 같은 독특한 개성을 지니고 있다.

- 기업가는 남보다 성취욕구가 강하다. 이들은 의사결정에 대한 책임감이 강하고, 자신이 설정한 목표를 자신의 노력에 의해 성취하고자 하며, 성과를 피드백하고자 한다.
- 기업가는 성과를 외부의 탓으로 돌리지 않고 자신의 탓으로 돌린다. 기업가는 환경을 통제할 수 있고 환경은 자신이 만드는 것이라고 믿는다.
- 기업가는 위험을 감수하고자 하는 성향이 있다. 기업가는 남들이 위험하다고 인식하는 의사결정 사안을 처리할 수 있는 능력을 지니고 있다고 믿고 있기 때문에 실패를 두려워하지 않고,

의사결정이 위험하다는 인식을 덜 가진다.

- 기업가는 평범한 사람에 비해 모호한 것에 대한 인내심이 강하다.

셋째, 네트워크 이론(network theory)은 기업가와 자원, 기회를 연계시켜 주는 사회적 네트워크에 초점을 두고 있다. 네트워크는 밀도, 도달가능성, 집중성의 세 가지 특성을 지니고 있다. 밀도는 사회적 관계가 강한 정도를, 도달가능성은 직접 혹은 간접적으로 연계된 사람의 수를, 집중성은 기업가를 중심으로 네트워크가 형성되어 있는 정도를 말한다. 네트워크이론에 의하면 성공적인 기업가가 되기 위해서는 다음과 같은 조건이 충족되어야 한다.

- 적시에 정확한 정보를 제공하고 잠재 고객과 투자자를 제공하는 사람들로 구성된 광범위한(밀도가 낮은) 네트워크를 가지고 있어야 한다.
- 기업가는 자신을 중심으로 강력한 네트워크를 형성하고 이를 적극 활용하여야 한다. 강력한 네트워크는 사업에 대한 열망을 가지게 하고, 사업아이디어를 자극하며, 실무적으로 도움을 주고, 사업을 지원하는 중요한 역할을 한다.

넷째, 생태이론(population ecology theory)은 변화에 적응할 수 없는 조직의 경우 쇠퇴하는 것으로 보고 있다. 생태이론에 의하면 환경이 자신에게 적합한 조직을 생존할 수 있게 하며 따라서 기업의 성패는 환경에 의해 결정되는 것으로 보고 있다. 생태이론은 동적인 관점에서 기업가정신에 있어 변화에 대한 적응이 지닌 중요성을 강조하고 있다. 또한 기업가의 능력이나 천재성, 의사결정만으로 성공 여부가 결정되는 것은 아니라는 것을 강조하고 있다.

마지막으로 경제이론(economic theory)은 기업가를 합리적인 행위의 주체자로 보고 있으며 혁신과 새로운 생산과정의 확률적 특성에 초점을 두고 있다. 경제학자들은 기업가가 경제적 지대를 얻기 위해 자원을 재분배함으로써 환경변화에 의해 초래된 시장에서의 불균형을 다시 균형상태로 되돌리는 것으로 보고 있다. 경제이론에 의하면 기업가는 다른 사람이 환경변화를 간과함으로써 발생한 자원의 낭비를 막는 역할을 한다. 산업조직분야에서 거래비용이론은 기업가정신이 혁신적인 아이디어의 생존가능성에 영향을 미치고 혁신적 조직의 설계에 중요한 역할을 하는 것으로 보고 있다.

이와 같이 기업가와 기업가정신을 설명하는 다양한 이론이 제시되고 있지만 각각의 이론은 한계를 지니고 있다. 예를 들어 기업가의 심리적 특성이 과연 기업가에게만 있는 것인지에 대해서는 반박 연구도 적지 않다. 기업가가 아닌 전문경영자의 경우에도 기업가적 특성이 있는 것으로 밝혀지고 있다. 방법론적으로 어떤 특성을 지녀야만 기업가로 성공할 수 있는가를 예측할 수 있는 능력이 떨어진다는 문제도 있다. 기업가정신에 대한 연구는 어떤 벤처가 성공하고 실패하는가에 대한 해답을 줄 수 있는 것으로 기대되었다. 그러나 이에 대한 해답은 사후적으로는 분석이 가능하지만 사전에는 알기 힘들다는 것이 학계의 공통된 의견이다.

이상의 논의는 기업가정신이 구현되기 위해서는 여러 조건이 충족되어야 한다는 것을 암시하고 있다. 무엇보다 기업가정신을 구현함에 있어 가장 중요한 것은 기회를 발견하고 이를 활용하기 위해 노력하는 것이다. 이를 프랜차이즈사업과 관련하여 조금 더 부연설명하기로 하자.

기회의 발견

성공한 기업가 중 83%는 사업을 시작하기 최소한 3년에서 5년 전부터 자신이 관심을 가지고 있는 사업을 이해하고 틈새시장을 찾고자 시간을 보낸다. 프랜차이즈사업이 성공하기 위해서는 무엇보다 기회를 발견하는 것이 중요하다.

일반적으로 프랜차이즈사업에 있어 기회의 발견은 가맹본부가 수행한다. 가맹점사업자는 가맹본부가 제시하는 새로운 사업기회가 과연 존재하는 것인지, 존재한다면 어느 정도 규모가 큰 것인지를 평가하고 이를 활용하기 위해 가맹본부와 긴밀한 관계를 유지해야 한다. 여기서 중요한 것은 가맹점사업자 스스로 기업가정신을 발휘하여 기회를 발견하고자 노력하여야 한다는 점이다.

가맹점사업자는 가맹본부에 비해 현지시장에 대한 정보를 많이 가지고 있다. 가맹점사업자는 누구보다 현지시장에 대해 밝다는 점에서 새로운 사업기회를 발견하여 자신의 사업은 물론 시스템 전체의 발전을 위해 가맹본부와 동료 가맹점과 공유하여야 한다. 제조업이나 자영소매업과 달리 프랜차이즈사업에 있어서는 가맹본부나 여타 가맹점이 경쟁상대가 아니며 동반자라는 인식을 가질 때 가맹점사업자의 기업가정신이 구현될 수 있다는 점을 잊어서는 안 된다.

가맹점사업자가 기회를 발견하기 위해서는 현지 시장의 수요와 경쟁에 대한 정확한 이해가 필요하다. 시장수요와 관련된 질문에는 누가 고객인지, 이들이 접근가능한지, 소비자가 얻는 제품과 서비스의 가치가 가격과 비교할 때 매력적인 것인지, 상권내 선도자로서의 위상을 차지할 수 있는지, 얼마나 빠르게 성장할 수 있는지 등이 포함된다. 경쟁과 관련한 질문에는 자신과 경쟁점포의 사업개념이 어떻게 차별화되어 있는지, 강점과 약점이 무엇인지를 파악하고 있어야 한다.

가맹본부와의 팀워크

기업가정신은 단순히 기회를 발견하는 것을 의미하는 것은 아니다. 기업가정신은 부를 창출하기 위해 기회를 추구하고, 총체적으로 접근을 하며, 리더십이 균형을 이루고 있는 사고 및 행동방식을 말한다.

잠재력이 높은 창업은 개인보다는 팀에 의해 이루어진다. 창업과정에서의 가장 중요한 부분은 바로 이 팀을 형성하는 것이다. 팀의 구성원은 각자 일정한 분야에서 전문성과 열의를 지니고 있어야 한다.

프랜차이즈 시스템은 하나의 팀이다. 프랜차이즈사업의 핵심은 가맹본부와 가맹점사업자간의 기업가적 팀워크라 할 수 있다. 가맹본부와 가맹점은 각자가 지닌 역량과 기업가정신의 시너지효과를 살릴 수 있도록 하여야 한다. 가맹본부와 가맹점사업자는 팀워크를 통해 사업기회를 함께 활용함으로써 더 많은 부를 창출할 수 있다.

2.4 기업가정신과 소유문화

소유문화(ownership culture)는 종업원이 자신을 마치 자신이 기업을 소유하고 있는 자처럼 생각하고 행동하는 기업문화를 말한다. 소유문화는 혁신(innovation)과 변화(change), 유연성(flexibility)을 강조하며 따라서 기업가정신과 매우 밀접한 관련을 맺고 있다. 소유문화는 재무관리 측면에서 종업원지주제도(employee stock-ownership plans)에 의해 구현되지만, 마케팅이나 조직관리 측면에서는 내부기업가정신프로그램(intrapreneurship programs)에 의해 구현된다.

소유문화는 '적응적 문화'의 한 유형이다. 기업문화는 '강한 문화', '전략적으로 적합한 문화', '적응적 문화'의 세 가지 유형으로 구분할 수 있다.[52] '강한 문화'(strong culture)에서는 조직구성원이 사업을 수행함에 있어 일관된 가치와 방법을 공유하고 있다. 회계법인, 법무법인, 정부부처와 같은 조직이 강한 문화의 대표적인 조직형태이다. '강한 문화'를 가진 조직은 외부에서 볼 때 조직이 하나의

52) Kotter, John P. and James L. Heskett(1992), *Corporate Culture and Performance*, The Free Press.

스타일을 가지고 있는 것으로 평가될 만큼 내부구성원의 생각과 행위는 동질적이다. General Motors, Kmart, JCPenny, Sears 등의 기업은 '강한 문화'를 가진 기업으로 평가된다. 이들 기업은 1980년대에 시련을 겪은 바 있다. '강한 문화'는 동질성과 일관성을 특징으로 하기 때문에 변화와 유연성을 결여하고 있으며 따라서 급변하는 환경에 적응하기 어렵다는 문제를 가지고 있다.

'전략적으로 적합한 문화'(strategically appropriate culture)는 현재의 사업 환경에 적합한 문화를 말한다. 예를 들어 고객이 품질과 서비스를 중시할 때 이들 기업은 고품질의 제품과 서비스를 강조한다. 그 결과 단기적으로 이런 문화를 가진 기업은 '강한 문화'를 가진 기업보다 좋은 성과를 보인다. 하지만 장기적으로 성공하기 위해서는 '전략적으로 적합한 문화'를 가지는 것만으로는 부족하다.

기업이 장기적으로 성공하기 위해서는 '적응적 문화'(adaptive culture)를 가지고 있어야 한다. '적응적 문화'는 새로운 시장수요를 충족시키기 위해 기업 스스로 빠르게 변화하는 문화를 말한다. '적응적 문화'를 가진 기업은 변화에 대한 저항이 적다. Microsoft, IBM, Boeing 등과 함께 가장 혁신적인 기업 중의 하나로 평가되고 있는 3M은 '적응적 문화'를 대표하는 기업이라고 할 수 있다. 3M은 종업원 자신이 선택한 혁신프로젝트에 근무시간의 15%를 할애할 수 있도록 허용하는 '15% rule'과, 혁신프로젝트에 대해 85,000달러까지 자금을 지원하는 'the Genesis Grant' 등 내부기업가프로그램을 도입하여 혁신을 주도하고 있다. 그 결과 3M은 Business Week와 Boston Consulting Group이 공동으로 매년 실시하는 '세계적 혁신기업'(The World's Most Innovative Companies)의 Top 10 명단에 꾸준히 이름을 올리고 있다. '적응적 문화'에 익숙한 3M의 경영자나 종업원에게 혁신은 너무도 당연히 추구해야 할 가치이자 과업이기 때문에 이에 대한 저항은 찾아볼 수 없다.

소유문화의 중요성

소유문화가 중요한 가장 큰 이유는 소유문화가 혁신의 모태라는 점이다. 최근 들어 혁신이란 용어가 남용되고 있고 상투적이며 무의미하다는 평가를 받고 있기는 하지만 기업이 장기적으로 성장하기 위해 혁신이 가지는 전략적 중요성은 아무리 강조하여도 지나침이 없다. 소유문화를 지닌 기업의 종업원은 자신이 마치 기업가인 것처럼 행동하기 때문에 자연히 고객이 원하는 것이 무엇인지에 대해 관심을 가지고 이를 충족시키고자 노력한다. 이들은 변화에 저항하지 않고 유연하게 적응하며 자기혁신을 통해 시장을 선도한다.

소유문화가 정착되어 있을 때 종업원은 자신의 행위가 기업에 최선의 결과를 가져다 줄 수 있도록 행동한다. 소유문화를 이해하고 있는 종업원은 기업가로서 자신이 속한 기업 혹은 부서가 어떻게 성장하는가를 이해하고 있으며 새로운 사업기회를 파악할 수 있는 능력을 지니고 있다. 이들은 사업을 잘 이해하고 있기 때문에 비용도 정확하게 통제할 수 있다.

소유문화는 종업원을 고용하고 유지하는데도 훌륭한 수단이 된다. 종업원은 자신에게 부여된 사업을 성공적으로 이끌고자 동기부여되어 있으며 최선의 노력을 기울인다. 이들에게는 노력과 성과에 비례해 합리적인 보상이 주어지며 따라서 이들의 업무에 대한 만족도는 높고 기업에 대한 충성도도 높다.

프랜차이즈사업과 소유문화

프랜차이즈사업은 표준화된 제품과 서비스, 운영시스템을 기반으로 한다. 따라서 변화와 유연성을 특징으로 하는 '적응적 문화' 보다는 동질성(표준화)과 일관성을 특징으로 하는 '강한 문화'가 태생적으로 지배한다. 동질성과 일관성은 프랜차이즈사업이 지닌 장점이기도 하지만 이로 인해 프랜차이즈시스템이 경직되고 변화에 쉽게 적응하지 못하는 문제를 안게 된다. 일종의 딜레마에 처해 있는 것이다.

프랜차이즈시스템이 동질성과 일관성을 유지하면서 소유문화의 장점인 변화와 유연성을 확보하는 방법에는 두 가지가 있다. 하나는 가맹본부가 혁신을 주도하면서 이를 가맹점사업자에게 전수하고 가맹점사업자로 하여금 이를 따르도록 하는 것이며, 다른 방법은 가맹점사업자에게 보다 많은 자율성을 주고 가맹점사업자가 혁신을 주도하게 하는 것이다. 전자의 경우에는 가맹본부가 혁신에 필요한 인적 자원과 시스템을 확보하고 있어야 하며 가맹점사업자가 큰 저항없이 이를 수용할 수 있게 하는 제도를 갖추고 있어야 한다. 후자의 경우에는 가맹점사업자의 혁신을 평가하고 수용하는 한편 과도한 자율성을 통제할 수 있는 시스템과 제도를 갖추고 있어야 한다.

프랜차이즈시스템 내 소유문화의 형성

프랜차이즈시스템 내 소유문화를 형성하기 위해서는 많은 노력이 필요하다. 이러한 노력은 주로 가맹본부에게 요구되는 것이긴 하지만 가맹점사업자도 가맹본부의 노력을 수용하고 소유문화를 실천하는 주체로서 나름대로 역할을 수행하여야 한다.

Blonchek과 O'Neill은 그들의 저서 Act Like an Owner에서 소유문화의 창출을 위해 TRUST, 즉 교육(Teach), 보상(Reward), 무조건적인 지원(Unconditional Support), 정보공유(Shared Information), 신뢰성(Trustworthy)이 중요하다고 보고 있다.[53] 이를 프랜차이즈사업에 적용하면 다음과 같다.

첫째, 가맹점사업자가 가맹본부와 동일한 비전과 목표, 신념을 공유하고 있어야 한다. 가맹본부는 자사가 궁극적으로 성취하고자하

53) Blonchek, Robert M. and Martin F. O'Neill(1999), *Act Like an Owner: Building and Ownership Culture*, John Wiley and Sons, Inc.

는 것이 무엇이고 이것이 왜 중요한가를 모든 가맹점사업자에게 확실히 인식시켜야 한다. 비전과 목표에 대한 확실한 이해와 인식의 공유는 가맹점사업자로 하여금 자신이 행동이 시스템의 발전에 도움이 되는가에 대한 확신을 가지게 해주며 시스템의 일원으로서 자긍심을 가지고 최선을 다하게 한다. 또한 가맹본부는 효과적인 운영모델을 개발하고 이를 모든 가맹점사업자가 이해하고 실천할 수 있도록 교육시켜야 한다. 운영모델은 가맹본부가 시스템을 운영하는 사업개념, 예를 들면 정책, 절차, 과정, 구조의 통합과 상호작용을 말한다. 프랜차이즈시스템은 운영모델에 의해 움직인다. 가맹점사업자는 가맹본부가 수립한 마케팅전략, 회계프로그램, 고용정책 등의 운영모델에 의존한다. 가맹점사업자가 가맹본부의 운영모델을 잘 이해하고 있지 못한 경우에는 최선의 결과를 얻을 수 없다.

둘째, 소유문화를 형성하기 위해서는 가맹점사업자에게 적적할 보상이 제공되어야 한다. 합당한 보상은 가맹점사업자의 동기부여를 유발함으로써 소유문화를 정착시키는 근간이 된다. 유능한 가맹점사업자를 끌어들이고 이들로 하여금 프랜차이즈사업에 전념하며 가맹본부에 충성하게 하기 위해서는 이들의 능력이나 노력에 합당한 보상을 주어야 한다. 소유문화를 실천하는 대가로 가맹본부가 가맹점사업자에 대해 금전적 보상과 성취감과 같은 금전외적 보상을 제공한다는 신념이 있을 때 가맹점사업자는 가맹본부의 프랜차이즈사업이 성공할 때 자신도 성공할 수 있다는 믿음을 가지게 된다. 합당한 보상제도가 마련되어 있을 때 가맹점사업자는 설령 자신이 실패하더라도 이를 가맹본부가 아닌 자신의 탓으로 돌리게 된다.

셋째, 가맹본부는 유능한 가맹점사업자를 선정하고 이들이 성공한 사업가로 성장할 수 있도록 동기부여하고 지원하여야 한다. 소유문화의 가장 큰 특징은 가맹점사업자 스스로 의사결정을 할 수 있는 권한이 부여되어 있다는 점이다. 따라서 소유문화를 중시하는 가맹본부는 가맹점사업자에게 자율성을 부여하고 있어야 한다. 자율성의 부여는 가맹점사업자로 하여금 창의적인 사업아이디어를 소신껏 추진하여 사업가로 성공할 수 있는 기회를 제공한다. 가맹본부는 가맹점사업자가 독자적인 의사결정을 할 수 있도록 최대한 자율성을 부여하고, 이들의 행동을 지원하여야 한다.

넷째, 프랜차이즈사업이 성공하기 위해서는 가맹본부와 가맹점 간에 정보가 공유되어야 한다. 가맹본부나 가맹점사업자가 자신의 정보를 모두 공개하여야 하는 것은 아니지만 사업파트너로서 서로에게 도움이 된다고 판단되는 정보는 공개하는 것이 바람직하다. 가맹본부와 가맹점사업자는 정보공개와 관련하여 잘못된 생각을 가지고 있다. 예를 들어 가맹본부와 가맹점사업자는 자신의 수익 혹은 비용 구조를 공개하면 상대방이 이를 근거로 부당한 요구를 할 것이라는 생각을 한다. 가맹본부는 원부자재의 공급물량을 통해 대부분의 가맹점사업자가 어느 정도의 수익을 올리고 있는가를 대략 파악하고 있다. 가맹점사업자도 재무제표나 정보공개서 등을 통해 가맹본부의 재정상태를 어느 정도 파악할 수 있다. 가맹본부나 가맹점사업자 모두 자신이 어떻게 매출을 올리고 있고 비용과 이익이 어떻게 발생하고 어떻게 배분되고 있는가를 상대방에게 올바르게 이해시키는 것이 오해나 왜곡에 의한 분쟁을 미연에 방지하고 신뢰를 쌓는데 있어 매우 중요하다.

마지막으로 가맹본부와 가맹점사업자는 신뢰를 쌓기 위해 상호노력하여야 한다. 소유문화는 신뢰에 바탕을 두고 형성된다. 의사소통을 모색하고 유지하는 것은 신뢰성을 높이는데 필수적이다. 가맹점사업자가 가맹본부를 신뢰하고 가맹본부가 가맹점사업자를 신뢰할 때 프랜차이즈시스템 전반에 걸쳐 동반자적 사고가 형성된다. 신뢰는 존경심과 마찬가지로 정직(honesty), 비전(vision), 역량(competence)를 필요로 한다. 가맹본부와 가맹점사업자는 상대방이 정직하고 비전을 지니고 있으며 탁월한 역량을 지니고 있다고 판단할 때 상대방을 신뢰한다.

프랜차이즈사업에 소유문화를 도입할 때 반드시 명심해야 할 것은 가맹본부와 가맹점사업자의 행위가 전체 시스템과 가맹점사업자 모두에게 유익한 방향으로 이루어져야 한다는 점이다. 소유문화의 특징 중 하나가 자율성을 강조하고는 있지만 시스템의 발전을 위해 가맹점사업자의 행위는 어느 정도 제약을 받을 수밖에 없다. 이와 관련하여 프랜차이즈시스템내 가맹점사업자의 자율성과 가맹점의 가맹본부에 대한 의존 간의 관계를 조금 더 살펴보기로 하자.

2.5 프랜차이즈시스템내 자율성과 의존

프랜차이즈시스템의 관리에 있어 핵심적인 사안 중의 하나는 가맹본부의 시스템 표준화와 일관성을 유지에 대한 욕구와 가맹점사업자의 자율성에 대한 욕구를 어떻게 조화시키는가의 문제라고 할 수 있다.

프랜차이즈사업은 가맹점의 의사결정의 상당부분이 가맹본부에 의해 결정된다. 제품의 품질, 가격, 매장설계 등 중요 의사결정에 대한 가맹본부의 권한은 일반적으로 계약에 의해 보장되며 따라서 가맹점은 가맹본부의 의사결정에 의존하게 된다. 가맹본부는 자신의 영업권과 브랜드자산을 보호하기 위해 시스템의 표준화와 일관성을 유지하고 가맹점사업자를 통제하고자 한다. 반면 가맹점사업자는 가맹점 운영을 통해 사업가로서의 자부심을 가지고 가맹점 운영에 있어 독립심과 자율성을 지니고자 한다.

가맹점의 자율성을 지나치게 인정하는 것은 시스템의 표준화와 일관성을 본질로 하는 프랜차이즈사업의 붕괴를 가져온다. 반면 가맹점에 대한 지나친 통제는 가맹점사업자의 사기를 저하시키고 감시감독에 막대한 비용이 소요된다. 따라서 이들 간의 조화를 모색하는 것이야 말로 프랜차이즈사업의 장기간에 걸쳐 성공하기 위해 매우 중요하다.

가맹본부는 시스템의 표준화와 일관성을 유지하기 위해서는 가맹점사업자가 자신의 정책을 따르기를 원한다. 가맹점이 가맹본부에 자원과 정보를 의존할수록 가맹본부의 가맹점에 대한 통제, 즉 힘의 행사가 가능해진다. 자율성은 독립적인 사고와 활동을 할 수 있는 능력 또는 이에 대한 욕구를 말한다.

자율성과 의존은 서로 관련을 맺고는 있으나 동일한 개념은 아니다. 의존은 자원과 정보의 문제이지만 자율성은 의사결정권한의 문제로 볼 수 있다. 가맹본부의 통제가 심할수록 다시 말해 가맹점의 가맹본부에 대한 의존도가 클수록 이에 대한 반발로 가맹점의 자율성에 대한 욕구가 커진다는 점에서도 의존과 자율성은 다른 개념이라 할 수 있다.

자율성과 의존은 다른 개념이기 때문에 두 개념 간의 충돌에 의한 딜레마는 보다 많은 자원과 정보를 공유하면서 상대방의 고유 의사결정영역에서의 자율성을 최대한 보장해 줌으로써 해결이 가능하다. 대부분의 성공적인 프랜차이즈시스템은 가맹본부와 가맹점이 자원과 정보를 공유하면서 가맹점에 대해 점포운영과 현지 마케팅 활동에 대해서는 상당한 수준의 자율성을 부여하고 있다.

Dant 교수와 Gundlach 교수는 미국의 레스토랑 프랜차이즈시스템인 Domino's, McDonald's, Burger King, Subway 등 26개 가맹본부의 174개 가맹점에 대한 서베이 결과, 프랜차이즈시스템은 가맹점의 가맹본부에 대한 의존도와 이들의 자율성에 대한 욕구수준에 의해 [그림 4-2]와 같이 네 가지 유형의 가맹점이 존재하고 있음을 확인하고 있다.[54)]

[유형 1]은 가맹점의 가맹본부에 대한 의존도와 자율성에 대한 욕

구가 모두 높은 경우로 공생적 파트너십관계를 맺고 있는 경우라 할 수 있다. 이는 전략적 제휴처럼 가맹본부와 가맹점이 상호의존적인 관계를 형성하고 있으면서 의사결정에 있어서는 상당한 자율성이 부여되고 있는 경우와 유사하다. [유형 1]의 가맹점사업자는 가맹본부가 가장 원하는 가맹점사업자 유형이다. 이들은 매출실적이 높고 기업가정신이 강하며 자기 자신에 대한 확신과 사업에 대한 동기부여, 관여수준이 높다. 이들은 자율성을 추구하지만 한편으론 가맹본부의 의견에 귀를 기울이며 가맹본부로부터 보다 많은 지원을 기대한다.

[유형 2]는 가맹본부에 대한 가맹점의 의존도가 높고 자율성에 대한 욕구는 낮은 경우로 가맹본부가 가맹점이 필요로 하는 자원과 정보는 물론, 중요 의사결정 권한을 모두 가지는 경우라 할 수 있다. 이는 가맹점이 마치 직영점처럼 가맹본부와 수직적으로 통합된 경우라 할 수 있다.(거래비용이론은 이런 형태의 거래를 위계(hierarchy)에 의한 거래라 한다.) 이들은 [유형 1]에 비해 기업가적 정신이나 자기 자신에 대한 확신이 다소 부족하지만 사업에 대한 동기부여와 관여수준이 비교적 높다. 또한 가맹본부의 의견을 잘 따르고 가맹본부로부터 보다 많은 지원을 기대한다. [유형 2]는 [유형1]과 함께 가맹본부가 원하는 가맹점사업자 유형이다.

[유형 3]은 가맹본부에 대한 가맹점의 의존도는 낮으나 자율성에 대한 욕구는 큰 경우로 이는 가맹점이 가맹본부로부터 자원과 정보를 그다지 필요로 하지 않고 독립적으로 운영하고자 하는 욕구가 강한 경우라 할 수 있다. 이 경우 가맹점사업자는 마치 자영업자와 같이 행동하기 때문에 시스템의 통일성과 일관성을 유지하기 어렵다.

---

54) Dant, Rajiv P. and Gregory T. Gundlach(1998), "The Challenge of Autonomy and Dependence in Franchised Channels of Distribution," *Journal of Business Venturing*, 14, 35-67에서 수정 인용.

[그림 4-2] 의존도와 자율성에 의한 가맹점사업자의 유형

		가맹점의 자율성에 대한 욕구	
		높음	낮음
가맹점의 가맹 본부에 대한 의존	높음	유형1: 공생적 파트너 집단 •174개 가맹점 중 103개(59.2%) •타 점포와의 경쟁은 가장 낮으나 시장점유율 잠식에 대한 염려가 큼. •점포매출이 가장 높으나 기대수준이 높아 성장과 성공에 대한 만족도가 낮음. •기업가정신이 강하고 자기자신에 대한 확신과 사업에 대한 동기부여, 관여수준도 높음. •자율성을 추구하지만 가맹본부의 의견에 귀를 기울이며 보다 많은 지원을 기대함. •두 번째로 점포운영 기간이 긴 가맹점사업자 집단. •유형내 다점포소유자의 비율: 54.4%. •가맹본부가 가장 원하는 가맹점사업자 유형임.	유형2: 유사 위계형 집단 •174개 가맹점 중 22개(12.6%) •타 점포와의 경쟁수준이 낮으나 시장점유율 잠식에 대한 염려가 큼. •점포 매출이 여타 유형에 비해 두번째로 높고 성장과 성공에 대한 만족도가 가장 높음. •사업에 대한 동기부여와 관여수준이 비교적 높음. 그러나 기업가적 정신이나 자기자신에 대한 확신은 [유형1]에 비해 다소 부족함. •가맹본부의 의견을 잘 따르고 보다 많은 지원을 기대함. •점포운영 기간이 두 번째로 짧은 가맹점사업자 집단 •유형내 다점포소유자의 비율: 63.6%. •[유형1]과 함께 가맹본부가 원하는 가맹점사업자 유형임.
	낮음	유형3: 유사 시장형 집단 •174개 가맹점 중 28개(16.1%) •타 점포와의 경쟁수준은 가장 높으나 시장점유율 잠식에 대한 염려는 가장 낮음. •성장과 성공에 대한 만족도가 낮고 점포매출이 가장 낮음. •기업가정신이 약하고 자기	유형4: 모호하고 불안정한 집단 •174개 가맹점 중 21개(12.1%) •타 점포와의 경쟁수준은 낮으나 시장점유율 잠식에 대한 염려는 가장 큼. •성장과 성공에 대한 만족도가 낮고 점포 매출이 두 번째로 낮음. •사업에 대한 투자에 주저함.

		가맹점의 자율성에 대한 욕구	
		높음	낮음
		자신에 대한 확신과 사업에 대한 동기부여, 관여수준이 낮음. •가맹본부의 의견을 잘 따르지 않고 지원도 기대하지 않음. •점포운영기간이 가장 긴 경험많은 가맹점사업자 집단. •유형내 다점포소유자의 비율: 21.4%. •가맹본부가 원하지 않는 가맹점사업자 유형임. 그러나 별다른 대안이 없기 때문에 이들을 수용함.	•경험이 부족해 가맹본부의 의견을 잘 따르지만 많은 지원을 받고자 하지 않음. •점포운영 기간이 가장 짧은 경험이 부족한 가맹점사업자 집단. •유형내 다점포소유자의 비율: 28.6%. •가맹본부가 사전에 이런 유형의 가맹점사업자였음을 알았다면 수용하지 않았을 것임.

(거래비용이론은 이런 형태의 거래를 시장(market)에 의한 거래라 한다.) 이들은 기업가정신이 약하고 자기 자신에 대한 확신과 사업에 대한 동기부여, 관여수준도 낮다. 매출실적이 낮고 가맹본부의 의견을 잘 따르지 않고 지원도 기대하지 않기 때문에 가맹본부가 기피하는 유형이다.

[유형 4]는 가맹점의 의존도와 자율성에 대한 욕구가 모두 낮은 경우로, 프랜차이즈시스템에서 흔히 볼 수 있는 유형은 아니며 그 성격도 모호하다. 가맹점사업자가 가맹점 이외에도 여러 사업을 하고 있는 경우에는 가맹본부에 대한 의존도가 낮고 자율성에 대한 욕구도 크지 않을 수 있다. 또한 가맹본부가 재고통제와 원부자재 공급 등의 의무를 게을리 하고 성과가 저조한 경우에는 가맹점이 가맹본부에 기댈 것도 없고 요구할 것도 없기 때문에 혼자 영업을 꾸려나가기 쉽다. 가맹점사업을 포기하고자 하는 경우 혹은 성과가 저조하고 이를 개선할 수 있는 뚜렷한 방안을 가지고 있지 못한 경우에도 가맹점의 의존도와 자율성에 대한 욕구가 모두 낮을 수 있다. 이

들은 경험이 부족해 가맹본부의 의견을 잘 따르기는 하지만 만족도가 낮기 때문에 프랜차이즈사업에 대한 투자에 옹색하며 가맹본부로부터의 지원도 그다지 원하지 않는다. 가맹본부가 사전에 이런 유형의 가맹점사업자였음을 알았다면 기피했을 가능성이 높다. 하지만 일부는 가맹본부의 지원을 통해 [유형 2]로 발전하기도 하기 때문에 가맹본부가 이들을 완전히 배제하지는 않는다.

소유문화에서 요구하는 가맹점사업자의 유형은 [유형 1]이다. 실제로 절반 이상의 가맹점사업자는 [유형 1]의 특징을 지니고 있는 것으로 추정된다. 이들이 지닌 강한 사업의지와 기업가정신은 프랜차이즈시스템의 발전에 필수적이다. 가맹본부의 입장에서는 이들의 자율성에 대한 욕구를 충족시키면서 한편으론 이들과 동반자적인 관계를 어떻게 유지해 나가는가가 사업성공의 열쇠라 할 수 있다.

05장 프랜차이즈 시스템에서의 마케팅 활동

1 프랜차이즈 조직에서의 마케팅 활동의 중요성과 특성

프랜차이즈 사업의 성공을 위해 마케팅 활동이 얼마나 중요한지를 이해하는 것이 매우 중요하다. 프랜차이즈 사업에서 마케팅활동이 차지하는 중요성 및 특성을 아래와 같이 정리할 수 있다.[55)]

① 마케팅은 프랜차이즈 시스템이 고객에게 제시하고 활동을 설명하는 활동이다: 마케팅활동을 프랜차이즈 시스템이 제공하는 상품과 서비스에 대해 필요와 욕구를 느끼는 고객을 확인하고, 이를 위해서는 우선 일차적 표적청중(primary target audience : PTA)의 인구통계적, 지리적, 심리적 특성을 확인하여 이해하여야한다. 그리고 고객에 대한 이러한 이해를 바탕으로 고객의 필요나 욕구를 자극할 수 있기 위해서는 고객들에게 어떤 약속을 해 주어야 할 것인지를 판단하여야 한다.

이 약속은 각종 판매시점(point of sales : POS)활동을 통해 고객에게 전달되어야 한다.

당연히 프랜차이즈 시스템의 규모가 크면 클수록 마케팅활동에는 더 많은 예산이 소요된다.

결국 프랜차이즈 시스템에서의 마케팅 활동은 고객의 필요와 욕구를 충족시키기 위한 상품과 서비스의 존재를 고객에게 알려주는

55) Caffey, A. A.(2002), Franchise and Business Oppotunities, Entrepreneur Press.

커뮤니케이션 활동이라 할 수 있다.

② 마케팅 활동은 브랜드의 인지도를 강화하고 프랜차이즈 시스템의 성장과 확장을 도모하는 활동이다: 전국적 마케팅 프로그램 또는 지역적 특성에 맞게 수정된 마케팅 프로그램이나 캠페인을 통하여 프랜차이즈 시스템의 성장과 확산을 추구할 수 있을 뿐만 아니라, 시스템의 성장에 걸맞고 마케팅능력의 확보가 가능해진다. 새로운 가맹점이 생겨남에 따라 매출액도 늘어나지만 가용한 마케팅예산도 늘어나기 때문이다. 따라서 성공적인 마케팅 활동을 통해 프랜차이즈 시스템의 성장과 확장이 이루어지면 손익분기점을 낮출 수 있고, 손익분기점 하락에 따른 수익성의 향상은 다시 마케팅활동에 더 많은 예산을 투입할 수 있는 선순환(virtuous cycle) 과정을 거치게 된다.

③ 마케팅은 프랜차이즈 시스템을 판매함으로서 자금을 확보하는 활동이다: 강력하고 인지도가 높은 브랜드는 고객을 유인하는 것뿐만 아니라 프랜차이즈 시스템을 확대하고 추가적인 금융자금을 확보, 활동할 수 있게 한다. 확고한 브랜드 이미지를 가진 프랜차이즈 시스템은, 금융기관의 입장에서 볼 때 매우 매력적인 고객이 될 수 있는 것이다. 뿐만 아니라 금융자금을 이용하는데 필요한 금융비용을 낮게 하여 우대금리를 적용받을 수 있게 한다.

프랜차이즈 마케팅 시스템의 마케팅 특성은 쉽게 말해서 프랜차이즈 본부와 가맹점 간의 마케팅적 관심의 대상이나 활동 등이 매우 상이하면서도 보완적이라는 것이다.

가맹본부는 중앙집중적 마케팅과 원자재 및 상품의 조달/공급, 전국광고 캠페인의 개발 및 집행, 전국적인 브랜드 이미지의 관리 및 브랜드 자산가치의 증대 등에 일차적 관심이 있다.

반면에 가맹점사업자는 자신의 점포 매출을 증대시킬 수 있는 지역 광고나 판매 촉진 활동 그리고 인적 판매의 효율성 제고를 통한 고객접점관리의 성과 등에 일차적인 관심이 있다. 만약 프랜차이즈 조직이 상당한 수준에 이르러 특정 지역 매체(regional media)의 커버리지 내에 여러 가맹점이 동시에 영업하고 있다면 그 가맹점이 협동하여 지역광고를 하는 경우도 있을 것이다. 그리고 프랜차이즈 본부의 책임으로 집행되는 전국광고의 경우에도 그 비용은 원칙적으로 미리 정해진 계약사항에 따라 가맹점의 부담으로 이루어진다.

2 가맹본부의 마케팅활동

2.1 마케팅 관리과정

마케팅이란 간단히 표현하면 표적고객과 상호 유익한 교환을 창조·유지·발전시키기 위한 기업의 행위라 할 수 있다. 그런데 여기서 말하는 "상호 유익한 교환"이란 교환에 참여하는 수요자(구매자)와 공급자(판매자)의 양 당사자가 상호간의 목표를 달성될 수 있는 교환을 의미한다. 그런데 수요와 공급의 균형에 있어서, 수요가 공급을 초과하는 경우(수요>공급), 수요자가 그 교환관계를 원할 것이며(=판매자 시장, seller's market), 이 경우에는 공급자, 즉 기업은 굳이 자신이 생산한 상품과 서비스의 교환을 창조·유지·발전시키기 위해 노력하지 않고, 공급량 즉 생산을 확대시키는 데 주로 관심을 가질 것이다. 그러나 공급이 수요보다 훨씬 많아진(공급>수요) 현대 산업국가에 있어서는 상대적으로 공급자가 수요자와의 교환을 더 원할 것이며(=구매자 시장, buyer's market), 이 경우 공급자는 생산성 증대에만 관심을 갖는 것에서 벗어나 수요(이 경우는 교환이라고 하기보다는 수요라고 표현하는 것이 더욱 좋을 것임)의 창조·유지·발전에 더 많은 관심을 갖게 될 것이고, 기업의 이와 같은 행위

를 마케팅이라 할 수 있다.[56)]

그런데 수요를 창조·유지·발전시키기 위해서는 수요에 영향을 미치는 여러 요인들을 우선 살펴보아야 할 것이다. 수요에 영향을 미치는 수요변수들을 크게 거시환경변수, 미시환경변수, 마케팅변수로 나눌 수 있다.

[그림 5-1] 가맹본부의 마케팅 관리과정

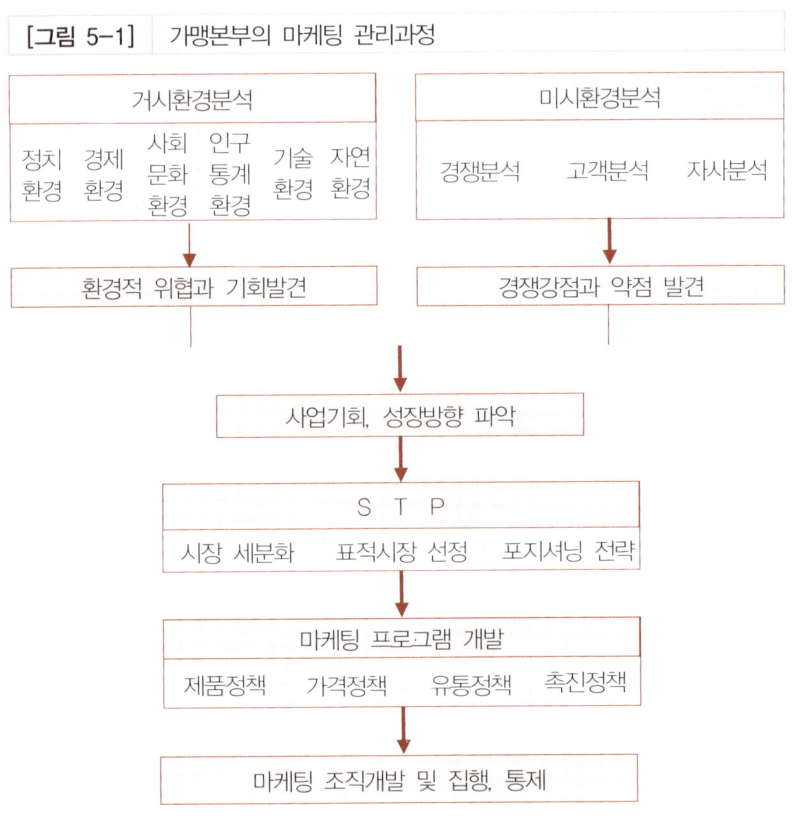

56) 이수동 외 3인(2005), 전사적 관점의 마케팅, 학현사.

① 거시환경변수: 거시환경변수란 수요에 영향을 미치는 범위가 넓고 개별기업이 통제하기가 거의 불가능한 환경변수를 말하며, 기술 환경, 사회문화 환경, 경제 환경, 정치 환경, 자연 환경, 인구통계 환경 등이 있다.

② 미시환경변수: 미시환경변수란 수요에 영향을 미치고 범위가 좁고 개별기업이 어느 정도 통제하거나 영향을 미칠 수 있는 환경변수를 말하며, 주요한 것들로는 경쟁 환경, 고객의 특성, 자사의 특성 같은 것들을 들 수 있다.

거시환경변수와 미시환경변수에 대한 정확한 인식은 기업의 효과적인 마케팅활동을 위한 전제가 된다. 어떤 기업이든 그들의 마케팅 성과를 높이기 위해서는 그 기업이 직면한 이들 요인에 대한 철저한 분석과 이해가 필요하다. 기업은 효과적인 마케팅 활동을 위해 우선 거시환경에 대한 분석과 미시환경에 대한 분석을 통하여 그들의 사업영역과 최선의 사업기회를 발견하고, 이 영역과 기회를 최대한 활용할 수 있는 사업 전략 마케팅 프로그램을 개발하여야 할 것이다.57)

③ 마케팅변수: 환경분석과 자사분석에 의해 최선의 사업기회와 사업영역을 발견하고, 이를 근거로 최선의 사업전략을 수립한 후 이 전략을 주어진 시장여건에서 실현시킬 수 있는 마케팅 프로그램을 개발해야 한다. 효과적인 마케팅 프로그램을 개발하기 위해서는 마케팅변수들을 활용하여야 한다. 마케팅변수(marketing variables, 또는 marketing decision variables)란 수요에 영향을 미치는 변수 가운데서 기업 또는 마케팅담당자가 통제가능한 변수를 말한다. 마케팅 변수는 제품변수(product variables), 가격변수(price variables), 유통변수(place variables), 촉진변수(promotion variables) 등 P로 시작되

57) Kotler, P.,(1994), Principles of Marketing, Prentice-Hall, New Jersey.

는 네 개의 변수(이를 4P's라고 한다)들에 대한 분석과 의사결정이 필요하다. 이를 각각 제품관리, 가격관리, 유통관리, 촉진관리 라고 한다.

제품관리란 품질(quality), 상표명(brand name), 포장(packaging), 스타일, 옵션의 유형(options), 부수되는 서비스(service), 품질보증(warranty), 반품(return) 가능여부, 제품 특징(feature) 등에 대한 분석과 의사결정이 포함된다. 따라서 기업의 마케팅담당자는 이러한 여러 특성에 대한 신중한 의사결정을 통해서 수요의 창조・유지・발전을 도모하여야 한다.

가격관리란 정가(list price), 할인(discount), 割增 또는 공제(allowances), 지불기간(payment period), 信用條件(credit terms) 등에 대한 분석과 의사결정이 포함된다. 마케팅담당자는 이에 대해서 최선의 의사결정을 하여 수요를 창조・유지・발전시켜야 한다.

유통관리란 유통경로(channel), 상권설정(coverage), 立地(locations), 재고관리(inventory), 운송(transport) 등과 같은 유통변수에 대한 최선의 의사결정이 포함된다.

촉진관리에는 광고(advertising), 홍보(publicity), 인적판매(personal selling), 판매촉진(sales promotion) 등에 대한 분석과 의사결정이 포함되는데, 기업은 이에 대한 최선의 의사결정을 하여 수요를 창조・유지・발전시키는 데 도움이 되는 정보를 표적고객이나 일반 공중들에게 제공하여야 한다.

마케팅관리에 있어서 중요한 것은 이와 같이 수많은 마케팅변수들을 어떻게 混合(mix)하여 활용함으로써 효과적으로 수요를 창출하고 유지하며 발전시키는가 하는 것이다. 그것은 마치 음식점에서 요리사가 마음대로 통제할 수 있는 요리재료를 적절히 배합하여 고객의 구미에 맞는 음식을 조리하는 것과 같은 이치이다. 따라서 기업 및 마케팅 담당자는 표적으로 정한 고객에게 만족을 주기 위해서 수많은 마케팅변수들을 조화있게 잘 혼합하여야 하는데, 이를 마케팅 믹스(marketing mix)라고 한다. 그리고 그 혼합 결과로 얻어진 최종 의사결정 내용을 마케팅 프로그램(marketing program)이라 하는데, 실제로 표적고객과 교환이 이루어지게 하는 것은 이 마케팅 프로그램이다. 결국 마케팅변수를 혼합하는 행위가 마케팅 믹스라면, 그 결과로 얻어진 최종 상태가 마케팅 프로그램인 것이다.

2.2 브랜드 마케팅

프랜차이즈 가맹본부는 무엇보다도 자사의 브랜드 가치를 높이고, 고객에게 호감을 주는 브랜드 이미지를 창출하는 것을 마케팅 활동의 최우선 목표로 하고 있다.[58)]

만약 상품에 이름이 없으면 어떤 현상이 벌어질까? 생선가게에서는 취급하는 생선에 브랜드가 없다. 브랜드가 없기 때문에 시장을 보는 주부는 매번 생선을 이리저리 들추어 보고 꼼꼼히 신선도를 따져 보아야 한다. 산지가 적혀 있을 때가 있지만 신빙성이 떨어지고 산지 증명이 객관적으로 되지 않는다. 만약 생선에도 믿고 살 수 있는 유명 브랜드가 붙어 있다면 어떻게 될까? 훨씬 상품 고르기가 수월할 것이다. 풀무원(주)은 두부, 콩나물, 쌈장 등의 농산물 브랜드화를 통해 큰 성공을 거두었다.

브랜드와 품질 간에 규칙성이 있으면 소비자들이 경험으로 학습을 할 수 있다. 그 때 브랜드는 소비자에게 상품을 구별하게 하는 것 이상의 역할을 한다. 상품의 질을 꼼꼼히 따지기 전에 브랜드를 먼저 보고 별다른 이유가 없으면 브랜드만으로 의사결정을 내릴 수도 있는 것이다. 구매 이전에 브랜드를 먼저 기준으로 삼는 현상을

58) Arnold, D.,(1993), The Handbook of Brand Management, Addison-Wesley Publishing Company, International Management Series.

[그림 5-2] 브랜드의 정의

브랜드의 정의	기업의 제품이나 서비스를 식별하고, 경쟁사의 제품이나 서비스를 차별화하고 소비자의 마음속에 가치있게 느끼게 하는 경험적 상징체계

본질적 기능	부수적 기능
식별(identification) 차별화(differentiation) 품질보증(endorsement)	광고(advertising) 자산(equity) 보호(protection) 확장(extension) 상징(symbol)

브랜드준거현상(brand referral)이라고 한다. 그러한 현상은 따져보기를 싫어하는 게으른 소비자이거나 유명 브랜드만을 찾는 사치스러운 소비자에게만 있는 것이 아니라 모든 소비자가 지배받는 현상이다. 그렇기 때문에 브랜드 가치가 형성되는 것이다.[59)]

브랜드의 역할을 설명하기 위해 갓난아기의 엄마에 대한 지각을 예로 들어보자. 아기는 처음에 엄마를 지각하지 못한다. 형체를 지각할 수 있는 수준에 이르기도 전에 완벽한 보호자로서의 엄마라는 이미지가 엄마의 자장가, 젖가슴의 감촉과 같은 단편적인 정보에 의해 만들어진다. 울던 아기가 엄마의 젖꼭지만 물면 편안해 한다. 어떤 아기에게는 젖꼭지가 곧 엄마일 것이고 또 어떤 아기에게는 자장가가 엄마가 된다. 그 후에 자라서 엄마가 얼굴이 못생겼다거나 키가 작다고 하는 것 따위를 알게 되더라도 유아기에 형성된 엄마라는 이미지가 쉽게 손상되지 않는다. 사람은 어릴 때 형성된 이미지에

59) Oliver, R. L.(1980), "A Cognitive Model of the Anecedents and Consequences of Satisfaction Decision," Journal of Marketing Research, 17(September), pp. 460-469.

의해 성장한 후에도 한동안 지배를 받게 된다.

아기에게 있어 엄마라는 완전한 인격이 자장가 혹은 젖꼭지의 감촉만으로 일순간에 그려지듯이 상품의 경우에는 브랜드, 더 정확히 말하면 브랜드의 이름, 시각, 청각 등의 특징적인 요소가 소비자에 따라 각기 달리 그런 역할을 담당하고 있는 것이다. 예를 들어 소비재 시장의 경우 눈가림 선택실험(blind test)에서 펩시와 코카콜라의 제품 차이를 전혀 발견하지 못했던 사람들도 슈퍼마켓에서 콜라를 고를 때는 빨간 캔이 눈에 띄어 코카콜라를 먼저 고르게 되는 경우가 많다. 빨간 색깔만으로도 코카콜라와의 과거 모든 접촉경험, 즉 코카콜라라는 이미지를 떠올리게 되는 것이다.

브랜드는 소비자의 선입견이다. 현재의 객관적 눈으로 볼 때 브랜드란 일종의 잘못된 선입견 혹은 편견인 것처럼 보일 수 있다. 품질이 거의 동일하더라도 백화점에서 팔리는 유명 브랜드 제품은 남대문이나 동대문시장의 제품보다 두 서너 배 이상의 가격을 받는다. 모든 선입견이 그러하듯이 선입견의 피해자, 즉 소비자들에게 잘 알려지지 않은 후발 기업이나 신인에게는 이것이 불공정해 보일지도 모르지만 결코 그렇지 않다.

우선 선입견에는 그럴만한 지난 과거와 이유가 있다. 그 편견이 형성되어 온 과정은 고객만족의 역사이기 때문에 소비자를 탓할 일이 아니다. 직접적 경험이든 구전(word-of-mouth)에 의한 간접적 경험이든 고객만족 없이 호의적 편견이 형성될 수는 없기 때문이다. 편견의 혜택을 누리는 기업도 그러한 '편견'을 쌓기 전에는 똑 같은 차별 대우를 감수해야 했다. 그러한 편견이 쌓인 배경에는 어려운 품질 향상 과정과 그 품질을 알리기 위한 막대한 투자가 있었던 것이다.

그리고 브랜드 선도 기업이 현재로서는 유리한 입장이지만 앞으로도 계속 유리한 입장에 있으리라는 보장은 없다. 품질관리를 등한히 하거나 환경 변화를 예의 주시해서 품질 개선에 반영하지 않으면

소비자의 호의적 편견은 점진적으로 약화되어 시장은 다시 공평한 환경에 놓이게 된다.[60)]

이와 달리 산업재의 경우에는 브랜드의 역할이 상대적으로 적다. 감각적이거나 심리적인 요인보다는 기능적 요인이 더 중요하고 구매자가 그 기능을 분석적으로 접근해서 판별할 수 있는 능력이 탁월해서 경험에 의해 형성된 이미지에의 의존도가 훨씬 떨어지기 때문이다. 그러나 분명히 산업재에도 소비재에서 만큼의 영향력은 아니라고 할지라도 브랜드의 역할이 있다. 컴퓨터 칩을 생산하는 인텔(Intel)은 산업재 메이커이지만 "Intel Inside"라는 켐페인과 로고로 일반 소비자에게 브랜드를 인식시키는 전략을 성공적으로 수행할 수 있었던 것이고 컴퓨터 칩을 구매하는 PC 메이커들은 그러한 최종 소비자의 인식을 거역하기가 어렵다.

브랜드는 소비자가 생각하는데 들이는 비용, 즉 사고비용을 절약시켜 준다. 소비자가 모든 구매를 항상 새롭게 시작하는 마음으로 하기란 어려운 일이며 그래서는 경험으로부터 배우는 동물이라고도 할 수 없다. 브랜드라는 것이 있음으로 해서 쇼핑 시간과 상품의 비교분석 노력이 현저히 절약될 수 있으며 그럼에도 불구하고 위험부담이 적고 믿을만한 상품을 선택할 수 있게 되는 것이다. 또 그 절약한 시간을 다른 어려운 과제에 투입할 수가 있다.

잘 알려진 브랜드를 살 때의 시간 절약과 위험회피라는 소비자 혜택도 대부분의 경우에 공짜가 아니다. 그만큼의 프리미엄 가격을 더 지불해야 한다. 만약 유명 브랜드가 가격 프리미엄을 누리지 않고 유사 제품들과 비슷한 가격대를 형성하고 있다면 틀림없이 그 만큼의 시장 점유율 프리미엄을 누리게 될 것이다.

---

60) Weilbacher, W. M.(1993), Brand Marketing, NTC Business Books, Chicago.

장기적 브랜드 파워 구축을 위해 기업은 다음과 같이 브랜드를 보는 관점을 정리해야 한다.

첫째, 브랜드 구축과정과 마케팅이 크게 다르지 않다. 브랜드 구축이란 것을 잘 이해하게 되면 사실상 마케팅과 거의 동일한 의미라는 것을 알게 된다. 마케팅이란 복잡하게 정의하기 전에 '고객만족'이라는 상품의 창출과 그 상품을 소비자에게 알리고 전달하는 경로를 다루고 있는 경영의 한 과정이다. 마케팅이 지향하는 고객만족으로 브랜드 파워가 구축되고 그것이 반복적 구매의 기반이 된다. 마케팅의 모든 성과가 브랜드에 축적되므로 마케팅과 브랜드 관리를 분리해서 생각할 필요가 없다.

둘째, 이름을 쉽게 바꾸면 안된다. 브랜드는 소비자가 인식하는 기업 혹은 상품의 이름이다. 새로울 것도 없이 너무나 당연한 말이지만 '이름'이 뜻하는 바를 기업이 제대로 새기지 못하고 있는 경우가 많다. 이름은 사람에게 아무개 아무개를 구별하는 기능 이상의 의미가 있다. 사람의 이름에 그 개인의 인격이 압축되어 담기듯이 브랜드에는 소비자가 알고 있는 기업 전체의 인격, 즉 법인격(corporate personality)이 압축되어 담긴다. 그것은 오랜 시간에 걸쳐 이루어진 기업과 고객의 접촉 경험이 호(好)·불호(不好)의 만족도로 압축된 심벌이다.

그런데 특별한 이유 없이 이름이 자주 바뀌면 어떻게 되는가? 명성(名聲)에 있어서 '명'(名)만 남고 '성'(聲)은 사라지고 만다. 명성이 아니라 원성(怨聲)이 높을 때는 이름을 당연히 바꾸어 새로운 마음으로 다시 시작하는 것이 좋을 것이나 그렇지 않을 경우에는 앞의 소니의 사례에서도 보았지만 처음부터 이름을 귀하게 여겨야 한다.

셋째, 브랜드에는 수명주기(life cycle)가 없다. 일단 어떤 브랜드가 브랜드 파워를 확보하고 나면 그 지위는 오랜 기간에 걸쳐 유지된다. 미국의 경우 코카콜라는 100년 이상, 코닥 필름, 질레트 면도기, 콜게이트 치약, 아이보리 비누 등은 1930년대 이후 거의 70년 이상 세계시장에서 위세를 떨치고 있다. 맥도널드나 켄터키치킨(KFC)은 말할 것도 없다. 이를 보면 어떤 상품이든 끝내는 죽는다고 말하는 수명주기 가설이 브랜드에는 해당이 잘 되지 않는다는 사실을 알 수 있다.

2.3 전국 광고 마케팅

프랜차이즈 가맹본부는 전국적인 브랜드 이미지를 구축하고 효과적인 가맹점관리를 위해 전국광고에 대한 관심과 활동을 매우 강조하고 있다.

광고에는 다양한 형태와 용도가 있기 때문에 그 특성에 관한 일반화가 어렵기는 하지만 몇 가지 특성을 요약해 본다. 광고는 고도의 대중성을 가지는 설득적 커뮤니케이션 양식이므로 당해 제품에 합법성을 부여하고 표준화된 접근방법을 사용할 수 있게 해 준다. 많은 사람들이 동일한 메시지에 접하게 되므로 구매자마다 자신의 구매동기가 널리 인정된 것이라는 느낌을 가질 수 있다.[61)]

광고는 동일한 메시지를 여러 번 되풀이 할 수 있는 침투성이 높은 매체이다. 또한 소비자의 입장에서도 여러 경쟁사들의 메시지를 비교해 볼 수 있다.

광고는 인쇄물, 소리, 색상 등을 예술적으로 이용하여 기업과 그 제품들을 극화할 수 있으므로 매우 표현력이 높다. 한편 광고는 제품에 대한 장기적 이미지를 수립하는 데 사용되기도 하고(코카콜라 광고물의 경우) 즉각적 판매를 유도하기 위한 수단으로도 이용된다

---

61) Celsi, R. and J. Olson(1998), "The Role of Involvement in Attention an Comprehension Processes," Journal of Consumer Research, 15(September), 210-24.

[그림 5-3] 설득적 커뮤니케이션 과정

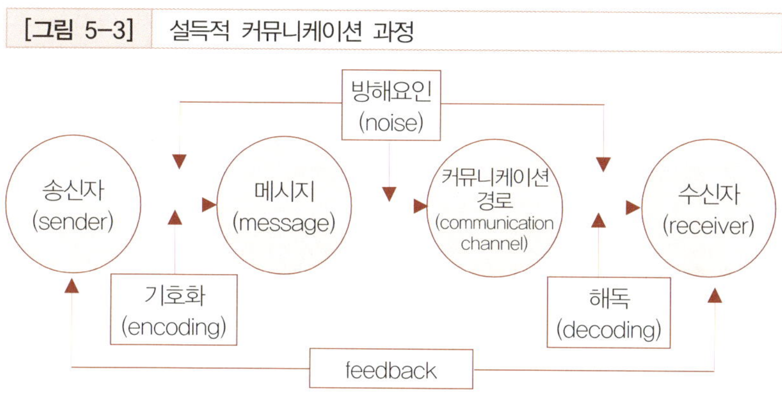

(롯데백화점의 특별할인 판매광고). 광고는 여러 지역에 산재해 있는 많은 소비자들을 노출단위당 낮은 비용으로 접촉하는 데 효율적이다.

광고는 몇 가지의 단점도 있다. 신속하게 수많은 사람에게 접근할 수 있지만, 광고는 비인적 수단이기 때문에 기업의 판매원과 같은 설득력을 가지기가 어렵다. 청중들은 광고에 대해 주의를 기울이지 않거나, 반응하려 하지 않은 경우가 많다. 광고는 청중의 입장에서 보면 일방적 커뮤니케이션에 불과하다. 광고는 또한 비용이 너무 많이 든다. 물론 라디오광고나 신문광고는 큰 비용이 들지는 않아서 중소기업도 이용할 수 있지만 텔레비젼 광고에는 엄청나게 많은 비용이 필요하다.

광고비는 잡지, 신문, 텔레비젼, DM, 기타 등등의 수많은 매체에 지불된다. 또 조직의 이미지 제고, 상표 이미지 구축, 판매활동 지원, 아이디어나 명분의 지원 등과 같은 여러 용도로 이용된다. 광고는 주로 개인 기업에 의해서 사용되기는 하지만, 사회주의 국가를 포함한 세계 각국의 영리·비영리 조직에서 사용되고 있다. 광고는 그 목적이, 전 세계적으로 삼성TV를 판매하기 위한 것이든 또는 개발도상국가에서 우유를 마시도록 하거나 또는 산아제한을 하도록 하는 것이든지 간에, 정보를 알리며 또한 설득을 시도하기 위한 매우 좋은 수단이다.

광고는 여러 촉진 수단 중의 하나로서 다른 촉진 수단들과 결합될 때 큰 효과를 거둘 수 있는데, 판매촉진과 공중관계가 그것이다.[62)]

[그림 5-4] 촉진의 구성요소

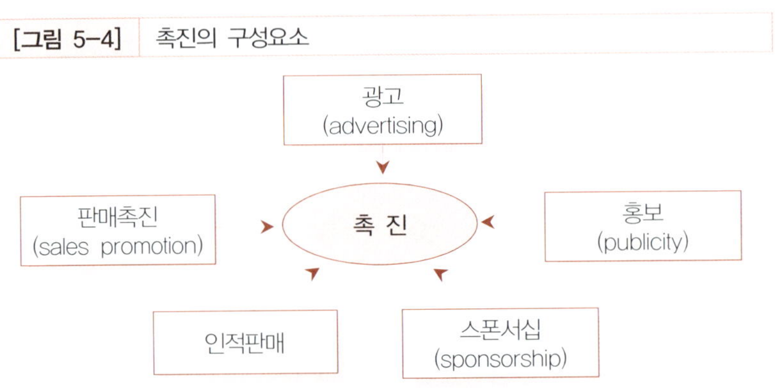

판매촉진이란 촉진대상에게 실질적인 혜택을 줌으로써 조기의 시장반응 또는 보다 강한 시장반응을 고양시키기 위한 촉진활동이다. 판매촉진은 혜택의 대상이 누구냐에 따라 소비자촉진(견본, 쿠폰, 환불조건, 소액할인, 경품, 경연회, 거래스탬프, 실연), 중간상촉진(구매공제, 무료제품, 상품공제, 협동광고, 후원금, 상인판매경연회), 판매원촉진(상여금, 경연회, 판매원 회합)으로 나누어진다.[63)]

과거에는 광고예산과 판매촉진 예산의 비율은 약 60대 40이었다. 오늘날 많은 소비재 기업에 있어서 이 상황은 역전되었으며, 판매촉

---

62) Barban, A. M., Stephan M. Cristol, and F. J. Kopec(1987), Essentials of Media Planning: A Marketing Viewpoint, NTC Business Books, Chicago.

63) Ehrenberg, A. S. C., Kathy Hammond and G. J. Goodhardt(1994), "The Affect-Effects of Price-Related Consumer Promotions," Journal of Advertising Research, 34, July/August, 11-21.

진에 소요되는 예산은 전체 마케팅예산의 60내지 70%를 차지할 정도로 증가하였다. 물론 광고보다 판매촉진이 더 우선한다는 것은 위험이 있을 수 있다. 어떤 상표의 제품이 지나치게 여러 번 가격위주로 촉진된다면 소비자들은 그 상표가 싸구려 상표인 것으로 생각하거나 또는 할인 시에만 구매하려고 할 것이다. 그리고 비록 판매촉진이 광고보다 신속한 판매증대효과를 가져오지만, 이 판매촉진만으로는 장기적인 소비자의 선호와 상표 애호도를 형성하는 데는 부족하다고 마케팅 관리자들은 느낄 수 있을 것이다. 촉진활동은 가끔 장기적으로 유지되지 못하는 단기적 매출증대를 가져오는 효과가 있을 수 있다.

판매촉진은 광고 또는 인적 판매와 결합하여 사용될 수 있다. 소비자촉진은 거의 반드시 광고와 병행하여야 하며 또한 광고의 흡인력과 자극을 증가시키는 수단이 되기도 한다. 거래점 촉진 및 판매원 촉진이 그 기업의 인적 판매활동을 지원하는 역할을 한다.[64)]

3 가맹점사업자의 마케팅 활동

3.1 가맹점사업자의 마케팅활동에서의 유의사항

가맹점이 마케팅을 계획하고 실행할 때는 가맹 본부와는 달리 아래와 같은 사항을 주지할 필요가 있다.[65)]

- 이론적인 마케팅 지식도 중요하지만 지역상황에 맞게 활용하는 것이 더욱 중요하다. 전문적인 마케팅 용어를 이해하고 일반적

64) Shimp, T.(1997), Advertising, Promotion and Supplemental Aspect of Integrated Marketing Communication, 4th ed., Dryden Press.

65) 김승용,(2001), 한국시장의 프랜차이즈전략, 한국생산성본부.

인 마케팅 이론을 이해하는 것도 필요하겠지만 이를 위해 너무 많은 시간을 소비하거나 꼭 이론에 근거한 마케팅기법 만을 찾기 위해 노력할 필요가 없다. 가맹점 마케팅의 기본적인 목표는 해당 가맹점의 영업활성화이기 때문에 특성에 맞는 마케팅 방법을 찾아 적절히 변형하여 사용하면 되는 것이다.

- 보편화된 마케팅 방법과 상식적인 홍보만으로는 성공하기 힘들다. 기본적이고 보편적인 마케팅 기법과 홍보수단의 활용은 누구나가 다 하는 것이기 때문에 지역상권을 대상으로 하는 가맹점의 마케팅 활동은 이보다는 추가적인 요소들이 가미되어야 한다. 기업 규모에 비해 자금력과 인력이 부족하기 때문에 저비용으로 쉽게 고객에게 다가설 수 있는 차별화된 아이디어를 찾아내야 한다.
- 마케팅 계획을 일회적인 활동으로 보아서는 안된다. 마케팅은 일회성 판촉행사를 의미하는 것이 아니다. 물론 일회성 또는 스팟 형태의 판촉도 마케팅의 중요한 수단이기는 하지만 너무 판촉에만 의존하면 단기적인 성과만을 추구하게 되기가 쉽다. 자기 점포의 입지, 지역 소비자의 특성, 점포의 분위기와 가격, 브랜드의 인지도 등 기본적인 사항을 무시한 일회성 판촉은 단기간의 성과는 있을지 모르지만 장기적으로는 소비자에게 불신을 심어주는 경우가 많다.
- 표적 고객에게 차별화되고 의미 있는 정보와 가치를 제공하여야 한다. 프랜차이즈 가맹점을 방문하는 고객은 독립점포에 비해 정보의 접점이 다양하다는 장점이 있는 반면, 애써 방문한 결과가 브랜드 가치에 비한 기대치에 부응하지 못한 경우, 충성고객에서 이탈고객으로 전환되는 속도가 빠르다는 단점이 있다. 독립점포의 경우 잘못 전달된 정보에 대해 점포주인 또는 종업원의 인간적인 측면으로 너그럽게 받아들이는 경우가 많지만, 프

랜차이즈 가맹점의 경우는 그 불만과 실망이 해당 가맹점의 신뢰를 추락시킬 뿐만 아니라, 인터넷 등 공개적인 채널을 통해 확산되어 브랜드 가치를 떨어뜨리는 결과를 초래할 수 있게 된다. 그 이유는 프랜차이즈는 표준화된 시스템이고 상품에 대한 지식을 충분히 교육받은 사람들이 가맹점에서 판매하는 것으로 소비자들은 인식하고 있어 독립점포에 비해 기대치가 상대적으로 높기 때문이다.

- 고객정보는 장기적으로 매우 유용한 경쟁력의 원천이다. 독립점포와는 달리 프랜차이즈 가맹점은 고객 정보를 확보, 활용하기가 용이하다. 프랜차이즈 가맹점의 경우는 가맹본부의 지원과 규모의 경제원칙에 따라 비교적 적은 자금과 인력으로 고객정보를 쉽게 취득할 수 있다. 이렇게 취득된 정보를 활용하여 물론 고객의 구매행태를 분석하고 고객에게 최적의 경험을 제공 할 수 있는 가맹점 고유의 마케팅 체계를 구축하여야 한다.
- 고객에게 배우려는 자세를 가져야 한다. 자기 점포의 장단점과 강약점은 자기 점포에 방문한 고객이 가장 잘 알 수 있다. 그러므로 자기 점포가 그동안 시행한 마케팅 기법들의 효과가 어떠한지, 점포운영이 잘 되었는지, 개선할 점은 무엇인지 등을 알아보는 가장 확실한 방법은 항상 고객에게 물어보는 것이다. 가맹점의 마케팅은 브랜드와 가맹본부의 인지도를 바탕으로 시행되기 때문에 비교적 많은 고객과 교감할 수 있는 다양한 방법이 존재하게 된다. 각종 정보채널과 가맹본부의 게시판 그리고 인터넷 카페 등을 통한 온라인 접촉뿐만 아니라 오프라인인 매장 현장에서도 항상 고객과 상호작용하면서 자기 점포의 잘하는 점과 부족한 점을 파악하려고 노력하여야 한다.
- 브랜드 인지도를 최대한 활용한다. 자신의 인적 사항과 소비정보가 노출된 고객이 그렇지 않은 고객보다 구매율이 높고 브랜

드 인지도도 높다. 따라서 상품자체의 홍보보다는 브랜드에 비중을 둔 마케팅 활동에 치중하는 것이 좋은데 그 이유는 결국 브랜드 인지도가 고객의 차후 구매활동에 긍정적인 영향을 미치기 때문이다.

3.2 가맹점 사업자의 마케팅 활동 프로세스

가맹점은 매출 증대와 지역시장의 고객만족을 위해 마케팅기법을 개발하고 집행하여야 한다. 마케팅은 시시각각 바뀌는 외부 시장 환경과 자기 상권내 소비자의 구매행태의 변화를 신속히 파악하고 그 변화에 적절히 대응하게 하는 중요한 역할을 담당하는 것이다.

가맹점의 마케팅활동은 가맹본부의 그것과 마찬가지로 환경 분석을 통한 기회 및 위협 요인을 파악하고 이에 합당한 마케팅 프로그램을 개발하는 두 가지 프로세스를 거치게 된다.[66]

① 마케팅환경분석을 통한 점포의 기회와 위협요인 발견: 프랜차이즈 가맹점의 마케팅 계획을 수립하는 첫걸음은 점포가 속한 환경에 대한 분석이다. 아무리 규모가 작은 가맹점이라도 그 주변을 둘러싸고 있는 모든 환경은 항상 변화하고 있기 때문에 점포에 필요한 정보를 취사선택하고, 점주의 관점에서 장기적으로 변화를 예측하고, 올바르게 해석함으로써 해당 점포가 직면한 영업 기회와 위험을 미리 발견하는 것이 중요하다. 다시 말하면, 업계 또는 시장분석, 고객분석, 경쟁점포의 분석 등 가맹점을 둘러싸고 있는 외부환경 분석을 통해 가맹점의 성공요인이 될 수 있는 열쇠를 찾아내고, 자기 가맹점의 내부 분석을 통해 가맹점 자체의 강점과 약점을 발견하도록 해야 한다.

66) 이수동 외 3인,(2005), 전사적 관점의 마케팅, 학현사.

이러한 결과를 얻기 위해서는 주문 후 선택한 제품이 고객에게 도달되기 전까지의 여유시간을 이용해 자연스럽게 대화를 유도하여 소비자 욕구를 파악하는 방법이나 고객설문지 등을 통해 소비자가 어떤 요인에 가장 영향을 받아서 구매를 하게 되는가 등의 구매영향 요인을 찾는 일에 심혈을 기울여야 한다.

점포 내·외부의 환경분석을 위해 고려하여야 할 체크포인트에는 아래의 [표 5-1]과 같은 것들이 있다.

[표 5-1]	가맹사업자의 환경분석시 체크포인트

- 고객은 구매를 위한 정보를 주로 어디서 얻는가?
- 고객의 연령분포와 여유 시간은 언제인가?
- 고객이 우리 제품에 대해 민감하게 생각하기 시작하는 가격은 얼마인가?
- 구매 시 누구의 의견을 가장 중요시 여기는가?
- 고객은 어떤 특별한 대우와 서비스를 받기를 원하는가?
- 언제 어떻게 누구와 함께 구매하는 것이 가장 만족도가 높은가?
- 지속적으로 소비자 및 거래선의 구조는 변화하는가?
- 고객의 요구사항은 구체적으로 무엇인지 알고 있는가?
- 신규고객, 기존 고객을 대하는 차별화된 무엇이 존재하고 있는가?
- 신규 경쟁업체, 업종이 우리 상권에 진입하고 있는가?
- 현재 우리 점포의 조직으로 각종 변화에 적절히 대응할 수 있는가?
- 관할 구역의 정책변화가 있는가?

프랜차이즈 가맹본부와 가맹점사업자가 아무리 노력하더라도 고객에게 미충족 되는 욕구는 항상 발생한다. 바꾸어 말하면 고객을 만족시킬 수 있는 기회는 무한히 존재한다는 것이다. 모든 가맹점사업자는 타인보다 잘할 수 있는 자신만의 고유한 능력을 보유하고 있기 때문에 결국 그 능력이 고객과의 교감으로 이루어지게 되면, 자신의 점포가 경쟁우위를 점할 수 있게 된다.

점포의 목표를 명확히 재확인하고 점포 내 ·외부 환경을 분석하여 성공요인을 발견하고, SWOT분석을 통해 외부환경 분석에 의해 얻어진 기회(opportunity)와 위협(threat), 내부환경 분석에서 얻어진 강점(strength)과 약점(weakness)을 파악한다.

기회와 강점은 가맹점 활성화를 위한 최고의 무기이며, 위협과 약점은 자기 가맹점의 최대 단점으로서 향후 발생할 수 있는 사건들을 예측하여 대응전략을 미리 마련해 두어야 한다.

② 마케팅 프로그램 개발: 가맹점이 취할 수 있는 마케팅 전략은 경기 상황, 시장에서의 지위, 성장 단계에 따라 제약을 받게 된다. 시장의 규모나 성장성이 아무리 매력적이라고 할지라도 경쟁이 심하게 되면, 마케팅 비용이 증가되어 예상 수익을 달성하지 못하게 되기 때문에 마케팅 방향성에 관해 진지하게 고려할 필요가 있다. 따라서 경쟁 점포와 비교해서 자기 가맹점이 시도하려는 마케팅 활동이 해당 시장에서 제 역할을 할 수 있고, 차별화된 가치를 제공하여 우위에 설 수 있음을 확인하여야 한다.

가맹점의 마케팅 프로그램을 개발하는 데 사용할 수 있는 다양한 원천 정보는 [표 5-2]와 같다.

[표 5-2]	가맹점의 의사경정을 위한 정보원천

- ○ 소비자의 의견, 불평
- ○ 판매원으로부터의 정보 습득
- ○ 가맹본부 또는 유통업자로부터의 정보습득
- ○ 경쟁업체의 직원
- ○ 대중매체 정보 및 각종 보고서
- ○ 정부의 정책과 규제 사항 등

그리고 가맹점 사업자가 경영을 하면서 꾸준히 관심을 가지고 관찰하여야 할 관심 사항은 다음의 [표 5-3]과 같다.

[표 5-3]	가맹점사업자가 지속적으로 관심을 가져야 할 사항

- ○ 지속적으로 소비자와 거래선을 유지하는 방법은 무엇인가?
- ○ 기존 경쟁환경에 어떤 변화가 있는가?
- ○ 고객의 요구사항은 구체적으로 무엇인가?
- ○ 신규 고객확보와 기존 고객의 유지방법은 무엇인가?
- ○ 신규 경쟁업체의 시장진입에 따른 경쟁우위 요소는 무엇인가?
- ○ 현재 우리 가맹점 조직으로 고객구조 변화에 적절히 대응할 수 있는가?

마케팅 프로그램을 개발하기 위해서는 고객의 만족도와 효율성을 고려해야하기 때문에 시장을 세분화시킨 수 있는 변수들을 사용하여 시장 전체를 같은 욕구 또는 니즈(needs)를 가진 그룹으로 나눠주는 작업이 필요하다. 예를 들어 가격과 기능에 대한 민감도가 높은 상권이라면, 기능별로는 고기능, 보통기능, 단순 기능으로, 그리고 가격별로는 고가격, 중가격, 저가격 등으로 분리하여 고객집단을 나눠 볼 수 있다.

또한 매장내의 안내판, 소모품을 통한 홍보활동과 주변지역의 프로모션과 이벤트를 통해 유동고객의 접근성을 증대시키고, 온라인을 통해 브랜드 홍보와 구전을 확산하는 통합적인 마케팅을 실시하여야 한다. 이러한 통합적인 마케팅이 시행되기 위해서는 가맹본부와의 협조아래 연간 프로모션 계획을 수립하여야 한다.

3.3 판매촉진 마케팅

프랜차이즈 가맹본부가 전국광고를 주요 수단으로 하여 브랜드 이미지를 제고하는 브랜드마케팅을 마케팅활동의 기본으로 한다면, 가맹점들은 본부의 전국광고, 브랜드마케팅의 우산 아래서 점포상권내의 고객들을 대상으로 판매촉진을 기본 수단으로 하는 마케팅을 주로 수행하게 된다. 물론 판매촉진을 위한 수단의 하나인 판촉물 제작 등의 본부의 주도로 이루어진다.

판매촉진을 사용하는 데 있어, 기업은 먼저 목표를 결정하고 이어서 수단을 선택하며 마지막으로 그 결과를 평가하여야 한다. 판매촉진 목표는 여러가지가 될 수 있다. 기업은 단기적인 매출을 증가시키거나 장기적으로 시장 점유율을 증가시키기 위한 목적으로 소비자촉진을 활용할 수 있다. 판매촉진 목표는 소비자들이 신제품을 試用하도록 유인하는 것이 될 수도 있으며, 경쟁사의 제품에서 자사의 제품으로 상표변경(brand switching)을 유도하는 것이 될 수도 있으며, 성숙제품에 대한 추가소비를 유혹하거나, 소매상들이 신제품을 취급하거나 보다 많이 재고로 비축하도록 유인하는 것이 될 수도 있다. 판매원의 입장에서 볼 때는 판매촉진의 목표가 기존 제품 혹은 신제품에 대한 판매원 활동의 지원이라는 것으로 이해될 수 있으며, 판매원들이 새로운 거래선을 확보하는 데 도움이 되는 수단으로 생각할 수도 있다. 판매촉진을 그 혜택을 누구에게 직접적으로 주는가에 따라 소비자촉진, 거래점 촉진, 판매사원 촉진 등으로 나누어지는데 프랜차이즈가맹점의 경우에는 거의 소비자촉진에 주력하게 됨으로 소비자촉진에 대해서만 살펴본다.[67]

[그림 5-5] 판매촉진의 대상

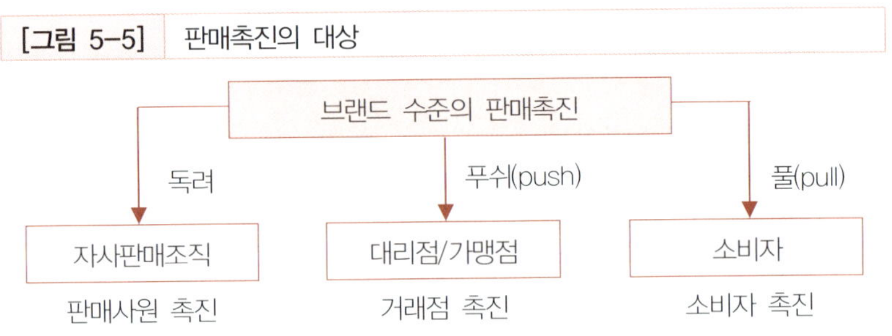

67) Cacciopo, J. and R. Petty(1979), "Effects of Message Repetition and Position on Cognitive Response, Recall and Persuasion," Journal of Personality and Social Psychology, 37, 97-109.

소비자 촉진에는 쿠폰, 경연회, 프리미엄 등 여러 수단들이 포함되는데 이 또한 몇 가지의 특징이 있다. 소비자 촉진은 소비자의 주의를 끌고 정보를 제공함으로써 소비자를 당해 제품으로 유도하는 효과가 있다. 소비자에게 어느 정도의 이점이나 자극 또한 기증물을 제공함으로써 가치를 더해 준다. 제반 판매촉진수단들은 소비자로부터 보다 강하고 신속한 반응을 얻기 위하여 사용된다. 그러나 판매촉진의 효과는 단기적인 것이어서 장기적 상표선호도를 심는 데는 적합하지 못하다. 주요한 소비자촉진 수단으로는 견본, 쿠폰, 현금반환, 가격할인, 프리미엄, 단골에 대한 보상, 구매시점 진열, 전시, 컨테스트, 재고정리세일, 게임 등이 있다.

[표 5-4] 다양한 소비자 촉진수단

소비자 촉진의 수단	
•쿠폰 •견본 •현금반환 •소액할인 •프리미엄	•단골고객에 대한 보상 •구매시점 진열 및 전시 •컨테스트 •경품 •게임

견본(samples)은 소비자에게 소량의 제품 또는 시험용 제품을 제공하는 것이다. 견본은 무료로 제공되기도 하고 견본제작에 사용된 비용만큼 부과시키면서 제공되기도 한다. 견본 배포는 신제품 도입에 가장 효과적인 방법이지만 비용이 많이 소요되는 단점이 있다.

쿠폰(coupons)은 할인권을 발부하여 그 소지자가 일정제품을 구매할 때 할인혜택을 받을 수 있도록 하는 것이다. 쿠폰의 배포방법으로는 우편을 이용하거나 다른 제품에 끼워넣는 방법 또는 광고물에 삽입하는 방법 등이 있다. 쿠폰은 성숙기 제품의 구매를 조장하고 또한 신상표를 조기에 사용하도록 촉진하는데 사용된다.

현금반환(cash refund)이란, 소매점포에서가 아니라 구매후 제조업체에서 가격할인을 해준다는 점이 쿠폰과 다르다. 소비자들은 어떤 제품을 구매했다는 증거를 제조업체에게 제시하고 그 구매액의 일정부분을 우편으로 환불받는 제도를 말한다. 현금반환은 소형내구재, 포장상품뿐만 아니라 자동차 등과 같은 중요한 제품의 판매촉진에도 활용되어지고 있다.

소액할인(price packs 또는 cents..off deals)은 정가에서 소액인하된 가격을 표찰 또는 포장에 표시하여 이 가격으로 판매하는 것이다. 할인되는 금액은 제조업자가 직접 제품의 레이블에 인쇄해 넣는다. 이 방법은 제품 두 단위를 한 단위로 묶어서 가격을 깍아주기도 하고, 치약, 칫솔 등 서로 관계되는 제품을 묶어서 깍아주기도 한다. 이 방법은 단기적인 매출증대를 위해서는 쿠폰보다도 효과적이다.

프리미엄(premium)이란 어떤 제품의 구매를 유인하기 위한 수단으로 다른 제품을 무료로 제공하거나 혹은 저가격으로 제공하는 수단이다. 프리미엄은 포장의 내부에 포함될 수도 있고 또 별도로 제공될 수도 있다. 포장자체가 프리미엄의 수단으로 활용될 수도 있는데, 장식용 주석깡통과 같이 재활용이 가능한 포장이 그 예이다.

단골고객에 대한 보상(patronage rewards)이란 어떤 회사의 제품이나 서비스를 정기적으로 구매하는 고객들에게 주어지는 현금 또는 다른 보상을 말한다. 예를 들어 항공회사들은 일정거리 이상으로 여행하거나, 탑승회수가 빈번한 고객들에게 무료탑승기회를 제공하고 있다. 주요 호텔들은 당호텔에 자주 투숙하는 고객들에게 우수고객제도를 채택하고 있다.

구매시점 진열 및 전시(point..of..purchase displays and demonstration)란 구매시점에 발생되는 촉진활동을 말한다. 불행히도 많은 소매상들은 제조업자로부터 매년 그들이 받아들이는 수백종류의 진열대나, 싸인, 포스터 등을 취급하기를 기피하는 경향이 있다. 제조업체들은 이러한 기피경향을 제거하기 위해 우수한 POP재료를 제공하거나, 텔레비젼 또는 인쇄매체를 이용하여 적극적으로 지원함으로써 소매점을 유인하려고 한다.

컨테스트, 경품 및 게임(contest, sweepstakes, games)이란 소비자들이 행운 또는 추가적인 노력을 통해서 현금, 여행 혹은 상품을 취득할 기회를 제공하는 촉진방법이다. 컨테스트(contest)란 소비자들에게 보상을 주는 것이다. 경품(sweepstakes)이란, 어떤 경연을 통하여 우수한 성적을 얻은 소비자들이 그들의 이름을 제출하고 추첨을 하는 방법이다. 게임(game)이란, 소비자들이 상품을 살 때마다, 빙고 숫자나 글자를 받게 하고 그 글자나 숫자를 조립하여 상을 받도록 하는 방법이다. 판매 컨테스트는 거래점이나 판매원들 중에서 최고의 성과를 보인 사람에게 시상하는 방법이다.

3.4 고객접점 마케팅

프랜차이즈 가맹점의 마케팅활동은 결국 고객접점에서의 인적 판매를 통해 집행된다. 따라서 고객접점에서의 고객만족을 제공할 수 있는 인적 판매의 중요성이 매우 높다.

인적판매는 구매과정상 일정단계 이후 특히 구매자의 선호와 확신 및 구매를 유발시키는 데는 가장 효과적 수단이다. 인적판매는 둘 이상의 사람들간에 생생하고 즉각적이며 상호작용하는 관계를 가질 수 있게 해준다. 당사자는 상대방의 욕구와 특성을 상세하게 관찰하여 즉각적인 조정을 기할 수 있다. 인적판매에 의해서 단순한 판매관계로부터 깊숙한 인간관계에 이르기까지 여러 유형의 관계가 형성될 수 있다. 판매원이 고객과 장기적 관계를 유지하고자 할 때에는 고객의 관심사를 항상 깊이 명심하여야 한다. 인적판매는 고객으로 하여금 판매원의 말에 주의를 기울이도록 하는 일종의 의무감을 부여한다. 고객은 정중하게 거절하는 경우에도 판매원에게 주의를 기울이고 반응을 보일 필요성을 느끼는 것이다. 인적판매의 이러한 효과는 비용이 비싼 데서 오는 결과이다. 판매원과는 장기적인 관계를 맺어야 하며, 광고는 계속하거나 중단할 수 있는데 비해, 인적판매는 판매원의 수를 쉽게 변화시킬 수 없다. 따라서 인적판매에는 많은 비용이 소요된다.[68]

4 프랜차이즈 조직의 마케팅활동과 관련된 문제점

① 프랜차이즈 혜택의 불균등한 배분 문제: 프랜차이즈 시스템이 갖고 있는 하나의 문제는 가맹본부가 전국광고 등의 활동을 매우 효과적으로 잘 했다 하더라도 그 혜택이 모든 가맹점에 골고루 균등하게 배분되지는 않는다는 것이다. 예를 들어 BBQ 제너시스 본사에서 서울 상암경기장에서 거행되는 어느 유명가수의 리사이틀에 광고하고 후원하였을 때, 그 효과는 서울 지역의 가맹점들에게는 매우 크게 나타날 수 있겠지만 지방에 잇는 가맹점에게는 그렇지 않을 수 있다. 또, 서울에서도 지역에 따라 그 효과가 다르게 나타날 수 있다. 이런 경우 그 혜택의 정도에 따라서 경비 부담을 따르게 하여야 하는데, 이론적으로는 쉽지만 실제로 그렇게 하기에는 여러 가지 어려움이 뒤따른다.[69]

② 촉진가격결정 문제: 특정 촉진 프로그램을 집행하거나 지역적인 분규에 대처하거나 정부 등을 대상으로 해결해야 할 문제들이 발생할 경우에 그 비용을 누가 어떤 비율로 부담하여야 하는 가에 따

68) Lagace, R. R. and J. L. Twible(1990), "The Androgyny of Salespeople: Gooses and Genders, or all Geese?" Journal of Behavior and Personality, 6, 641-650.

69) Caffey, A. A.(2002), Franchise and Business Opportunity.

른 문제가 프랜차이즈 시스템에는 항상 존재한다. 특히 가맹본부가 수요를 촉진하고 소비를 독려하기 위하여 촉진가격정책을 가맹점들에게 지시하는 경우에 이런 문제는 더욱 극명해진다. 가맹점의 입장에서 볼 때, 인하된 가격 탓으로 내점 고객은 어느 정도 늘어나고 매출은 증대되겠지만 마진폭의 감소로 실질적인 수익은 줄어들 수도 있을 것이다. 최소한 단기적으로는 그런 부정적 효과가 나올 수 있다. 그러나 가맹본부의 경우에는 매출액의 일정부분을 로얄티로 받아서 수익을 남기는 구조(우리나라의 경우에는 대부분의 가맹본부가 로얄티를 받고 있지 않음)임으로 촉진가격정책이 수익증대에 긍정적으로 작용할 수 있다. 이와 같이 본부와 가맹점의 이해가 상충될 수 있는 문제가 존재하게 된다.

③ 마케팅에 있어서의 무임승차 효과 발생 문제: 프랜차이즈 시스템에 있어 무임승차 효과는 생각보다는 훨씬 더 일반적인 현상이지만 특히 마케팅 활동과 관련하여서는 특히 그러하다. 가맹본부의 브랜드 마케팅에 대한 투자에 적극 동참하고 경비를 분담하여 부담하지 않는다고 하여 브랜드 사용에 있어 제약을 받지 않고, 강화된 브랜드 자산가치의 효과를 누리는데도 아무런 불이익이 없다. 또한, 프랜차이즈 선진국의 경우, 프랜차이즈 계약 시에 가맹점은 매출액의 일정 부분을 지역마케팅(지역내 자체 광고나 지역내 자체 판매촉진)에 투입하기로 계약하는 경우가 대부분인데, 본부는 가맹점이 충분한 지역 마케팅 노력을 기울였는지에 대한 모니터링이 사실상 불가능하며, 가맹점의 경우에는 자발적인 지역 마케팅 활동에 적극적이지 않고서도 인근의 다른 가맹점의 자발적 지역 마케팅 효과를 어느 정도 공유할 수 있다. 따라서 프랜차이즈 시스템에 있어서 가맹점이 이런 무임승차효과를 노리려는 기회주의에 빠지지 않도록 가맹본부의 모니터링 노력과 제도의 구비가 전제되어야 한다.

06장 가맹점 운영에서의 인간관계관리

1 성공적인 종업원 관리

1.1 인적자원관리의 중요성

미래학자 앨빈 토플러에 의하면 다가오는 정보화시대에는 사람의 창조적인 두뇌에 의해 새로운 아이디어가 나오고 이를 기초로 하여 가치가 창조될 것이기 때문에 사람이야 말로 건물과 공장을 대신해서 이윤창조 활동에 있어 가장 중요한 자산이 될 것 이라고 한다.70)

즉, 가치를 창출하기 위한 기업의 목표활동이 사람 즉, 인적자원에 달려 있다는 것이다. 이러한 경영활동의 변화와 더불어 실제로 기업의 인적자원관리에 많은 변화가 일어나고 있다. 과거에 강조되었던 단기적 목표, 개인목표보다는 궁극적인 목적은 기업의 풍토와 문화를 무시한 채, 시스템만을 모방하던 모습에서 탈피, 장기적 안목에서 개인목표와 조직목표의 통합을 중시하고 구성원 개인의 직무보다는 경력개발을 중요시하고 있는데 이러한 현대적 개념의 인사관리를 인적자원관리(Human Resource Managment : HRM)라고 한다. 인적자원관리는 열심히 일하기(working hard)가 아니라 현명하게 일하기(working better)를 추구하고자 하는 것이다.

우리나라의 프랜차이즈산업의 경우 인적자원의 개발 필요성은 다

70) 민경호,(2004), 현대인사관리, 무역경영사.

른 어느 산업분야보다도 시급한 실정임을 공감하고 있다. 프랜차이즈산업에서의 인적자원개발은 해당되는 특정 직무를 수행하는 기술을 향상시키는 훈련뿐만 아니라 전체적인 기업환경에 대한 일반적인 지식과 이해를 증진시키는 교육을 포함하여야 한다.

현대 기업에 있어서 경영전략, 경영조직, 경영관리가 매우 중요한 기업 활동 이지만 결국 이러한 기업 활동을 상호 유기적으로 원활하게 작동하게끔 하는 주체는 사람이다. 기업은 새로운 신입사원을 뽑아 조직에서 필요로 하는 인재를 만들고자 하는 여러 가지 효과적인 제도들을 체계적으로 갖추어 운용하고 있다. 이러한 활동들은 채용관리, 평가관리, 개발관리, 보상관리, 교육훈련 등으로 나눌 수 있다.

[그림 6-1] 인적자원관리의 내용

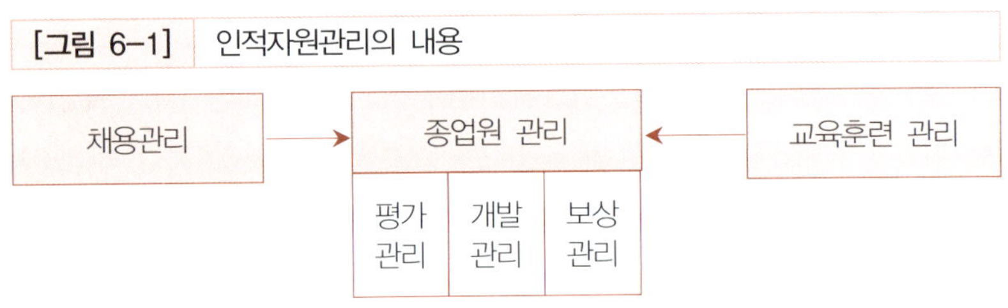

1.2 채용관리

점포를 운영하려고 할 때 상점의 투자자, 즉 점포 경영주 혼자서 점포를 경영하기란 매우 어렵다. 이렇기 때문에 경영주는 조력자인 종업원을 채용해야 하는 것이다. 물론 소규모 점포인 경우 경영주 혼자서 점포를 운영할 수도 있겠지만 그렇지 못한 경우에는 종업원을 채용해야 하는데 전혀 생면부지인 사람을 모집, 채용 한다는 것은 매우 어려운 일이다.

종업원은 점포의 한 부문의 업무를 책임지는 중요한 역할을 하며 종업원의 능력에 따라 점포의 발전이 좌우될 수도 있다. 따라서 채용에 있어서 매우 신중을 기하여야 하며 종업원을 모집하기 위한 적절한 절차 및 채용원칙을 수립하여야 한다.[71]

① 종업원 채용 전에 인원 및 배치계획 수립: 종업원을 채용하기 전에 경영주는 먼저 점포 운영에 몇 명의 인원이, 어떠한 능력을 소유하고 있어야 하는가를 결정해야 한다. 따라서 경영주는 매장의 크기, 고객수, 업무량, 가장 바쁜 시간대 등을 고려하여 적절한 인원계획 및 배치계획을 짜야 한다. 피크시간이 아닌 경우에는 별도로 종업원을 고용할 필요가 없다. 이것은 인건비의 절감 및 고객에게 최상의 서비스를 제공한다는 측면에서 신중히 고려되어야 할 사항이다.

또한 소규모 점포에서는 종업원이 현금을 취급하는 경우가 많으므로 종업원의 신분이 확실한지 확인하는 과정도 필요하다. 종업원이 해야할 직무가 무엇인지 먼저 조사되어야 하며, 이에 따른 필요 인원수 및 요일별 인원의 배치 계획도 수립되어야 한다. 점포에서 필요한 종업원들의 근무할 시간과 기간을 정확하게 결정하는 것은 매우 중요하다. 왜냐하면 지원자들의 근무 가능한 시간과 기간이 점포에서 필요로 하는 여건과 일치하여야 한다.

② 고용 전 작성서류: 종업원 채용 시 지원자들이 작성해야할 서류와 점포 경영주들이 작성해야 할 서류가 있다. 특히 취업신청서는 반드시 작성할 필요가 있는데, 이것은 취업희망자가 점포에 지원을 할 때 작성해야 할 서류이다. 작성된 서류에 있는 정보는 지원자의 인적사항, 학력사항, 그리고 경력사항 등을 요약한 것이다. 취업신청서가 준비되어 있지 않을 시에는 이력서를 받도록 한다.

---

71) Breaugh, J. A.(1984), "Relationship Between Recruiting Sources and Employee Performance, Absenteeism and Work Attitude," Academy of Management Journal, 24(1), 125-140.

③ 면접시 점검해야할 사항: 게시된 포스터 및 구인광고를 통하여 취업을 원하는 희망자가 있을 시에는 먼저 상점 내에 구비된 소정의 신청서 또는 이력서를 제출하도록 하며 이 때 면접 일정 및 시간을 함께 알려준다. 면접시에 점검해야할 사항은, 제출된 취업신청서 또는 이력서 등을 통하여 지원자의 경력 및 가족사항, 성격 등을 확인하는 것이다.[72)]

또한 상점에서 제공할 급여 및 근무일정, 휴무 등에 관하여 정확하게 알려주어 근무 희망자 입장에서도 근무를 결정하는데 있어서 정확한 고려 대상이 되어야 하며, 향후 근무를 할 때 이러한 사항의 변동이 있다면 근무의욕이 절감 될 수 도 있다.

면접시에 중점적으로 점검해야할 사항은

첫째, 이 사람이 정직한 사람인가 하는 점이다. 물론 짧은 시간을 통하여 이러한 사항을 파악하기는 어렵겠지만 면담을 통하여 취업 신청서에 기재된 사항을 확인하다 보면 경영주 입장에서 어느 정도 이러한 점을 확인할 수 있다.

둘째, 기본적인 업무자질을 소유하고 있는가 하는 점이다.

셋째, 책임감이다. 아무리 일을 잘한다 하여도 약속을 잘 지키지 않는다거나 연락 없이 결근을 하는 경우는 점포에 절대 도움이 될 수 있는 사람이 못된다. 특히 면접시간에 늦는 지원자는 절대 고용하지 말라. 처음부터 시간을 어긴다면 이것은 대단히 무책임한 사람인 것이다. 면접이 끝나게되면 사후 통보일자를 알려주고 면접에 응해 주어서 고맙다는 인사를 하며, 채용의사가 없더라도 끝까지 예의 바르게 응대하여야 한다. 취업희망자도 잠재적인 고객임을 명심해야한다

---

72) Fisher, C. and J. Shaw(1993), Human Resource Management, 2nd ed., Houghton Mifflim.

1.3 종업원 평가, 종업원 개발 및 보상

① 인적자원의 평가관리: 확보한 인적자원의 능력, 업적, 자질 등을 평가하는 활동을 말한다. 평가관리는 세부적으로 어떤 평가기준 및 원칙을 채택할 것인가, 어떤 평가항목 또는 평가요소를 선정할 것인가, 평가도구의 적정성을 어떻게 확보할 것인가, 평가방법 또는 평가자 및 절차를 어떻게 확정할 것인가, 평가에 관련된 오류들을 어떻게 최소화 할 것인가, 평가자료는 어디에 반영할 것인가, 평가간격은 얼마나 할 것인가, 그리고 인적자원관리제도 자체의 효율성을 어떻게 평가할 것인가 하는 문제 등이 포함된다.[73)]

② 인적자원의 개발관리: 인적자원의 능력을 최대한 발휘할 수 있도록 일의 기회와 교육훈련의 기회를 부여하는 과정이다. 개발관리는 세부적으로 종업원에 대한 교육훈련의 필요성 분석, 교육프로그램의 내용대상 방법의 선정, 교육훈련의 실시평가와 피드백의 효과적 활용, 승진기분과 승진유형의 결정, 연공이나 능력과 같은 승진요소를 어떻게 반영할 것인가, 전문화 원리에 의한 직무설계방식 이외에 현대 인적자원관리에 적합한 설계방식의구상과 직무순환의 방침을 어떻게 설정할 것인가 하는 문제들이 포함된다.[74)]

또한 경력개발이란 개인으로서 종업원의 경력을 조직내에서 적극적으로 실현시키는 것이며, 조직이 필요로 하는 인적자원의 능력을 계속적으로 확보하고, 조직의 발전을 도모하는 종합적인 인적프로그램 이다. 다시 말하면 평소 업무수행과정이 조직의 발전으로 직결될 수 있도록 개개인의 잠재능력을 개발하고, 장래 성장을 촉진하며, 그것을 준비하는 과정으로서 조직적으로 설계된 체계적인 프로

73) 박원우(1997), 관리자 능력의 본인, 상사, 부하평가의 특성과 그들간의 관계, 한국경영학회 발표논문집, 527-548.

74) 김홍국(1994), 경력개발제도의 성공조건, 노사관계연구, 67-106.

그램을 말한다, 이같은 경력개발의 원칙으로 적재적소배치의 원칙, 승진경로의 원칙, 후진양성의 원칙, 경력기회개발의 원칙 등이 있다.

③ 인적자원의 보상관리: 확보되고 개발된 인적자원이 조직에 공헌한 만큼 금전적・비금전적 대가를 제공하는 활동을 말한다. 보상관리는 조직전체의 보상수준을 어떤 기준에 의하여 책정할 것인가, 보상의 기본원칙을 연공에 의존할 것인가 그렇지 않으면 성과에 의존할 것인가, 기본급 임금체계 중에서 가장 적합한 유형을 어떻게 선정할 것이며 복합기준을 어떻게 설정할 것인가, 개인 또는 집단의 성과에 대하여 어떤 방식으로 인센티브를 지급할 것인가, 수당이나 복리후생, 그리고 퇴직금을 어떻게 관리할 것인가 하는 문제 등이 포함된다.[75]

프랜차이즈 시스템에서 본부가 가맹점에 제공할 수 있는 보상적 힘의 가장 중요한 원천이 물류지원과 영업지원 등의 각종 지도, 지원이다. 가맹본부는 가맹점 사업자의 성공적 운영을 위해 종업원 훈련, 마케팅지원 등 계속적 지원을 제공할 책임과 법적 의무가 있다. 그러므로 가맹본부가 제공하는 서비스지원의 우수성에 대란 가맹점 사업자의 인식도가 높을수록 협력관계가 강화될 것이다.[76]

1.4 교육훈련 관리

점포를 운영하는데 있어 종업원의 교육은 매우 중요하다. 교육은 점포의 발전 및 종업원 자신의 자기개발에 도움이 되는 것이다. 능력 있는 종업원은 하루아침에 탄생하는 것이 아니라 꾸준한 교육 및 훈련을 통하여 얻어지는 것이다.

그러나 상점 경영주 입장에서는 무엇을 교육시켜야 할지 난감한

75) 최종태(1992), 현대임금관리론, 박영사.

76) Belcher, D. W.(1974), Compensation Administration, Prentice-Hall Inc.

경우가 많을 것이며 교육을 시킨다고 하더라도 체계적이지 못하여 교육의 효과가 떨어지게 되는 경우가 많다. 교육이 잘 된 종업원은 점포의 지속적인 원동력이 될 수 있다는 것을 명심하여 점포 경영자는 교육에 대한 시간과 투자를 아끼지 말아야 한다.[77]

교육이라 하면 보통 일방적으로 일정한 장소에 교육대상자를 집합시켜 일방적인 생각을 전달하고 끝나게 되는 경우가 많다. 그러나 효과적인 교육은 이론에 바탕을 두고 실습을 통하여 종업원이 직업해 보도록 하는 것이다. 먼저 교육 담당자가 상황에 맞추어 실례를 보여주고, 종업원이 직접 시행하도록 한다.

시행 후 교육자 또는 종업원이 느끼는 문제점을 서로 논의하여 보완하는 것이 가장 훌륭한 교육의 진행과정이라고 할 수 있다. 점포 내에서 "고객에게 인사는 이렇게 해라",'상품의 포장은 이렇게 해라'하는 주입식 방식이 아닌 교육자 자신이 직접 실연을 하여 종업원에게 보고 느끼도록 하는 것이 가장 중요하다.

교육의 시기는 업무의 연속으로서 필요성이 느껴질 때마다 실시해야한다.[78] 그러나 교육을 필히 해야 하는 적절한 시기가 있는 것이다. 이 필요한 시기에 교육을 받음으로써 종업원은 판매현장에서 교육받은 내용을 적절히 활용할 수 있는 것이다. 종업원이 교육을 받아야 할 시기는 다음과 같다.

- 신입 종업원이 처음 근무를 시작 할 때
- 신입 종업원이 할당된 업무를 처음으로 시작 할 때
- 종업원의 업무처리가 미숙할 때
- 새로운 업무가 도입이 되었을 때

또한 교육은 직접실습을 해야만 확실하게 종업원 자신의 것으로

77) 김식현(1991), 인사관리론, 박영사.

78) Flippo, E.(1984), Personnel Management, McGraw Hill.

만들 수 있는 것이다. 사람은 들은 것에 대하여 쉽게 잊어버리는 특성이 있다. 그러므로 교육을 진행할 때에는 시청각자료 사용 및 직접실습을 할 수 있도록 하면서 단계별 교육을 진행하여야 한다.[79)]

[표 6-1] 가맹점에서의 주요 교육내용

주요 교육 내용	
1. 기본적인 접객용어 2. 인사방법 3. 고객응대자세 4. 복장 차림새 5. 청소 6. 전화 받는 법 7. 상품정보 숙지 8. 포장 방법 9. 무거운 물건 운반요령 10. 계산대 응대방법 11. 상품 검수	12. 판매장비 사용방법 13. 점내 상품 진열방법 14. 창고 상품 진열방법 15. 제안/연계상품 판매 훈련 16. 금전등록기 사용방법 17. 고객불평, 불만처리 18. 재고고사 19. 장비 응급처리요령 20. 비상연락방법 21. 강도 발생시 행동요령

교육의 내용은 점포가 무엇을 파느냐에 따라 달라질 수 있으나 기본적으로 상품을 판매하는 입장에서는 다음과 같은 내용의 교육이 진행되어야 한다.

2 성공적인 고객유치와 관리

2.1 고객특성 및 입지특성의 파악

우선 자기 점포의 주 고객층이 누구이며 이들의 주요 특성이 무엇인지를 파악하여야 한다. 고객특성 분석은 상권분석의 중요한 요소

79) 박경규(1995), 기업의 인력개발에 대한 전략적 접근, 경영논총, 서강대학교.

가 되며 매출증대 및 점포 활성화의 첫걸음인 것이다. 매출이 부진한 점포는 공통적으로 주된 표적고객에 대한 분석이 부족하여선 이에 대한 마케팅 프로그램이 잘못 개발되었기 때문이다.

자기 점포를 주로 이용하는 고객의 연령별, 성별 구성, 시간대별 분포 등에 대한 일차적이고 기본적인 분석이 선행되어야 한다. POS 시스템을 구비하고 있지 않은 점포는 자기 점포의 주 고객층이 누구인지 대충은 얘기할 수 있겠지만 정확히 파악하고 있지 못하는 경우도 많으며, POS 시스템이 도입되어 있다 하더라도 관심이 없거나 능력이 부족하여 제대로 활용하지 못하는 경우도 많다.[80)]

현대적인 POS시스템을 이용하면 주 고객층이 누구인지, 전체의 구성비 중 얼마를 차지하고 있는지 등 고객 데이터를 정확히 분석할 수가 있다. 이러한 고객특성에 대한 데이터 분석은 점포의 마케팅 활동이 지향하여야 할 점을 인식하게 하는데 도움을 준다. 따라서 POS 시스템이 없으면 수작업으로라도 일일 매출 집계표 등을 작성하여 주된 고객층에 대한 특성을 파악하여야 한다.

고객층을 조사할 때는 가급적이면 오전(08:00~12:00), 오후(13:00~18:00), 저녁(19:00~22:00), 심야(23:00~이후)로 시간대를 나누어 파악하는 것이 좋다. 그리고 남녀 성별을 기본으로 어린이, 청소년, 직장인, 중・장년, 노인 등으로 분류하고, 각 시간대별로 매출액을 기록하여 각 시간대별 매출액의 비중을 조사해야 한다. 시간대별 고객층 조사와 매출조사를 통하여 점포 경영자는 정확한 영업현황을 파악할 수 있으며, 각 시간대별로 근무자의 숫자를 조정할 수 있다.

즉, ‘우리 점포는 주고객층이 중장년층, 그것도 여성고객이 70%를 차지하고, 매출은 오후 4시에서 6시에 가장 성시를 이루며, 이 시

80) 이수동, 여동기(2007), 소매경영, 학현사.

간대의 매출이 전체의 50%를 차지한다'는 정도로 점포 영업 현황을 파악하고 있어야 앞으로 매출 증대를 위한 전략 수립에 충분한 기초 자료로 활용할 수 있을 것이다.

또한 입지 특성을 분석하여 취급하는 상품의 구색정책이나 가격정책의 변화를 추진하고 주력상품을 수정하는 등의 관리를 하여야 한다. 예를 들어 개점 초기에는 직장인들이 많이 이용하는 상권이었는데, 시간이 흘러 근처에 아파트단지가 입주하게 되어 주부들의 방문 빈도가 늘어나고 직장인층이 대폭 줄었다면 주부층을 대상으로 하는 영업 정책으로 바꾸고 상품 구색 및 가격조정도 고려하여야 한다.

2.2 고객관계관리

고객관리의 궁극적인 목적은 고객의 핵심적인 욕구를 파악하여 일회 고객, 우연고객을 지속적이고 긴밀한 고객으로 전환하여 고객 고정화를 추구하는 데 있다. 효과적인 고객관계 관리를 위해서는 고객에 대한 데이터베이스가 구축되어야 하며,[81] 가맹점 사업자의 정보 마인드가 매우 절실하다. 가맹점이 일차적으로 손쉽게 얻을 수 있는 고객에 대한 정보는 영업활동 과정을 통해 발생하는 각종 구매 행위와 관련된 정보이다. 과거와 같은 대량/매스 마케팅 방식으로는 고객에 대한 성공적인 접근과 지속적인 관계형성을 통한 고객고정화를 추구하기가 어렵기 때문에 고객 각자의 특성과 구매패턴, 주로 구매하는 상품 및 기호 등을 파악하고 최대한 차별적으로 이를 충족시키려는 노력을 기울임으로써 확실한 표적마케팅을 수행하여야만 여러 마케팅활동과 프로그램의 효과를 높일 수 있을 뿐 아니라 고객 이탈을 미연에 방지할 수 있다. 이러한 효과적인 고객관리를 통해

81) 이수동, 여동기(2006), 유통관리, 법문사.

매출 증대, 반복구매율의 증가라는 일차적인 효과 외에 구전(word of mouth : WOM)효과를 통한 신규고객의 창출, 지역 상권에서의 차별적 경쟁위치의 획득 등의 추가적인 효과를 얻을 수 있다. 가맹점 사업자는 일상적인 영업활동을 통해 얻어지는 고객정보를 이용해 고객과의 관계를 개선시켜 궁극적으로 가맹점의 매출증대는 물론 신규고객확보를 위한영업 개선방향을 수립하는 데 활용할 수 있다.[82)]

사업초기에 양적 고객확보를 위해 고객과의 접촉을 시도했던 Mass Marketing 이 가능했던 시대와 달리 [그림 6-2]와 같이 고객의 관심사가 변화함에 따라 결국 가맹점사업자는 다음과 같은 영업전략 단계를 세워 현업에 적용해야 한다.

i) 고객의 유형별 세분화를 통해 고정고객으로 유도할 방법을 찾는다.
  - 가맹점이 접근 가능한 방식으로 고객 데이터베이스를 확보한다.

ii) 고정고객 데이터베이스를 기반으로 맞춤 서비스를 제공한다.
  - 고객 데이터베이스의 유형별 세분화를 실시한다.

iii) 고객에게 알맞은 정보 및 서비스를 제공하기 위해 지속적인 커뮤니케이션을 유지한다.

iv) 체계적인 고객관리를 통한 세부 서비스 활성화 및 수익창출의 토대를 마련한다.

고객관계관리를 강화하면, 고객을 최우량 고객, 우량 고객, 일반 고객 등으로 세분화하여 차별적(customization)으로 대응할 수 있는 마케팅 프로그램을 개발할 수 있고, 이들로부터 획득된 고객특성 및 구매행태와 관련된 정보를 활용함으로써 자기 점포 고유의 고객관

82) Carlzon, J.(1987), Moment of Truth, Ballingen Press, New York.

리 노하우를 축적하게 될 뿐만 아니라 잠재고객, 신규고객, 비정기적으로 방문하는 고객에 적용하여 우량고객, 최우량고객으로 한 단계씩 끌어 올릴 수 있는 가능성을 높일 수 있다.[83)]

[그림 6-2] 사업시기별 고객관계관리의 변화

사업초창기 (고객정보수집, 관리)	가맹점 사업자 관심사 : 신규고객(시장점유율) 고객관심사 : 누구나를 위한 제품	불특정 다수고객에 대한 일방적 공급을 통한 판매
사업번창기 (고객분석, 고객세분화)	가맹점 사업자 관심사 : 우량고객(고객점유율) 고객관심사 : 우리를 위한 제품	고객의 선별과 집단화를 통한 선별판매
사업경쟁기 (본격적 마케팅)	가맹점 사업자 관심사 : 고객관계 발전 고객관심사 : 나만을 위한 제품	개별고객과의 관계형 밀착판매

[그림 6-3]에서 보는 바와 같이, 고객관계율을 높일수록 주문횟수, 방문횟수, 구매금액은 높아짐에 따라 경제적 이윤창출을 극대화 할 수 있으며, 간접비용을 절감할 수 있게 됨은 물론 신속한 불만처리와 문의에 대한 적절한 응대로 가맹점 신뢰를 높일 수 있다. 이러한 과정을 통해 소비자는 심리적인 만족을 느끼게 되며, 그 동기를 부여해준 가맹점에 대한 태도가 긍정적으로 결국 모든 것이 합당하거나 합리적이라고 간주하는 경향이 있다. 결국 가맹점과 고객 간에 우호적인 관계가 형성되어 파트너십으로 발전할 수 있는 것이다. 비용절감 또는 불황이라는 명목하에 무조건 상품과 서비스의 질을 낮추거나 축소시키는 것보다는 우량고객을 발굴하여 이들을 중심으로

83) Redinbaugh, L. D.(1976), Retailing Management: A Planning Approach, McGraw-Hill.

차별화된 서비스를 마련함으로써 고객 만족도와 충성도를 높여 수익을 극대화하는 것이 바람직하다.

[그림 6-3] 고객관계관리의 변화

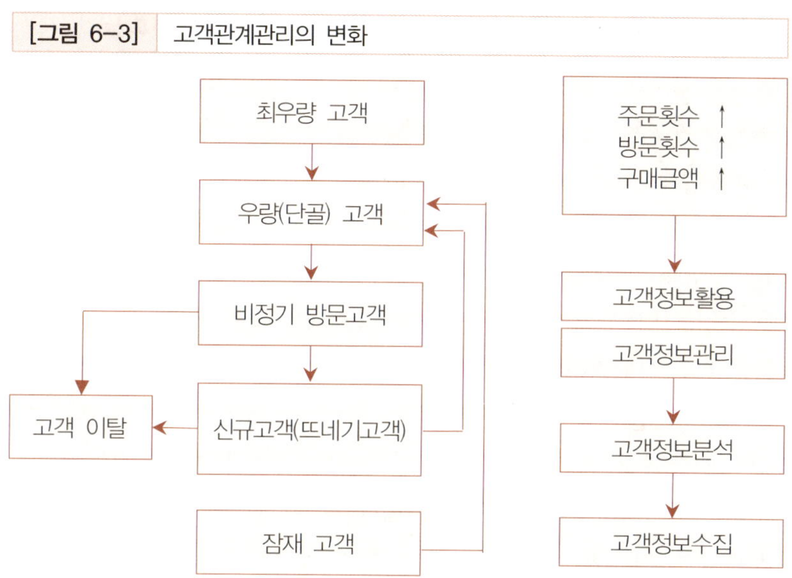

따라서 가맹점사업자는 수집된 고객정보를 통해 보다 더 효율적인 마케팅 활동을 전개토록 하며, 신 메뉴나 이벤트 시행 시 다른 고객에 비해 우선적으로 혜택을 입을 수 있도록 우선순위를 정하는 것이 중요하다.

고객의 관리는 말 그대로 고객만족을 위해 가맹본부의 브랜드 가치를 극대화시키고 가맹점의 매출확대와 비용절감을 꾀하는 데 기본적인 목적이 있다. 비교적 고객의 접점과 신규고객창출이 쉽게 일어나는 프랜차이즈 창업의 경우는 내점 또는 각종 채널을 통해 주문을 시도하는 소비자 그리고 잠재 수요층에 대해 가맹본부의 컨셉과 점포 내·외부의 자료분석을 바탕으로, 서로 다른 만족수준을 지닌 고객에게 각각에 맞는 차별화된 마케팅을 구사하여 소위 나비고객의 마음을 사로잡는 것이 중요하다.

특히 고객은 자신이 경험한 서비스에 대해 상대방의 의향에 관계없이 최종 경험한 느낌과 감정을 원래의 상태로 되돌리지 않으려는 경향이 강하다. 서비스의 특성상 제공하는 동시에 소멸되는 동시성을 갖고 있으나 소비자에게 각인되는 것은 쉽게 잊혀지지 않는 지속성과 전파성의 특성을 갖는다.[84)]

고객관계관리는 소비자 집단의 개별적인 관계로 이어지게 되고 무형재화이기 때문에 표준화에 대한 난이도가 높다. 결국 제공하는 유·무형의 재화 공급이 소비자에게 미치는 모든 영역에 대한 정보를 수집, 분석하고 활용하는 것은 점포 운영 당사자가 가장 잘 알 수밖에 없으며, 가맹본부는 사업 컨셉을 바탕으로 한 전반적인 마케팅 활동의 일부로서 고객관리에 힘을 쏟는 역할을 하게 된다.

따라서 프랜차이즈 업종이라 할지라도 고객이 처음 방문하는 접점시간을 제외하고는 고객관계관리에 대한 부분에 있어서는 가맹본부에 대해 의존할 수 있는 정도가 높지 않다는 것을 인지하여야 할 것이다.

훌륭한 고객관계관리는 고객의 만족을 통해 소비자의 선택기회를 확대함으로써 고객증가와 유지 및 이탈방지를 유도하여 매출증대와 수익증가를 통해 사업의 성공의 지름길을 마련하게 되는 것이다.

2.3 고객접점(MOT)과 POS

① 고객접점(MOT : Moment of Truth)의 중요성: 프랜차이즈 가맹본부가 새로운 브랜드를 탄생시키게 되면, 소비자는 유무선 매체 광고나 전단지, 인근의 가맹점을 통해 그 브랜드를 처음 접하게 되는

---

84) Leonard Berry(1993), Delivering Quality Service, The Free Press, New York.

데 이처럼 소비자가 공급자 측과 마주치는 접점, 이것을 고객접점이라고 한다. 정보통신기기가 발달하면서 고객접점을 매우 다양화되어 있으며, 특히 인터넷 게임업체 등 온라인상에서 사업을 영위하는 경우는 접점이 일, 시간단위라는 개념보다는 초단위에 가깝게 일어나고 있다.[85)]

소비자의 잠재의식 속에 자리 잡고 있는 가맹본부의 사회적 인지도와 브랜드의 수준과 사용 전후에서 느끼게 되는 고객인지도에 비해 접점 순간에서 느끼게 되는 것이 그 브랜드, 점포의 수준평가에 가장 결정적인 영향을 미치게 된다. 따라서 최우량 고객별 서비스 차별화를 위한 경쟁력 확보의 시작점은 고객의 첫 접점에서부터 진행된다는 것을 명심하기 바란다.

MOT는 기업과 고객이 만나는 순간으로서 고객이 기업을 평가하는 순간이다. 그 평가의 순간에 기업의 승부가 결정된다. 그런데도 대체로 고객접점에 종사하는 종업원은 직급이 낮아 재량권이 없으며 업무가 과중한데다 사기도 저하되어 있다. 고객으로부터 평가를 잘 받으려는 동기부여도 없고 고위직에서 주목도 하지 않는다. 그러니 친절한 고객응대 태도나 적극적인 고객만족 서비스를 기대하기가 어렵다.

고객접점 관리에서 중요한 것은 종업원의 품성과 교육훈련에서 나오는 서비스이다. 서비스 품질은 대체로 다음의 다섯 개 차원에서 따져 보아야 한다.[86)]

- 신뢰성(reliability): 약속한 서비스를 정확하게 수행하는 능력이다.
- 반응성(responsiveness): 고객에게 빠른 서비스를 제공하려는 의

85) Carlzon, J.(1987), Moment of Truth, Ballingen Press, New York.

86) Parasuraman A., Valarie, A., Zeithaml and Leonard Berry(1988), "SERVOUAL: A Multi-item Scale Measuring Consumer Perceptions of Service Quality," Journal of Retailing, 64(Spring), 12-40.

지의 결과이다.

- 보장성(assurance): 접객지식, 정중한 예의, 신뢰를 심어 줄 수 있는 능력에서 나온다.
- 공감성(empathy): 고객의 개인적인 요구에 대한 배려 및 보살핌에서 나온다.
- 유형성(tangibles): 시설, 인테리어, 종업원 복장, 청결도 등등 외양의 중요성을 말한다.

② POS의 중요성: 많은 가맹점사업자들은 POS(Point of Sales)에서 제공되는 기능을 제대로 활용하지 못하고 있다. 그 이유는 가맹점 형태가 생계형 창업이 많아 영업관리에는 관심이 없다는 점과 주문접수와 결제처리 외에는 쓸모가 없다고 인식하고 있는 경우가 많기 때문이다. 하지만 POS 시스템은 판매 시점에서 매출정보를 등록하고 계산하는 기능 외에 가맹점사업자에게 매출동향 파악, 적정재고 유지, 상품관리 등에 대한 자동적인 관리가 가능하게 함으로써 매출증대를 위한 모든 정보를 통합 관리할 수 있다는 장점을 지니고 있다.

2.4 고객만족

만족하는 고객만이 구매자가 되고 재구매자가 된다. 매출을 통한 이익 실현이 마케팅의 과제이고 그것이 고객만족을 통해 가능하다는 논리는 자명하므로 고객만족경영은 마케팅 관리의 목표가 된다.

고객만족 마케팅의 초점은 신규고객 발굴이나 유치보다 기존고객의 유지에 있다. 그 논리는 이렇다. 첫째, 신규고객 유치에 드는 만족비용보다 기존고객의 유지에 드는 만족비용이 훨씬 싸게 먹힌다. 둘째, 그럼에도 불구하고 기존고객의 유지가 신규고객의 유치에 훨씬 더 효과적이라는 것이다. 즉, "고객이 고객을 부르게 만든다"는 것이다. 기업의 유능한 영업사원들은 이 진리를 이미 충분히 체득하고 있다. 이것이 각 기업에서 선발하는 판매왕들이 이구동성으로 말하는 영업비결이라는 것을 자주 확인하게 된다.

반면에 무능한 영업사원은 고객유치와 고객유지를 분리해서 생각한다. 유지된 고객의 가치는 재구매시에만 있다고 생각하고 평소에는 방치한다. 그리고 대부분의 영업활동시간을 미지의 신규고객 시장에서 보낸다. 재구매 시점에 맞추어 기존고객을 접촉할 때의 성공확률은 극히 적을 것이다. 고객의 마음은 이미 떠나 있고 무능한 영업사원은 이미 마음이 떠난 고객까지 만나야 하니 더욱 바쁘다.

기존고객 유지전략에 있어서 세계적으로 뛰어난 기업은 일본의 도요타 자동차이다. 도요타 영업사원은 한 번 고객과 인연을 맺게 되면 고객과 영업사원이라는 관계를 넘어 자연스럽게 그 가정의 일원이 되기까지 관계를 발전시킨다. 자동차의 경우 재구매 간격이 보통 5년 이상이므로 만약 재구매만을 기존 고객의 가치로 생각한다면 도요타의 영업전략은 대단한 낭비이다. 그러나 그것이 낭비가 아니기 때문에 오늘의 도요타가 있다.

개발된 고객이 그대로 유지되는 것은 아니라는 점을 유의해야 한다. 대부분의 기업이 고객의 이탈율을 제대로 파악도 못하고 있을 것이다. 이탈된 고객들은 좋은 감정을 가지고 있을 리 없다. 시장에서 '사명감'을 가지고 테러리스트의 역할을 수행하게 되는 것이다.

고객창출과정에서 또한 강조하는 것이 고객의 불평관리이다. 불평은 겸손히 들어 주기만 해도 대부분 많은 부분이 해소된다. "불평하는 고객이 최상의 고객이다"라는 말에 들어 있는 고객 불평의 가치는 다음 네 가지로 요약할 수 있다.

고객의 불평뿐만이 아니라 시장의 반응은 무엇이든 마케팅 능력의 개선에 도움이 된다. 고객의 칭찬은 장점을 더 강화시킬 수 있다.

시장의 반응에 대해 기업이 다시 응답함으로써 고객과의 관계가 점점 더 긴밀해진다.87)

[표 6-2]	고객관계관리를 통해 획득할 수 있는 정보
품질 관리 정보	•불평은 가장 경제적인 품질관리 정보임. •형체가 없는 서비스 상품의 경우 유일한 품질관리 정보원임.
이탈 경고 정보	•고객이탈을 예고해 주므로 고객유지 기회임. •불평고객은 아직도 고객으로서의 미련을 가지고 있음.
만족 강화 기회	•적극적 불평 처리로써 더 충성고객을 만든다. •제품만으로는 만점이 어려우나 불평 예방 · 처리서비스로 만점 가능.
이탈 예방 기회	•불평을 방치하면 잠재 시장에서 테러리스트 역할을 함. •불평이 과장되지만 고객은 고객의 말을 더 잘 믿는다.

또한 친절 서비스의 중요성에 대해서 아무리 강조하여도 지나치지 않는다. 매장을 찾는 손님은 상품뿐만 아니라 친절을 산다. 친절은 어떤 포장지보다도 더 훌륭한 포장지 역할을 하는 것이다. 실제 겉포장지는 벗겨 내면 그 뿐이지만 친절이라는 포장지는 벗겨 낼 수도 없고 빛이 바래지도 않으며 무엇보다도 비용이 들지 않는다. 겉모습만의 친절만이 아니라 마음에서 우러나오는 친절이 있으면 반드시 고객은 그에 대한 보답을 하게 될 것이다.

그리고 이에 못지않게 중요한 것이 효과적인 고객불만처리이다. 불만족한 고객 20명 중에서 1명만이 불만을 토로한다고 하니 불만을 이야기하는 고객이야말로 얼마나 고맙고도 귀중한 고객인가. 효과적인 불만 고객 대응을 통하여 품질관리정보 파악, 이탈경고정보 파악, 만족강화기회 확보, 이탈예방기회 확보 등을 추구할 수 있다.

87) Hochschild, A.(1983), The Managed Heart Commercialization of Human Being, University of California Press.

07장 가맹본부 및 동료 가맹점사업자와의 관계

프랜차이즈사업은 가맹본부가 자신의 사업모델을 상호, 브랜드, 매뉴얼, 원부자재 등 유·무형의 자원을 가맹점사업자에게 제공하면서 가맹점사업자의 투자와 사업노력으로부터 수익을 얻는 사업방식이다. 최고의 프랜차이즈시스템은 가맹본부나 가맹점사업자 중 어느 일방이 아닌 모두가 부(wealth)를 얻을 수 있는 시스템이다. 따라서 가맹본부와 가맹점사업자 간의 관계를 올바르게 설정하고 협력관계를 유지하는 것이야말로 프랜차이즈사업의 성공을 위해 매우 중요하다 할 것이다.

그러나 가맹본부와 가맹점 간의 상호협력은 말처럼 그리 쉬운 것이 아니다. 가맹본부와 가맹점은 추구하는 목표가 다르고, 현실에 대한 인식이나 각자의 역할에 대한 인식이 다르다. 이는 갈등을 낳고 분쟁과 소송을 촉발한다.

1986년 Pizza Hut은 Domino's의 도전에 시달리고 있었다.[88] 빠른 배달을 경쟁우위요소로 하는 Domino's의 도전은 매우 심각한 것이어서 Pizza Hut은 자사 고유의 배달 시스템을 수정할 필요가 있다고 판단하였다. 그러나 수천개의 Pizza Hut의 가맹점사업자는 테이블에 앉아서 식사를 즐기는 레스토랑 형태의 점포운영에 만족하고 있었다. 대부분의 가맹점사업자는 가맹본부의 배달시스템 수정안에 대해 '고장나지 않은 것을 왜 수리해야 하는가'라는 생각을 하고 있

88) Spinelli, Stephen Jr., Robert M. Rosenberg, and Sue Birley(2004) *Franchising: Pathway to Wealth Creation*, London: Prentice Hall.

었다. 새로운 배달시스템은 가맹점사업자에게는 비용 증가를 의미한다. Pizza Hut 본사가 통제하는 전화주문 배달시스템에 대한 실험이 이루어지면서 가맹본부와 가맹점사업자 사이에는 긴장이 조성되었으며 급기야 소송으로까지 이어지면서 Pizza Hut 전체 시스템은 동요하였다. 당연히 경쟁사에 대항하기 위해 배달시스템을 도입하여야 함에도 불구하고 왜 소송이라는 사태까지 가맹본부와 가맹점사업자 간에 심각한 갈등이 전개되어야 했는지에 대해서는 많은 논란이 있다. 한 가지 확실한 것은 가맹본부와 가맹점사업자 간의 파트너십에서 각자가 중요하게 생각하는 핵심쟁점에 대한 이해와 관심이 부족하면 시스템이 붕괴할 수 있다는 것이다.

1 가맹점과 가맹본부의 역할과 상호작용

프랜차이즈시스템 내 가맹본부와 가맹점은 각자에게 주어진 역할을 수행하며 상호작용한다. 이들 간의 상호작용은 고객이 원하는 제품/서비스를 제공하고 프랜차이즈 시스템을 유지하기 위해 반드시 필요하다.

가맹본부는 가맹점과의 상호작용에서의 기본 원칙을 설계한다. 가맹본부는 입지선정에서부터 건물신축 혹은 임대, 장비구입, 종업원 교육훈련, 개점행사에 이르기까지 표준화된 매뉴얼을 통해 가맹점을 지원하는 역할을 수행한다. 가맹점은 가맹본부가 설계한 상호작용의 기본원칙을 현지 특성에 맞게 조정하고 보다 세밀화하는 역할을 한다. [표 7-1]는 일반적으로 가맹본부-가맹점 간의 상호작용에 있어 각자가 수행해야 하는 역할을 보다 상세히 보여주고 있다.[89)]

89) Spinelli et al.(2004), 앞 책 pp.109-112에서 수정 인용.

[표 7-1] 가맹본부와가맹점의 역할

거래관계에서의 역할		가맹본부	가맹점
초기 지원	입지선정 및 확보	• 목표고객을 서브하기 위한 최적 입지의 핵심요소 정의 • 점포임대 및 구입 계약과 관련된 조언제공	• 선정기준의 현지시장에의 적용 • 점포임대 및 구입 협상과 실행
	구획정리(zoning) 인허가	• 구획정리와 관련된 법률/조례 조언 • 변호사, 엔지니어 등 전문가 자문 요청	• 구획정리 관련 전문컨설턴트 고용 • 담당 공무원/위원과의 회합
	점포신축	• 설계 및 건축공정관리 • 경영자문	• 지자체 승인 획득, • 입찰 실시 및 건축업자와의 일상적 관계 유지
	설비구입	• 설비업자와의 협상	• 구매시기 및 설치시기 결정, 대금지불
초기 및 계속 지원	제품공급/재고관리	• 효율적 재고관리수준 및 주문량 결정 • 제품명세서 작성, 평가 및 승인 • 전국 공급업체와의 협상 및 계약관리	• 제품 주문 및 재고관리 • 일부 원부자재의 현지 공급업체 선정 및 재고관리
	종업원 교육훈련	• 가맹점사업자 및 최초 종업원에 대한 교육프로그램 개발 및 실시	• 신규 종업원에 대한 지속적 교육실시
	마케팅	• 개점 초기 마케팅 기본계획 디자인 • 현지 고객화에 대한 조언 • 지역광고위원회 위원 선출참여	• 마케팅계획 고객화 및 실행, 지역프로모션 개발 • 지역광고기금 출연 • 지역광고위원회 위원 선출 및 참여
	광고	• 광고컨셉, 메시지, 광고물 제작 • 전국광고/판촉행사 개발 및 실시	• 현지 매체에 의한 지역광고 및 판촉활동 전개
	점포운용	• 사업모형 및 점포운용 매뉴얼 개발	• 사업모형 고수 • 기밀유지

거래관계에서의 역할		가맹본부	가맹점
	교육훈련	• 교육부서 신설 및 교육도구 개발 및 매뉴얼화	• 종업원 교육훈련
	현지 검사/감시 감독	• 운영매뉴얼에 기반한 평가기준 작성 • 수퍼바이저에 의한 현장 조언	• 수퍼바이저와의 협력 • 운영상 문제점 의사소통
	연구개발	• 직영점 운영 및 가맹점과의 지식 공유	• 가맹본부와의 문제해결 및 의사소통 • 신제품 테스트 장소 제공

가맹본부-가맹점간 상호작용은 여러 영역에서 이루어진다. 가맹점과 가맹본부는 상호작용 영역에 있어 우선순위를 가지고 있다. 만약 우선순위가 높은 영역에서 갈등이 발생하면 가맹점이건 가맹본부건 합의에 맺은 계약을 위반하고 소송으로까지 가는 경우도 발생한다.

가맹본부의 입장에서는 가맹점과의 관계를 원만히 가져가기 위해서는 이들 활동에 우선순위를 두어야 한다. 중요한 쟁점을 집중적으로 관리함으로써 가맹본부는 가맹점에 대한 관리를 효율적으로 할 수 있다. 또한 가맹점의 불만을 효과적으로 감소시켜 장기적인 관계발전을 도모할 수 있다. 가맹점이 민감하게 반응하는 영역은 점포운영과 현지 마케팅활동과 관련된 것이다. 그 구체적인 항목은 [표 7-2]와 같다.[90)]

역으로 가맹점의 경우에도 가맹본부가 매우 민감하게 생각하는 상호작용영역이 무엇인가를 파악하고 있어야 한다. 가맹본부는 개별 점포의 운영이나 현지 마케팅활동보다는 프랜차이즈 시스템 전반에 걸친 점포운영과 마케팅활동에 관심을 가진다.

---

90) Spinelli et al.(2004), 앞 책, p.81.

[표 7-2]	가맹점에게 매우 민감한 상호작용 영역

상호작용영역	구체적 서비스 내용
점포운영	• 수퍼바이저의 점포방문 • 공식적인 점포 점검 • 수퍼바이저의 점포 방문시간 • 가맹점의 관심사에 대한 수퍼바이저의 반응과 문서화 • 긴급사태에 대한 수퍼바이저의 반응 • 전반적으로 수퍼바이저가 가맹점 성공에 미치는 영향
마케팅	• 마케팅 자료(판촉물, 전단 등)의 가치 • 현지 마케터가 도움이 되는 정도 • 필요할 때의 적시 지원 • 마케팅 자료/정보의 수집과 공유 • 현지 마케터와 가맹점이 함께 보내는 시간 • 전반적으로 현지 마케터가 가맹점에 미치는 영향

대리관계로서의 프랜차이즈사업

가맹본부와 가맹점 간의 관계는 대리관계의 한 형태이다. 대리관계는 의뢰인(principal)과 대리인(agent) 간의 관계를 말한다. 일반적으로 프랜차이즈관계에서 의뢰인은 가맹본부가, 대리인은 가맹점사업자가 된다. 가맹점은 가맹본부를 대리하여 매장을 관리하고 고객을 응대하며 지역시장에서 마케팅활동을 수행한다. 그러나 제품개발이나 광고활동과 같은 기능에 있어서는 가맹점사업자가 의뢰인이고 가맹본부가 대리인이 된다. 대리인인 가맹본부의 잘못된 정책은 가맹점에게 막대한 손실을 끼친다. MacDonald's의 창업자인 Ray Krok은 파인애플로 덮은 훌라버거(hula burger)를 모든 가맹점으로 하여금 취급토록 한 바 있다. 그러나 소비자는 훌라버거에 전혀 관심을 보이지 않았으며 이는 가맹점의 막대한 손실로 이어졌다.

대리관계에서는 역할수행에서의 과오도 문제가 되지만 기회주의적 행위(opportunistic behavior)가 더 큰 문제가 된다. 프랜차이즈사업에 관한 많은 연구는 시스템 내 기회주의적 행위가 왜 발생하고 이를 어떻게 통제할 수 있는가에 관심을 두고 있다.

기회주의적 행위에는 무임승차(free riding)와 책임회피(shirking)의 두 가지를 들 수 있다. 무임승차는 자신에게 주어진 책임을 다하지 않으면서 상대방의 노력을 통해 이득을 보고자 하는 것을 말한다. 무임승차의 대표적인 예는 가맹점이 가맹본부와 협력광고를 약속하고 이를 이행하지 않는 경우를 들 수 있다. 협력광고는 브랜드 가치를 높이는데 기여한다. 가맹점이 가맹본부의 브랜드에 의해 이득을 보면서 브랜드에 대한 투자를 하지 않는다는 것은 상대방의 노력에 의해 이득을 보면서 정작 자신은 이에 대한 비용을 지불하지 않겠다는 것이므로 무임승차에 해당된다.

책임회피는 계약서상의 책임에 태만한 것을 말한다. 저급의 저가 재료를 활용하는 것이 하나의 예라고 할 수 있다. 등급이 낮은 쇠고기를 햄버거 재료로 쓴다거나 함량을 줄이는 경우 소비자 불만은 커지고 해당 브랜드의 평판은 낮아진다. 이는 필연적으로 전체 프랜차이즈시스템에 악영향을 미치게 된다. 책임회피는 소비자의 매장방문이 반복적으로 이루어지지 않는 장소, 예를 들어 관광지 같은 곳에서 자주 발생한다.

가맹본부나 가맹점은 상대방의 기회주의적 행위를 어떻게 통제할 수 있는가에 관심을 가진다. 특히 가맹본부의 경우에는 특정 가맹점의 기회주의적 행위에 의해 전체 시스템의 붕괴가 이루어질 수 있다는 점에서 이를 철저히 통제하고자 한다. 1993년 미국의 Jack in the Box의 가맹점 한곳이 부주의로 부패한 고기를 판매하였고 이를 먹은 소비자가 사망하는 사건이 발생하였다. 이는 프랜차이즈시스템 전체의 평판에 심각한 손상을 끼쳤으며 매출이 급감하기 시작했다. Jack in the Box가 사건 발생이전의 매출을 회복하는데는 무려 7년이 걸렸다,

가맹본부와 가맹점은 과연 상대방이 자신에게 주어진 역할과 책

임을 다하고 있는가를 감시감독할 필요가 있다. 그러나 상대방의 모든 행위를 감시감독할 수는 없다. 이는 비용이 많이 들뿐만 아니라 상호관계에 대한 확신을 잠식하기 때문이다. 상대방의 어떤 행위를 감시할 것인가에 대한 우선순위를 부여하는 것은 감시감독을 효과적이고도 효율적으로 이루어지게 한다. 정보시스템의 구축도 감시감독을 수월하게 한다. 이는 가맹본부로 하여금 큰 노력이 없더라도 가맹점의 매출을 파악할 수 있게 해주며 이에 근거해 로열티를 청구할 수 있는 근거가 되고 있다. 가맹점은 본부의 정보시스템을 통해 가맹본부의 생산스케쥴, 프로모션자료, 제품관련정보 등을 확인할 수 있다.

그러나 감시감독에 의한 기회주의의 통제는 사후적, 다시 말해 계약이 체결된 후에 이루어진다는 점에서 한계가 있다. 보다 효과적인 통제수단은 사전에 기회주의적 성향을 가진 가맹본부나 가맹점사업자를 배제하고 유능하고 동기부여된 파트너를 선정하는 것이 중요하다. 이를 위해 가맹점사업자나 가맹본부는 계약체결 전에 상대방의 동기와 능력을 면밀하게 분석할 필요가 있다.

기회주의를 억제하는 다른 수단으로는 기회주의적 행위를 통해 얻을 수 있는 성과보다 협력적인 행위를 통해 얻을 수 있는 성과가 더 크도록 보상이나 처벌을 제공하는 방법이 있을 수 있다. 프랜차이즈계약은 가맹본부와 가맹점의 기회주의적 행위를 억제하는 인센티브로서의 성격을 지니고 있다. 예를 들어 가맹점이 책임회피와 같은 기회주의적 행위를 보일 경우, 가맹본부가 재계약이나 계약연장을 철회함으로써 경제적 불이익을 주는 것은 가맹점의 기회주의적 행위를 억제하는 인센티브의 한 예라 할 수 있다.

또 다른 수단으로는 가맹본부와 가맹점이 공통의 가치와 규범을 공유하는 방법이 있을 수 있다. 이는 공동목표의 설정을 가능하게 해주며 이를 성취하기 위해 가맹본부와 가맹점이 함께 자발적으로 협력하게 한다. McDonald's가 Hamburger University, BBQ가 치킨 대학을 통해 자사의 경영철학과 경영기술을 교육시키는 것이 그 예라 할 수 있다.[91)]

2 가맹본부-가맹점 관계의 역동성

시장상황이 변화하면 가맹본부와 가맹점 간의 관계도 변화하여야 한다. 환경변화는 종전의 계약에서 주어진 가맹본부와 가맹점의 권리와 의무에 영향을 미친다. 과거에는 공평했던 규칙이 상황이 변화하면 불공평할 수 있다. Pizza Hut이 Domino's의 도전에 대응하기 위해 배달을 도입하고자 하였을 때 상당수 가맹점이 과연 배달이 자신의 점포운영에 긍정적인 성과를 가져올지 아니면 부정적인 성과를 가져올지에 대해 의문을 가지는 것은 당연한 것이다.

환경변화에 대처하는 과정에서 가맹본부와 가맹점은 상반된 인식을 가질 수 있다. 인식의 차이는 갈등을 낳는다. 그리고 가맹본부와 가맹점간의 갈등은 많은 경우 소송으로 이어진다. 미국의 경우 전체 가맹본부의 50%가 소송에 휘말려 있다. 30%의 가맹점이 가맹본부와의 관계에 불만족을 가지고 있다. 갈등이 반드시 나쁜 결과를 가져오는 것은 아니지만 소송으로까지 가는 경우 가맹본부와 가맹점이 지불하는 비용과 시간, 노력은 막대하다. 무엇보다 소송이 진행되면서 가맹본부와 가맹점 간의 향후 관계는 악화되기 쉽다.

가맹본부-가맹점 간의 역동적 관계는 크게 (1)부의 창출(wealth creation), (2)의사소통(communication), (3)브랜드(the brand), (4)이탈비용(exit costs)의 네 가지 측면에서의 변화를 통해 관찰된다.

---

91)임영균, 안광호, 김상용(2006), 유통관리, 학현사.

2.1 부의 창출

가맹본부와 가맹점은 상대방이 자신이 원하는 부의 창출에 도움이 될 때 관계를 유지하고자 한다. 만약 상대방과의 관계를 통해 창출하는 부가 최소한의 투자수익율에 미치지 못하면 관계를 유지하고자 하지 않는다. 대부분의 프랜차이즈 시스템은 최소 투자수익율에 미치지 못하는 가맹점을 일부 가지고 있다. 극히 일부라면 몰라도 이러한 가맹점이 일정규모 이상으로 많은 경우에는 이들의 불만은 표면에 드러나고 하나의 세력을 형성하게 된다.

성과가 저조한 가맹점이 가지는 불만은 크게 두 가지다. 하나는 로열티가 너무 높아 이로 인해 자신의 수익성이 나빠지고 있다는 것이고, 다른 하나는 가맹본부가 제공하는 서비스가 미흡하다는 것이다. 이유가 어느 것이건 가맹점의 성과가 기대에 못미치면 이들의 불만과 가맹본부와의 갈등은 커지게 된다. 만약 극소수 가맹점만이 문제라면 이들과의 계약을 종료하거나 인수하는 방안을 검토할 수 있다. 그러나 다수의 가맹점이 수익성에서 문제가 있다면 이는 심각한 문제가 있는 것으로 받아들여야 하며 근본적인 타개책을 마련하여야 한다.

가맹점이 프랜차이즈 시스템을 통해 부를 창출할 수 없다면 이들이 가맹본부와 관계를 지속할 이유가 없다. 평균 계약기간이 15년이라는 점을 고려한다면 성과가 저조한 가맹점의 입장에서는 당장 이탈하기도 어렵다. 어두운 미래만이 계속될 것이라는 판단이 서면 극단적인 행동이 나오기 쉽다.

다수의 가맹점이 최소 투자수익율에 미치지 못하고 있고 가맹본부에 대한 로열티를 내지 않거나 계속 연기하는 경우에는 계약수정을 통해 이들에게 로열티를 감면해주거나 여타 수익성을 개선할 수 있는 방안을 모색해야 한다. 그렇지 않다면 이들 가맹점은 단체행동이나 소송을 통해 문제를 해결하고자 할 것이다.

또 한가지 언급해야 할 것은 수익의 공정성(fairness)이다. 가맹본부와 가맹점이 프랜차이즈시스템을 통해 얻는 부는 공정해야 한다. 공정하다는 것은 동등해야 한다는 것은 아니다. 각자 얻는 수익이 각자의 투자와 노력에 비례할 때 공정성은 확보된다. 만약 공정한 이익의 배분이 이루어지지 않고 있다는 인식이 들게 되면 심각한 갈등이 발생할 수 있다.

2.2 의사소통

의사소통은 성공적인 프랜차이즈 시스템의 중요한 특징 중의 하나이다. 프랜차이즈사업은 장기계약관계이며 계약기간동안 수많은 변화에 직면하게 된다. 만약 가맹본부와 가맹점 간의 의사소통이 원활하지 않은 경우에는 예기치 못한 변화에 대처할 수 있는 능력은 떨어지게 되며 이는 가맹본부나 가맹점 모두에게 도움이 되지 않는다.

가맹본부의 공식 혹은 비공식적인 의사소통시스템, 특히 가맹점을 관리하는 수퍼바이저의 의사소통기구로서의 역할은 매우 크다. 가맹점의 입장에서는 자신이 신뢰할 수 있는 수퍼바이저와의 의사소통이 자주 또한 명확하게 이루어진다면 설령 가맹본부와의 갈등이 발생하더라도 더 이상 악화되지 않고 오히려 순기능을 발휘할 수 있다. 그러나 반대의 경우에는 갈등이 악화되고 역기능적인 결과를 가져오기 쉽다.

가맹본부는 공식 혹은 비공식적인 의사소통 시스템을 활용하여 가맹점과 계속 의사소통을 모색하여야 한다. 뉴스레터, 이메일, 전화, 사적 방문 등 다양한 의사소통수단을 활용하는 한편, 정기적으로 점포영업에 대한 보고서를 입수하여 이들의 재무상태를 확인하고, 광고 및 판촉 자료와 전략을 미리 공개하며, 전국 혹은 지역별로 정기 회합을 통해 가맹본부의 전략계획을 소개하고, 가맹점이 점포 운영에 활용할 수 있는 공식적인 사업계획서나 교육용 교재를 제공하는 것 등이 포함된다.

가맹본부가 가맹점사업자와의 의사소통을 회피하거나 게을리하는 것은 불길한 미래의 징조라고 할 수 있다. 가맹점사업자는 자신의 가맹본부가 의사소통을 위해 얼마나 노력하고 있는가를 다음과 같은 질문을 통해 검증할 필요가 있다.[92] 만약 이들 질문에 대한 대답이 '예'인 경우 가맹본부의 의사소통 노력은 긍정적으로 평가할 수 있다.

- 의사소통에 앞서 가맹본부가 자신의 사업개념과 아이디어를 명확히 정의하고 있는가. 다시 말해 가맹본부가 가맹점사업자에게 전달하고자 하는 것을 스스로 충분히 이해하고 있는가.
- 가맹본부가 가맹점사업자의 상황을 분석하고 적절한 지시나 명령을 내리는가.
- 가맹본부의 의사전달은 간결하고 명확하며 신속한가.
- 가맹본부는 가맹점사업자로부터 피이드백을 받고 있는가.
- 가맹본부가 긍정적인 사고를 가지고 있는가.
- 가맹본부는 가맹점사업자와의 의사소통이 중요하다는 말을 하는가.
- 가맹본부는 가맹점사업자의 아이디어나 충고를 받아들일 자세가 되어 있는가.
- 가맹본부는 가맹점사업자가 문제에 봉착할 때 이를 해결하도록 격려하는가.

92) Vincent, William S.(2009), 'The Basics of Franchising: The Relationsihp,' Franchising World, March, 58-62.

2.3 브랜드

프랜차이즈시스템의 브랜드가 지닌 가치는 가맹본부와 가맹점의 관계를 지속하게 하는 중요한 요소이다. 가맹점사업자는 브랜드가치에 대한 평가를 수시로 한다. 브랜드가치야말로 미래의 수익을 결정하는 가장 중요한 요소이기 때문이다.

만약 브랜드가치가 낮다고 판단되면 가맹점사업자는 관계를 유지하는 것이 바람직한가에 대한 의문을 가지게 되며 가맹본부와의 관계는 흔들리게 된다. 미국의 프랜차이즈 업계에서는 소위 '인내의 7년 한계'(seven-year itch)라는 말이 있다. 가맹점이 7년 동안 기대한 성과를 얻지 못하는 경우에는 더 이상 참지않고 이탈 등 행동에 나선다는 것이다.

가맹본부와 가맹점은 브랜드를 공유한다. 브랜드개발과 관리의 책임은 가맹본부에게 주어져 있지만, 브랜드가치의 제고는 가맹본부만이 할 수 있는 것이 아니며 일정부분 이를 활용하는 가맹점의 협력이 있어야만 한다.

2.4 이탈

성과가 저조한 가맹점은 프랜차이즈시스템으로부터 이탈하고자 한다. 이들은 자신만의 사업을 모색하기도 하며 아예 사업을 접기도 한다. 문제는 가맹점으로부터 얻는 성과가 저조하다면 새로운 인수자를 구하는 것이 쉽지 않다는 것이다.

가맹점이 가맹본부와의 관계를 청산하고 이탈하는 데는 일정한 비용이 수반된다. 만약 이탈에 따른 비용이 이탈에 따른 추가수익보다 큰 경우에는 이탈이 쉽게 이루어지지 않는다. 그러나 그 반대의 경우라면 이탈이 적극 모색된다.

이탈비용은 크게 (1)서비스제공시스템, 운영시스템, 교육프로그램 등 사업과 직접적으로 관련되는 비용, (2)법률 서비스수수료 등 이탈에 직접적으로 관련된 비용, (3)사업가로서의 지위상실 등 심리적 비용, (4)점포전환비용, 예를 들어 간판, 내부인테리어 등 물리적 자산의 상실이 포함된다.

이탈비용을 정확히 추정하는 것은 어렵다. 이들 비용 중 일부는 계량화가 쉽지만 일부는 계량화가 쉽지 않다. 또한 이탈에 따른 비용과 수익을 추정함에 있어 현재의 비용수익 뿐만 아니라 미래의 비용수익이 어떻게 변화할 것인가에 대한 예측도 하여야 하기 때문이다.

3 가맹본부-가맹점 간 파트너십 형성

프랜차이즈 시스템은 가맹본부와 가맹점 간의 파트너십을 기반으로 발전한다. 가맹본부와 가맹점이 파트너십을 형성하는 것은 프랜차이즈사업에 있어 가장 중요하다. 파트너십을 구축함으로써 가맹본부와 가맹점으로 구성되는 하나의 프랜차이즈 시스템은 경쟁사보다 많은 고객가치를 창출할 수 있으며 이는 경쟁력을 높이는 중요한 수단이 된다. 가맹본부와 가맹본부 간 파트너십을 형성하고 유지하기 위해서는 다음과 같은 노력이 필요하다.[93)]

첫째, 가맹점사업자의 태도는 무엇보다 점포의 투자수익율과 이익성장률에 의해 직접적으로 결정된다. 가맹본부는 점포의 투자수익율과 이익성장률이 높을수록 가맹점의 태도가 호의적이라는 점을 잊지 말아야 하며 따라서 이를 어떻게 향상시킬 수 있는가를 최우선의 과제로 삼고 있어야 한다.

둘째, 많은 가맹점사업자는 단순한 점포사장이 아니라 가맹본부

93) 이는 Dunkin Donuts의 전 CEO인 Bob Rosenberg, InterContinental Hotels Group의 부사장인 Kirk Kinsell 등이 제시하고 있다.

의 의사결정에 참여하고 싶어하고 자아실현을 성취하고자 한다. 가맹본부가 가맹점사업자로 하여금 자문위원회(franchisee council)와 같은 의사결정기구에 하도록 제도화하는 것은 가맹본부와 가맹점사업자 모두에게 유익한 것이다. 최고의 가맹점사업자는 자신과 가맹본부, 동료가맹점사업자로 구성되는 공동체의 리더로서 자리매김을 하고자 하여야 하며 가맹본부는 이를 지원하여야 한다.

셋째, 가맹본부와 가맹점사업자는 상대방이 기대하는 바를 사전에 분명히 알고 있어야 한다. 가맹본부와 가맹점사업자의 역할에 대해서는 대부분 계약에 명시되어 있기 때문에 이를 두고 분쟁할 소지는 적다. 그러나 계약에 명시할 수 없는 사항, 특히 가맹점사업자가 가장 관심을 가지는 예상수입에 대하여는 충분한 이해와 묵시적인 합의가 있어야 한다. 가맹본부가 합리적 근거없이 예상수입을 과장하거나 가맹점사업자가 자신의 능력이상으로 수입을 기대하는 것은 가맹점사업자의 불만족으로 나타날 가능성이 매우 크며 이로 인해 많은 분쟁이 발생하게 된다.

넷째, 가맹본부의 운영모델은 반드시 실행 전에 재무적 성과가 검증되어야만 한다. 쌍방의 입장에서 검증되지 않은 운영모델은 갈등을 유발하는 가장 큰 이유 중의 하나이다. 예를 들어 새로운 제품/서비스, 광고와 판매촉진 프로그램의 도입에 앞서 가맹본부는 가맹점사업자의 이해와 협조를 구하여야 한다.

다섯째, 프랜차이사업은 가맹점과 가맹본부 쌍방이 연속적으로 대면하며 약속한 서비스를 공급하는 관계사업(relationship business)이다. 이러한 관계사업에 있어 가장 중요한 것은 상호간의 신뢰이다. 신뢰형성을 위해서는 의사소통이 선행되어야 한다. 가맹점사업자와의 정기적인 회합이나 뉴스레터, 사보나 이메일과 같은 의사소통경로를 다양하게 개발하고, 이를 통해 가맹본부의 정책을 수시로 알려야 한다. 가맹점사업자의 건설적 비판이 가능하도록 의사소통

경로를 설계하고 이를 여타 가맹점사업자에게도 공개하여 투명성을 높이는 것이 중요하다.

마지막으로 가맹점의 기업가 정신을 고취시켜야 한다. 가맹점은 자신이 사업을 통제하고 있다고 느낄 때, 즉 자율성을 지니고 있다고 인식할 때 만족한다. 본질적으로 프랜차이즈사업은 가맹본부가 힘의 우위에 있을 수밖에 없고 가맹본부의 사업개념을 가맹점사업자가 수용하고 따르는 것이기에 가맹점사업자가 사업을 통제하기 힘든 사업방식이다. 그럼에도 불구하고 가맹점사업자는 자신이 사업가로 인식되기를 원한다. 따라서 가맹본부는 가맹점사업자의 자율성을 존중하고 이들의 혁신노력을 격려하고 보상하여야 한다.

4 프랜차이즈계약의 올바른 이해

프랜차이즈사업의 본질을 첫째도 계약, 둘째도 계약, 셋째도 계약이라는 말을 한다. 계약이 프랜차이즈사업에 있어 가장 중요하다는 것을 강조하는 것이다.

프랜차이즈계약은 가맹본부와 가맹점 간의 관계를 규정하는 기본적인 틀이다. 흔히 프랜차이즈계약은 가맹본부에게 일방적으로 유리한 계약인 것으로 알려지고 있다. 그러나 이는 프랜차이즈사업의 본질에 대한 무지와 오해로부터 비롯된 것이라 할 수 있다.

4.1 프랜차이즈계약의 핵심조항

프랜차이즈계약은 가맹사업을 수행함에 있어 가맹본부와 가맹점이 지닌 권리와 의무를 규정하고 있다. 프랜차이즈계약에서의 핵심조항은 [표 7-3]과 같다.[94)]

[표 7-3]	프랜차이즈계약의 핵심조항이 시장에 주는 암시

핵심조항	영향	시장에 미치는 영향
계약기간: 가맹본부와 가맹점간의 계약기간	향후 얻어질 수익의 현가를 계산하는데 활용됨.	길면 길수록 긍정적임.
계약갱신: 가맹점의 계약기간 연장가능성	잠재수익이 얻어지는 기간을 길게함.	갱신 가능하면 긍정적임.
가맹비: 계약당시 가맹점이 가맹본부에 일시에 지불하는 비용	초기투자에 영향을 미치며 프랜차이즈시스템의 품질을 시그널링함.	많으면 많을수록 긍정적임.
로열티: 계약기간 중 가맹점이 가맹본부에게 지불하는 비용(가맹점 매출액의 일정비율 혹은 일정금액)	가맹점과 가맹본부의 성공을 연계시킴.	높으면 높을수록 긍정적임.
마케팅비용: 가맹점이 지불해야 하는 마케팅관련 비용(일반적으로 매출액의 일정비율)	가맹본부가 브랜드 관리와 마케팅에서의 규모의 경제에 얼마나 몰입하고 있는가를 시그널링함.	많으면 많을수록 긍정적임.
공급요건: 가맹점의 구매관련 권리 및 의무(원부자재, 제품, 서비스 등)	일부 가맹본부는 가맹점에 원부자재를 판매함으로써 이득을 꾀함. 일부 가맹본부는 가맹점을 대신하여 공급자와 구매계약을 체결함. 구매에서의 규모의 경제를 추구함.	가맹본부가 아닌 공급자와의 계약을 통한 공급이 긍정적임.

이들 핵심조항은 가맹본부와 가맹점사업자가 얻게 될 수익에 직접 혹은 간접적으로 영향을 미친다. 예를 들어 가맹비는 예비가맹점사업자가 사업을 개시하기 위해 필요한 초기투자의 규모를 증가시키며 높은 가맹비는 가입을 주저하게 하는 요인으로 작용할 수도 있다. 하지만 높은 가맹비는 그만큼 가맹본부가 프랜차이즈시스템의

94) Spinelli et al.(2004), 앞 책, pp.46-47에서 수정 인용.

품질에 대해 자신감을 가지고 있고 시장에서 높은 평가를 받고 있다는 것을 반증하기도 한다. 품질에 대한 평판이 높을수록 가맹점사업자에게 미래시점에서 돌아오게 될 수익은 크고 안정될 수 있다. 따라서 가맹비가 높다고 가맹점사업자에게 불리한 것은 아니며 오히려 유리한 것일 수 있다.

프랜차이즈계약에서 가맹점사업자가 일방적이라고 인식을 가지고 있는 조항의 대부분은 가맹본부가 프랜차이즈사업을 영위하는 기본 원칙 및 정책을 반영하고 있다. 만약 이들 조항이 모호하거나 예외를 많이 인정하고 있고 불합리하게 책정된 경우 프랜차이즈시스템의 본질인 통일성과 일관성을 해치고 성과에 부정적인 영향을 미치게 된다. 따라서 가맹본부는 이들 조항에 있어 매우 신중하며 경직된 입장을 취하고 있다.

프랜차이즈사업에 있어 중요한 정책은 크게 (1)가맹점사업자에 대한 통제, (2)계약갱신 및 계약기간, (3)전국 혹은 지역단위의 광고정책, (4)가맹점사업자의 복수점포 소유권의 네 가지이다.95) 구체적으로 프랜차이즈계약에서의 핵심조항과 이들 조항이 지니고 있는 경영암시를 살펴보면 다음과 같다.

가맹점사업자에 대한 통제

가맹본부는 가맹점의 행위를 통제하기 위한 여러 정책을 가지고 있다. 가맹점의 행위를 통제하는 것은 프랜차이즈시스템의 통일성과 일관성을 구현하기 위한 것으로 전체 시스템의 안정에 기여한다. 가맹점사업자는 가맹점사업자에 대한 통제가 가맹본부만을 위한 것이 아니라 가맹점사업자 자신에게도 유리하게 작용한다는 것을 충분히 인식하고 있어야 한다. 가맹본부가 가맹점사업자를 통제하는 내용을 구체적으로 살펴보면 다음과 같다.

95) Spinelli et al.(2004), 앞 책.

상세한 계약서의 작성: 가맹본부는 계약서에 가맹점사업자의 의무조항을 규정하고 있다. 계약서를 상세하게 작성하는 이유는 가맹본부의 브랜드가 매우 중요한 자산이기 때문이다. 품질표준의 유지, 종업원의 복장이나 매장분위기의 연출, 서비스제공절차 등은 브랜드 평판에 영향을 미치기 때문에 상세히 명시되어 있다. 일정기간이 지나게 되면 매장내부나 간판, 외관 점포환경과 설비 등을 리뉴얼하도록 요구하기도 한다.

의무조항이 명시되어 있지 않은 것이 가맹점사업자에게 자율성을 보장하는 것이라고 판단하면 큰 착오다. 계약서에 가맹점사업자의 의무조항이 상세히 기술되어 있지 않은 경우 이로 인한 분쟁은 끊임없이 발생할 것이며 이는 시스템의 붕괴로 이어질 수밖에 없다. 계약서가 허술한 가맹본부의 경우 오히려 제대로 된 가맹본부인가를 의심할 필요가 있다.

계약해지권한의 보유: 가맹계약은 가맹점사업자로 하여금 시스템의 여러 원칙을 준수하는 것을 전제로 운영시스템, 등록상표 등을 사용할 수 있는 권한을 주고 있다. 가맹점사업자가 시스템표준을 유지하지 못하거나 가맹본부의 정책, 절차를 따르지 않는 경우 가맹계약을 해지할 수 있다. 그러나 가맹계약을 해지하는 것은 법률적으로 복잡하며 우리나라나 미국의 경우 가맹계약의 신속한 해지가 어렵도록 규정하고 있다. 이에 따라 가맹본부는 가맹점에 대한 계약해지가 가능하도록 다른 정책을 수용하고 있다. 예를 들어 미국의 Tastee Freez는 가맹점에 대해 냉동장비를 임대해주고 있으며 가맹점이 가맹본부의 통제를 따르지 않는 경우 냉동장비의 임대계약을 해지함으로써 가맹점이 사업을 할 수 없도록 하고 있다. 임대계약의 해지가 가맹계약의 해지보다 훨씬 쉽기 때문이다.

공급원의 통제: 가맹본부는 가맹점에 공급하는 원부자재가 시스템에 전속적인 경우 공급원을 제한할 수 있다. 예를 들어 KFC의 11

herbs and spices의 경우에는 전속적인 제품이라고 할 수 있다. 그러나 KFC의 컵이나 접시는 전속적인 제품이라고 할 수 없으며 이들 제품의 공급원을 제한하는 것은 허용되지 않는다. 공급제품과 브랜드의 가치 간에 의미있는 상관관계가 있는 경우에만 가맹본부가 공급원을 제한할 수 있다. 이러한 이유로 가맹점사업자는 브랜드가치와 상관이 없는 제품의 경우에는 공급원을 선택할 수 있는 권한을 가지고 있다. 따라서 가맹본부는 법을 위반하지 않으면서 제품의 품질을 유지하기 위해 일정한 자격조건을 가진 공급처의 명단을 제공하거나 핵심 품질명세를 제시하고 있다.

배타적 거래의 요구: 가맹본부는 자사의 브랜드가치를 지키기 위해 다른 기업의 제품을 판매하지 못하도록 요구한다. 예를 들어 McDonalds는 가맹점사업자로 하여금 Pizza Hut 피자를 판매하지 못하게 하고 있다. 가맹점사업자는 가맹본부가 승인하지 않은 제품을 판매할 수 없으며 대부분의 가맹본부는 만약 가맹점이 다른 기업의 제품을 가맹본부의 승인 없이 판매하는 경우 해당 가맹점을 인수할 수 있도록 하고 있다. 가맹본부는 가맹점사업자가 판매하고자 하는 점포를 우선적으로 구매할 수 있는 권리를 가지고 있으며 부적절한 점포에 대한 제품공급을 거부할 수 있다.

로열티의 수령: 로열티는 가맹본부의 가장 중요한 수입원이다. 로열티는 통상 가맹점 매출액의 일정비율에 의해 책정된다. 이는 가맹점으로 하여금 매출액을 적게 보고자하는 인센티브로 작용한다. 따라서 가맹본부의 입장에서는 매출액이 실제보다 적게 보고되고 있는가를 감시감독하고자 한다. 가맹점 매출에 대한 감시감독은 POS와 같은 정보시스템이나 점포감사 등에 의해 이루어진다. 많은 가맹본부는 가맹점에 대해 매출을 포함한 재무자료를 보고받을 권한을 계약서에 명시하고 있다. 만약 이를 통해 허위매출 사실이 밝혀지면 계약해지와 같은 처벌이 따르게 된다.

계약갱신 및 계약기간

계약기간이 영구적이거나 계약기간이 명시되어 있지 않은 프랜차이즈시스템은 거의 없다. 대다수의 프랜차이즈시스템은 일정기간 계약기간을 두고 있으며 91%의 가맹본부는 계약종료시 특별한 사유가 없는 한 자동으로 갱신이 가능하도록 하고 있다. 미국의 경우 평균 계약기간은 10년이며 8년의 갱신기간을 가진다.

계약기간은 업종에 따라 많은 차이를 보이고 있다. 미국의 경우 인쇄 및 복사업에서는 평균 계약기간 19년에 갱신기간이 18년이다. 반면 여행업은 평균 6년의 계약기간에 5년의 갱신기간을 보이고 있다. 다수의 가맹본부가 계약갱신을 허용하고 있으나 여행업의 경우 1/3의 가맹본부만이 갱신권리를 부여하고 있다. 계약기간은 업종 내에서도 많은 차이가 있다. 빌딩청소업의 경우 Janetiz America는 계약기간 10년에 갱신기간 10년이지만, Jani-King의 경우에는 계약기간 20년, 갱신기간 20년이다.

계약기간이 긴 프랜차이즈시스템은 가맹점사업자에게 매력적일 수 있다. 계약기간이 길면 길수록 가맹점사업자의 입장에서는 자신이 투자한 것을 회수할 수 있는 가능성이 커진다. 가맹점사업자는 계약기간 동안만 투자를 회수할 수 있다. 계약기간이 길면 가맹사업자는 자신이 가맹점이 되기 위해 투자한 것(이를 거래특유투자라 한다)을 회수할 수 있는 기간이 길어진다. 반면 계약기간이 짧은 경우 가맹점사업자는 투자자산을 회수할 수 있는 기간이 짧아지고 따라서 단기간에 많은 수익을 올려야만 한다. 만약 가맹점사업자가 많은 투자를 하도록 유인하고자 한다면 가맹본부는 계약기간을 길게 할 필요가 있다.

장기계약은 가맹점사업자가 자신의 사업을 타인에게 양도하는데도 도움이 된다. 가맹점사업의 가치는 이를 통해 얼마나 많은 미래 수익이 확보될 수 있는가에 따라 결정된다. 어느 정도 수익이 보장되는 경우, 계약기간이 길면 길수록 미래수익의 규모는 크지만 짧은 경우 미래수익의 규모는 작아진다.

계약기간이 길면 가맹본부가 계약기간의 종료를 무기로 가맹점사업자를 위협하기도 어려워진다. 가맹본부 중 일부는 가맹점사업자가 얻는 수익의 일부를 가져오기 위해 혹은 자신의 정책을 강요하기 위해 계약기간의 연장을 무기로 사용하기도 한다. 예를 들어 가맹본부는 광고비를 부담시키거나 로열티를 인상하기 위해 자신에게 비협조적인 가맹점사업자에게 계약이 종료되면 갱신을 하지 않을 것이라 위협하기도 한다.

계약기간이 길면 가맹본부에게 유리한 것도 있다. 계약기간이 길면 가맹점사업자는 자신의 사업에 몰두하기 쉽다. 가맹점사업자의 입장에서는 어느 정도 수익이 보장되면 계약기간이 길면 수익이 장기간 발생하므로 이를 계속 유지하고자 한다. 가맹점사업자가 장기간 사업을 계속하고자 할수록 신규가맹점은 증가하는 반면 이탈가맹점은 감소하기 때문에 전체 프랜차이즈시스템의 규모는 커지게 된다. 이는 가맹본부의 입장에서는 생산, 유통, 광고 등의 활동에 있어 규모의 경제에 의한 비용절감효과를 얻을 수 있다.

그러나 계약기간이 길다는 것이 가맹본부에게 좋은 것만은 아니다. 계약기간이 길면 길수록 프랜차이즈시스템을 변화시키기 어려워진다. 특히 초기의 사업정책에서의 변화를 모색하기도 힘들다. 로열티의 경우를 보더라도 사업초기 낮은 브랜드평판에 의해 낮게 부과한 로열티를 추후 브랜드평판이 개선되어 높게 부과하고자 하여도 계약기간 길수록 이를 실행에 옮기는 것은 매우 어렵다.

또한 계약기간이 길면 초기 능력이 부족하거나 동기부여가 안 되어 성과가 나쁜 가맹점사업자를 교체하는 기간도 그만큼 길어지게 된다. 성과가 나쁜 가맹점사업자라 하더라도 계약기간동안은 사업을 보장하여야 한다. 만약 계약기간이 짧다면 계약기간이 끝난 후 이들과의 계약갱신을 거부함으로써 보다 유능하고 의욕있는 가맹점사업자로의 교체가 가능하다.

계약기간이 긴 경우 또 다른 문제점은 시스템의 체질을 개선하기가 어렵다는 점이다. 계약기간이 길면 가맹점사업자에게 새로운 정책을 따르도록 요구하거나 매장이나 설비를 리뉴얼하도록 요구하기가 어렵다. 새로운 정책이나 매장의 리뉴얼 등은 계약기간 종료 후 갱신단계에서 요구하는 것이 훨씬 수월하다. 가맹본부의 입장에서는 자신의 정책이나 절차, 로열티, 가맹비가 적절한지 확신할 수 없는 경우에는 장기계약을 체결하지 않는 것이 바람직하다.

광고정책

광고는 프랜차이즈사업을 포함해 브랜드가치가 사업성패를 결정짓는 모든 사업에 있어 매우 중요한 활동이다. 브랜드 인지도와 이미지는 소비자와 가맹점사업자를 끌어들이는 중요한 수단이며 이는 광고를 통해 형성된다.

프랜차이즈 광고는 전국광고와 지역광고로 구분된다. 미국의 경우 대부분의 계약서에 가맹점이 전국광고를 위한 비용을 지불하도록 명시되어 있다. IFA의 서베이에 의하면 72%의 가맹본부가 전국광고를 위한 기금을 운용하고 있다. 그러나 업종에 따라 차이는 있다. 비즈니스서비스 프랜차이즈의 경우 48%의 가맹본부가 광고기금을 운용하지만 레스토랑 프랜차이즈의 경우에는 88%의 가맹본부가 이를 운용하고 있다.

성공적인 가맹본부가 되기 위해서는 가맹점사업자에게 광고비를 부과하여야한다. 그 이유는 광고 없이 브랜드인지도를 높이기는 불가능하기 때문이다. 가맹점사업자에게 광고비를 지출하도록 계약서상에 요구하는 이유는 그렇게 하지 않을 경우 어떤 가맹점도 광고비를 지출하고자 않을 것이고 그 결과 프랜차이즈사업의 핵심인 브랜드 인지도를 높일 수 없기 때문이다.

광고에 의한 혜택은 가맹본부와 가맹점 모두에게 이익이 되는 것이다. 그러나 광고비의 지출은 가맹점의 수익감소를 의미하는 것이기 때문에 모든 가맹점은 광고비를 지출하지 않으면서 브랜드명성을 활용하고자 하는 기회주의적 성향, 즉 무임승차 행위를 보인다.

광고비는 로열티와 마찬가지로 대부분(미국의 경우 52%)의 가맹본부가 매출액의 일정비율(예를 들어 3%)를 부과한다. 정액제로 광고비를 부고하는 가맹본부는 5%에 불과하다. 업종에 따라 차이도 있어 숙박업의 경우 78%의 가맹본부가 정율제를 활용하는 반면 여행업의 경우 36%의 가맹본부가 정율제를 활용한다. 또한 동일업종이라 하더라도 가맹본부에 따라 차이가 있다.

정률제를 사용하는 이유는 매출이 높은 가맹점사업자가 낮은 가맹점사업자에 비해 광고비를 상대적으로 더많이 지출하게 된다. 만약 광고비 지출에 의한 수익이 감소하는 경우에는 매출이 높은 가맹점사업자는 제품단위당 광고비를 많이 지출하는 셈이 된다. 이는 매출이 높은 가맹점사업자가 정률제를 못마땅하게 여기는 원인이 되고 있다. 반면에 광고비지출에 의한 수익이 증가하는 경우에는 정액제를 활용하는 것이 매출이 높은 가맹점에게는 유리한 반면에 매출이 낮은 가맹점에게는 불리하게 작용한다. 이 경우 매출이 낮은 가맹점의 불만이 커지게 된다. 따라서 광고비 지출규모에 따라 수익률이 어떻게 변화하는가에 따라 정률제 혹은 정액제가 개별 가맹점사업자에게 유리하거나 불리할 수 있다.

법적으로 전국광고기금은 가맹본부의 수익으로 잡히지 않고 광고를 위해서만 지출될 수 있다는 점에서 로열티와는 성격이 다르다. 광고기금은 신탁기금과 유사한 성격을 가지고 있다. 가맹본부는 자금이 부족해 유동성에 문제가 생겼다 하더라도 가맹점의 합의가 없으면 광고기금을 유동성문제를 해결하기 위해 활용할 수는 없다.

가맹본부가 명심해야 할 것은 사업초기에는 전국광고를 실시할 필요가 거의 없다는 점이다. 가맹점이 몇 개 밖에 없는 경우에는 규모의 경제를 실현할 수 없기 때문이다. 따라서 상당수 가맹본부는 사업초기에는 가맹점에게 부담스러운 광고비를 부과하지 않는 대신 충분하게 가맹점이 확보된 시점에 가서 가맹점에게 광고비를 부과하고 있다. 이는 비록 가맹계약서에 광고비를 부과할 수 있다는 규정이 있음에도 불구하고 부과하지 않는 이유이기도 하다. 사업초기 광고비를 부과하지 않음으로써 가맹본부는 가맹점의 수익성을 높일 수 있고 이는 가맹점사업자로 하여금 경쟁점포보다 자신의 시스템이 매력적이라는 평가를 하게 해준다.

일부 가맹본부의 경우에는 브랜드인지도를 높이기 위해 사업초기부터 광고비를 지불하도록 요구하기도 한다. 그러나 이 경우 광고비 지출 규모는 크지 않은 것이 일반적이다. 일부 가맹본부는 점포수가 일정수준이 되어야만 정률제의 광고비를 지출하도록 계약서에 명시하기도 한다.

한편, 특정지역을 활동무대로 하는 가맹본부의 경우에는 전국광고보다는 지역광고가 더 중요하다. 지역광고를 위한 광고비도 가맹점사업자가 부담하는 것이 일반적이다. 약 1/3의 가맹본부는 가맹점사업자와 함께 협력광고를 실시하고 있다. 협력광고는 가맹본부와 가맹점사업자가 광고비를 분담하기로 협의한 광고를 말한다. 점포규모가 작거나 신생가맹점인 경우 해당지역에서의 광고에 더 많은 관심을 가진다. 이들은 전국광고의 가치를 낮게 평가하는 대신 지역광고를 더 중시하는 성향이 있다. 또한 전국광고에 의해 가맹점사업자의 무임승차가능성이 높은 경우 협력광고를 실시하는 것이 무임승차를 차단할 수 있는 유효한 수단이 된다.

가맹점의 복수점포 소유권

가맹점의 복수점포 소유권을 허용해야 하는가의 문제는 우리나라의 경우에는 크게 이슈화되어 있지 않지만 미국의 경우에는 매우 중요한 이슈 중의 하나이다. 미국의 경우 '수동적 소유'(passive ownership), 다시 말해 가맹점사업자가 자신이 아닌 관리자를 고용하여 점포를 운영하도록 하는 것은 보편적인 것으로, 오직 24%의 가맹본부만이 수동적 소유를 허용하지 않고 가맹점사업자가 직접 점포를 운영하도록 요구하고 있다.

프랜차이즈사업에 있어 다점포운영은 주로 마스터프랜차이즈사업 혹은 지역프랜차이즈사업의 형태를 취한다. 미국의 경우 2005년 이래로 다점포 가맹점사업자(multi-unit franchisee)가 운영하고 있는 가맹점의 수는 미국내 전체 가맹점의 50% 이상을 차지하고 있으며, 다점포 가맹점사업자의 수도 전체 가맹점사업자의 약 20%를 차지하고 있다.[96)]

가맹본부의 상당수가 다점포 운영을 허용하고 있는 이유는 두 가지다. 하나는 경험이 많은 기존 가맹점사업자로 하여금 새로운 점포를 개설하도록 허용하는 것이 교육·훈련 등의 비용을 절감할 수 있기 때문이다. 또 다른 이유는 다점포 운영이 무임승차의 문제를 감소시킬 수 있기 때문이다. 가맹점사업자가 특정지역에서 다수의 점포를 운영할 때는 하나를 운영할 때보다 무임승차의 가능성이 줄어든다. 예를 들어 만약 특정지역의 가맹점을 한 사업자가 모두 소유하고 있다면 해당 지역에서의 광고에 의한 혜택은 모두 해당사업자에게 돌아가기 때문에 무임승차의 가능성은 줄어든다.

그러나 다점포의 소유를 허용하는 것은 바람직하지 못한 결과를 초래할 수 있다. 다점포가맹점사업자는 점포관리자를 고용하여 점

---

96) Fiorentino, Rocco(2009), 'From Single-Unit Owners to Multi-Unit Achievers,' Franchising World, April, 10-12.

포를 관리한다. 고용된 관리자의 경우 가맹점사업자만큼 열심히 사업을 수행할 것으로 기대하기 어렵다. 이러한 이유로 일부 가맹본부는 수동적 소유를 허용하지 않고 있다.

수동적 소유는 장점과 단점을 지니고 있기 때문에 일부 가맹본부는 이를 절충한 방법을 활용하고 있다. 예를 들어 미국의 프로즌 디저트(아이스크림 등) 프랜차이즈인 East Coast Original Frozen Custard는 수동적 소유를 허용하고 있지만 점포관리자가 최소한 15%의 지분을 가지도록 요구하고 있다. 지분소유라는 인센티브를 통해 점포관리자가 사업에 최선을 다할 것으로 기대하는 것이다.

정책간 상호보완관계

프랜차이즈사업에서의 주요 정책은 상호보완적인 관계에 있다. 정책 간의 상호보완적 관계로 인해 두 개 이상의 정책이 독립적으로 활용되는 것보다는 동시에 활용될 때 보다 좋은 결과를 가져올 수 있다. [그림 7-4]에서 보면 장기계약은 단기계약에 비해 가맹본부의 계약해지 위협이 적기 때문에 가맹점으로 하여금 프랜차이즈시스템의 규칙에 순응하도록 하는데 유용하다. 그러나 장기계약이 효과가 있기 위해서는 계약해지의 조항이 엄격해야 한다. 그러나 법률적으

[그림 7-4] 계약기간과 계약해지의 엄격성 간의 상호보완관계

장기계약-관대한 계약해지	장기계약-엄격한 계약해지
가맹본부의 기회주의적 행위에 대한 두려움이 적음. 그러나 가맹점 행위에 대한 적절한 통제가 어려움.	가맹점 행위에 대한 적절한 통제가 가능함. 또한 가맹본부의 기회주의적 행위에 대한 두려움이 적음.
단기계약-관대한 계약해지	**단기계약-엄격한 계약해지**
가맹본부의 기회주의적 행위에 대한 두려움이 큼. 그러나 가맹점 행위에 대한 적절한 통제가 어려움.	가맹점 행위에 대한 적절한 통제가 가능함. 그러나 가맹본부의 기회주의적 행위에 대한 두려움이 큼.

로 계약해지는 계약갱신보다 훨씬 비용이 많이 들고 어렵다. 따라서 장기계약을 맺는 경우에는 계약해지에 따른 비용이 적게 들고 쉽도록 계약서를 작성하여야 한다.

계약기간과 계약해지권간의 관계만 아니라 나머지 정책 간의 관계도 상호보완적이라고 할 수 있다. 따라서 가맹본부는 이들 정책간의 상호보완적 관계를 고려하여 전체 프랜차이즈시스템이 올바르게 운용되도록 하여야 한다.

5 가맹본부-가맹점 간 분쟁

프랜차이즈사업은 가맹본부와 가맹점 간의 긴밀한 의존관계를 기반으로 하고 있다. 의존관계가 심화될수록 갈등이 발생할 가능성은 크며 따라서 프랜차이즈시스템에 있어 가맹본부와 가맹점 간의 갈등은 매우 빈번하게 발생하고 있으며 분쟁과 소송으로 이어지기도 한다.

프랜차이즈사업에서의 갈등이 문제가 되는 경우는 가맹본부와 가맹점 간의 자원과 정보에서의 비대칭성, 즉 가맹본부가 가맹점에 비해 보다 많은 자원과 정보를 지니고 있고 가맹본부가 힘의 우위를 악용하여 불공정한 거래를 꾀하는 경우라 할 수 있다.

프랜차이즈사업에서의 분쟁은 가맹계약체결 시부터 계약의 이행 및 계약종료 후까지 여러 영역에 걸쳐 계속적으로 발생하고 있다. 또한 특정가맹점과의 분쟁이 발생하면 시스템 내 다른 가맹점과의 분쟁을 촉발한다는 점에서 이른바 '분쟁의 도미노현상'이 발생하기도 한다.

5.1 주요 분쟁조항

[표 7-4]는 분쟁조정협의회에 조정신청된 국내 가맹본부와 가맹점사업자 간의 주요 분쟁유형을 보여주고 있다. 대표적인 분쟁 유형과 분쟁의 발생원인을 살펴보면 다음과 같다.

계약해제 · 해지 및 가맹금반환: 가맹사업분쟁 중 가장 보편적인 분쟁으로 협의회에 조정신청된 전체 사건의 52.2%를 차지하고 있다. 계약체결단계에서 가맹본부가 당해 가맹사업에 대해 과장되거나 불성실한 정보를 제공한 경우, 가맹점의 입지선정이나 개점이 지연된 경우, 가맹점사업자에 대한 교육이 부실한 경우가 대부분을 차지하고 있다. 계약의 이행의 단계에서는 주로 가맹본부가 물류의 공급을 부당하게 중단하거나, 물류비 및 로열티를 부당하게 인상하는 경우, 그리고 불성실하게 가맹점을 관리한 경우를 포함한다.

가맹본부의 일방적인 계약내용 변경: 가맹본부가 계약내용을 일방적으로 변경하여 이를 가맹점사업자에게 강요하고 이에 따르지 않은 가맹점사업자에 대해 가맹계약을 일방적으로 해지하는 경우로, 물류비용과 로열티를 부당하게 인상하거나 공급단가를 부당하게 인상하는 경우가 주를 이루고 있다.

가맹본부의 물류공급중단 및 가맹본부의 사업중단: 가맹본부가 물류비용인상 등을 이유로 일방적으로 물류공급을 중단하거나, 부도 등으로 가맹점의 운영이 사실상 중단되는 경우가 발생하고 있다.

가맹본부의 불성실한 계약이행: 가맹본부가 적당량의 물류를 공급해 주지 않거나, 정기적인 A/S를 해태하여 가맹점사업자에게 피해를 주는 경우가 발생하고 있다.

판매강제에 의한 가맹계약 해지: 가맹계약체결시에 매월 일정량의 판매량을 할당하고, 가맹점사업자가 이러한 할당량을 판매하지 못할 경우에 가맹본부가 일방적으로 가맹계약을 중도에 해지하거나

[표 7-4] 국내 프랜차이즈사업에서의 분쟁유형

구분	유형별		성립	불성립	기각	합계
가맹 사업법을 위반한 사건	허위과장 정보제공	계약체결시 부실한 정보제공	78	96	30	204
	부당한 해지		29	17	7	53
	계약갱신거절		7	3	1	11
	계약종료절차위반		7	3	1	11
	영업지역의 침해		20	5	8	33
	구입강제		3	1	1	5
	거래상우월적 지위남용		20	9	4	33
	부당한 거래거절	가맹본부의 고의부도 혹은 파산함으로 인한 사업중단	24	25	5	54
	부당한 거래강제	계약기간 중 로열티의 부당한 인상	41	1	–	42
		원·부재료의 공급가격을 과다책정하여 거래를 강제	4	5	4	13
		계약갱신시 가맹본부에게 일방적으로 유리한 조건을 내세워 계약체결을 강제한 경우	1	2	–	3
	불공정한 약관	과도한 위약금 조항	12	7	1	20
		불공정한 약관을 부당하게 강요하는 경우	7	9	67	83
	계약서 교부의무 위반		1	–	–	1
	계약서 기재사항의 미비		1	–	–	1
소계			255	183	129	567
가맹 사업법을 위반하지 않은 경우	단순 민사사건		76	81	22	177
계			331	264	151	746

자료: 공정거래위원회(2006).

계약갱신을 거절하는 사례가 발생하고 있다.

광고비 등과 관련한 피해분쟁: 가맹점사업자가 일정액의 광고비를 부담하고 있으나 가맹본부가 광고를 제대로 이행하지 않거나, 가맹점사업자 모집광고만을 하고 있어 분쟁이 발생하고 있다.

영업지역보장: 가맹계약서상의 불분명한 영업지역 조항을 악용하여 가맹점사업자의 영업지역을 침해하거나, 가맹점사업자의 영업지역 내에 유사한 가맹점 내지 직영점을 설치함으로써 분쟁이 발생하고 있다.

부당한 계약해지: 가맹계약의 해지와 관련한 분쟁은 주로 가맹점사업자의 계약위반을 이유로 가맹본부가 해지권을 남용하는 경우 발생하고 있다.

부당한 계약종료: 대부분의 가맹계약서에는 계약기간이 만료가 되어도 특별한 의사표시가 없는 한 전과 동일한 조건으로 계약을 갱신하는 것으로 하고 있다. 현행 가맹사업법은 가맹계약기간 만료일로부터 90일전에 서면으로 계약거절의 의사표시를 하게 되어 있으나 이를 위반하여 계약갱신을 거절하는 사례가 종종 발생하고 있다.

계약갱신시 부당한 조건 요구: 가맹본부가 계약 갱신시 자신에게 유리한 조건으로 재계약을 체결하고자 하기 때문에 분쟁이 발생하고 있다.

과다한 인테리어비용산정: 가맹본부가 인테리어비용을 과다책정하거나, 공사면적을 실평수를 기준으로 하지 않고 등기부상의 면적을 기준으로 하여 책정하는 등 부당이득을 취하는 경우가 있다.

상표 및 의장권 침해: 가맹계약이 종료되었음에도 가맹점사업자가 가맹본부의 상표나 의장을 계속 사용함으로써 가맹본부의 상표권·의장권 등을 침해하여 분쟁이 발생하기도 한다.

공급물품가격의 과다책정: 가맹본부가 가맹점에 공급하는 제품에 마진을 붙여 이익을 취하고 있는 바, 이 때 공급하는 물건의 단가와 관련하여 가맹사업당사자간에 분쟁이 발생하고 있다.

가맹점사업자의 영업저조: 가맹점사업자가 영업부진으로 문을 닫는 경우 가맹점사업자의 사업실패에 대한 책임을 가맹본부에게 묻고 계약의 해지와 위약금을 요구하는 분쟁이 발생하고 있다.

5.2 분쟁의 해결

가맹본부와 가맹점 간의 분쟁은 다양한 원인에서 발생한다. 가맹본부의 잘못된 의사결정, 불법 혹은 비윤리적 행위, 거짓말과 불성실이 분쟁의 원인으로 지적되고 있지만, 한편으론 가맹점사업자의 사업의지와 능력 결여, 가맹점사업자의 기회주의적 행위, 로열티와 대금의 결제 지연 등도 분쟁의 원인이 되고 있다.

원인이 무엇이건 성공적으로 프랜차이즈시스템을 운영하기 위해선 분쟁해결이 반드시 필요하다. 분쟁의 해결이 효과적으로 이루어지지 않으면 시스템내 불만족이 커지고 소모적인 갈등이 계속되며 사업을 성장시키는 데 모든 노력을 집중하기 어렵기 때문이다.

미국의 우편서비스 프랜차이즈기업인 Unishippers의 CEO인 Steve Nelson은 프랜차이즈시스템내 분쟁을 효과적으로 해결하기 위해 '해야 할 것과 '하지 말아야 할 것'을 [표 7-5]와 같이 제시하고 있다.

갈등을 다루기 어려워하는 사람은 문제가 곧 사라지게 될 것이라 생각하고 쟁점을 무시하고 외면하는 성향이 있다. 그러나 이는 갈등을 키울 뿐이다. 분쟁이 발생하는 데는 반드시 이유가 있다. 상대방을 이해할 수 없고, 상대방이 자신의 말을 듣고자 하지 않는다면, 왜 상대방이 자신의 말을 듣고자 하지 않는지를 먼저 이해하고자 해야 한다. 자신에게 어떤 문제가 있는 것인지를 알아야 처방이 나올 수 있다.

[표 7-5] 효과적인 분쟁해결을 위한 지침

하지 말아야 할 것	해야 할 것
쟁점을 무시함	먼저 이해하고자 함
분쟁의 중요성을 최소화함	상대방의 주장을 경청함
방어적 자세를 취함	쟁점이 제기된 맥락을 이해하도록 함
자신이 원하는 해결방안을 지시함	합의를 유도함
결과를 약속하고 이후 이행하지 않음	성실하게 행동함
조금 양보하며 타협함	절대불가입장을 고집하지 않음(해법을 찾고자함)

분쟁해결과정에서 흔히 문제가 되고 있는 쟁점이 지닌 중요성을 무시하는 발언을 하기 쉽다. 이런 발언이 있게 되면 상대방은 당사자가 자신을 폄하하고자 한다는 생각을 가지게 되며 이는 분쟁해결을 더 어렵게 하는 결과를 초래할 뿐이다. 자신에게 중요하지 않다고 상대방에게도 중요하지 않을 것이란 생각은 버려야 한다. 상대방에게 이는 목숨보다 중요할 수 있다. 상대방의 반응을 무시하여서는 안 되며 이를 이해하고 존중해야 한다.

대부분의 사람은 상대방을 이해하고자 노력하기 보다는 자신을 이해시키고자 노력한다. 상대방의 말을 귀로 듣고 있기는 해도 마음으로 듣고 있지는 못하다. 상대방을 이해하고자 한다면 마음으로 들어야 한다. 상대방의 관점에서 상대방이 어떻게 느끼고 있는가를 이해하고자 노력해야 하는 것이다. 때론 상대방을 이해했다는 것만으로 분쟁이 해결되기도 한다.

대부분의 분쟁은 개인에 대한 공격이 아니며 프랜차이즈사업 컨셉 자체에 대한 불만도 아니다. 시스템의 실행과정에 문제가 있거나 가맹점사업자에 대한 대우나 프랜차이즈계약에 문제가 있기 때문에 발생한다. 분쟁을 개인의 문제나 프랜차이즈 컨셉 자체의 문제로 인식하게 되면 분쟁이 해결되기는 어렵다. 자신이 방어적이면 상대방도 방어적으로 나오기 때문이다.

분쟁이 발생하게 된 데는 나름대로 배경이 있다. 상대방이 말하는 것은 전체 보다는 부분인 경우가 많다. 사람은 누구나 자신의 입장을 지지하는 부분만을 먼저 회상하기 때문이다. 분쟁이 발생한 맥락을 이해하는 것은 분쟁해결을 위해 큰 그림을 그리는데 도움을 주며 대안을 찾는 데 도움을 준다.

가맹점사업자 간의 분쟁에 대해 가맹본부가 나서서 해결방안을 지시하는 것은 바람직하지 않다. 가맹점은 자신의 상권이 다른 가맹점에 의해 잠식되는 것을 원하지 않는다. 가맹본부에 대해 상권중복의 문제가 어떻게 발생하였는가를 따지고 이를 시정할 것을 요구하기도 한다. 이 경우, 어느 한편의 손을 들어주고 다른 편으로 하여금 따르라고 지시하는 것은 문제를 더 키울 뿐이다. 가맹본부는 분쟁해결을 위해 당사자를 모아 회의를 갖고 협상과 논의를 여러 차례 모색하는 것이 바람직하다.

분쟁해결과정에서 합의를 이끌어내는 것은 매우 어렵다. 합의를 이끌어내기 위해서는 각자가 목표하는 것이 무엇인가를 이해하는 것이 중요하다. 합의에 이르지 못하면 조정이나 중재, 심지어 소송으로 갈수도 있다는 사실을 주지시켜야 한다. 분쟁조정협의회를 활용하거나 중립적인 전문가로 하여금 당사자의 의견을 모두 청취하고 합의를 유도하는 것도 분쟁해결의 방법이다.

지키지 못할 약속을 하고 분쟁을 해결하는 것은 최악의 방법이다. 신뢰는 분쟁해결에 있어 필수적이다. 일단 합의가 이루어지면 이를 실천하여야 하며 실천하지 않을 경우 신뢰는 깨지게 된다. 신뢰는 쌓기는 매우 어렵지만 깨기는 아주 쉽다는 것을 명심해야 한다.

분쟁이 해결되기를 진정 원한다면 자신이 약속한 것을 실천하여야 한다. 약속한 것보다 오히려 많은 것을 실천할 때 상대방은 감동을 받을 수 있으며 이는 신뢰를 배가시키고 관계를 발전시킨다.

일부 사안에 대해 양보를 하면서 타협하는 것은 바람직하지 않다. 수많은 계약조항에 대해 수정할 것을 요청하였을 때, 중요하지 않은 조항에 대해서는 양보하고 중요한 조항은 그대로 고수하는 방식을 취하는 것은 분쟁해결에 도움을 주지 않는다. 일부 조항에 대한 양보를 하고 난 후에도 합의가 이루어지지 않은 조항에 대해서는 덮어두지 말고 계속 합의를 도출하고자 노력하는 것이 바람직하다.

모든 사안에 대해 자신의 입장이 절대불변임을 고집하는 것은 분쟁해결에 전혀 도움이 되지 않는다. 절대불변인 사안은 핵심적인 소수의 사안으로 국한하는 것이 바람직하다. 절대 양보가 불가능하다고 생각했던 사안을 양보하였을 때 오히려 기회가 되는 경우를 흔히 볼 수 있다. 분쟁이 반드시 역기능적인 것은 아니다. 분쟁을 통해 쌍방을 이해하고 보다 나은 대안을 모색하며 신뢰를 돈독히 하여 발전의 계기로 작용할 수 있다. 분쟁해결방법 자체보다는 분쟁해결과정이 더 중요할 수 있다.

가맹본부-가맹점 간 협상

세상에 협상이 불가능한 것은 없다. 협상이 불가능해 보이는 것은 어떻게 협상을 해야 하는가를 모르고 있거나 협상이 가능한 상황이 아니기 때문이다. 만약 도저히 협상이 불가능해 보인다면 협상이 가능하도록 상황을 바꾸어야 한다.

가맹본부와 가맹점의 권리와 의무가 상세하고 명확히 기술되어 있는 프랜차이즈계약의 경우가맹점의 입장에서는 가맹본부와의 협상이 불가능한 것으로 보인다. 그러나 프랜차이즈계약의 경우에도 협상은 가능하다. 단지 가맹본부가 도저히 양보하기 어려운 조항이 있기는 하다.

프랜차이즈시스템의 표준화와 일관성 유지를 책임지고 있는 가맹본부의 입장에서는 프랜차이즈계약에서 가맹점에 대해 많은 의무를 부과할 수밖에 없다. 그리고 이러한 계약 상의 요구는 정당한 것으로 받아들여지고 있다. 가맹점의 입장에서도 다른 가맹점에 의해 브랜드 평판이 나빠지고 이로 인해 자신의 점포를 소비자가 찾지 않을 때 손실을 보게 된다. 따라서 비록 일방적이긴 해도 가맹점이 가맹본부의 통제를 받아들이는 것이 자신을 보호하는 수단이라고 인식한다. 가맹본부의 일방적인 요구에 대해 사법부도 예외적으로 불공정거래로 판단하지 않는 경우가 많다.

프랜차이즈계약 조항 중 일부는 가맹본부와의 협상이 어려운 반면 일부는 어느 정도 협상이 가능하다. 협상에 있어 가맹본부가 경직적인 조항에는 등록상표, 로열티비율, 계약해지 등이 포함된다.

등록상표: 가맹본부는 등록상표에 대한 소유권을 가지고 있다. 가맹본부는 등록상표의 법적 권한을 침해하는 것을 허용하지 않으며 강제행위를 통해 이를 보호하고자 한다. 가맹본부가 승인하지 등록상표의 사용에 대해서는 손해배상과 계약해지 등의 강력한 조치가 따른다.

로열티비율: 가맹본부는 자사의 상표와 시스템을 이용하는 대가로 가맹점에게 일정금액의 로열티를 지불하도록 요구한다. 가맹본부는 로열티를 모든 가맹점에 대해 동일하게 적용하고자 한다. 따라서 로열티를 깎을 수 있다는 기대는 하지 않는 것이 좋다. 가맹점사업자가 매출이 부진한 다른 가맹점을 인수하는 경우 특정기간 동안 로열티를 할인하는 경우도 있지만 이는 극히 예외적으로 이루어진다.

가맹점 선정 및 계약해지: 가맹본부는 계약을 위반하거나 실적이 저조한 가맹점을 통제하는 데 많은 관심을 가지고 있다. 이들 가맹점은 시스템 전체의 평판을 저하시킬 가능성이 높으며 이는 모든 가맹점에게 손해를 끼칠 수 있다. 가맹본부는 이런 가맹점을 선정대상에서 배제하거나 중도에 계약을 해지하는 조치를 취할 수밖에 없다.

가맹본부는 가맹비, 상권, 마케팅비용 등의 협상에서는 다소 신축적인 입장을 취한다.

가맹비: 가맹비는 대체로 일정 금액을 계약과 동시에 전액 납부한다. 가맹본부는 가맹점사업자의 재정상태를 고려하여 이를 일부 면제하거나 할부로 지불할 수 있도록 해주고 있다.

상권: 가맹본부는 가맹점에 대해 개설초기 일정한 상권을 보장하기도 한다. 가맹점사업자는 일정기간 혹은 일정지역에 대해 독점적인 위상을 차지할 수 있으며 인접상권으로 자신의 상권을 확장해 나갈 수 있다.

마케팅비용: 가맹본부는 가맹점이 특이한 지역에 위치하고 있으면 마케팅비용을 면제하거나 감면해 주기도 한다. 예를 들어 소비자왕래가 많은 지역에 위치한 점포에 대해서는 브랜드인지도를 높이기 위한 광고비를 일부 삭감해주고 있다.

계약위반행위에 대한 가맹본부의 제재

가맹본부는 가맹점의 계약위반행위에 대해 계약해제 등을 다양한 형태의 제재수단을 가지고 있다. 미국에서의 프랜차이즈 서베이 결과 가맹점의 계약 위반 행위는 [표 7-6]과 같이 나타나고 있다.97) 주요 위반조항은 표준화된 영업매뉴얼을 지키지 않는 경우가 가장 많은 것으로 나타나고 있으며 그 다음으로 로열티와 광고비 지급의무 불이행, 매장의 청결유지, 외관관리, 리모델링 의무 불이행, 원부자재등 공급원에 대한 제한 요구 불이행 등으로 나타나고 있다.

가맹본부는 다음과 같은 경우 가맹점의 계약위반행위에 대해 계약해지 등의 강제집행을 할 가능성이 높다.

---

97) Anita, Kersi D. and Gary L. Frazier(2001), "The Severity of Contract Enforcement in Interfirm Channel Relationships," *Journal of Marketing*, 65(October), 67-81.

[표 7-6]	가맹점의 계약위반 행위

대표적인 계약 위반 조항	발생빈도	퍼센트
표준화된 영업매뉴얼 준수	67	31.5
로열티와 광고비 지급	58	27.2
매장의 청결유지, 외관관리, 리모델링 요구	43	20.2
제품/서비스(원부자재) 공급원에 대한 제한	25	11.7
기타	20	9.4
합계	213	100

첫째, 가맹본부가 브랜드에 대한 투자 등 시스템 구축에 대한 투자를 많이 한 경우 가맹점의 계약위반행위에 의해 전체 시스템이 지불해야 하는 비용이 커지기 때문에 가맹본부가 강력하게 계약을 강제집행할 가능성이 높다.

둘째, 프랜차이즈 계약은 대체로 지역특성을 고려하지 않고 모든 가맹점에 대해 표준화된 양식을 적용한다. 환경이 격변할 경우 지역특성에 따라 개별 가맹점의 성과는 달라지며 이때 가맹점은 계약을 위반하고서라도 자신에게 유리한 행위를 취할 가능성이 높다. 그 결과 계약위반 사례가 많이 발생할 가능성이 높고 가맹본부는 이러한 가맹점의 행위를 통제하기 위해 위반 가맹점에 대해 계약의 강제집행을 할 가능성이 높다.

셋째, 중요한 계약조항을 위반하였을 때 계약의 강제집행이 이루어질 가능성이 높다. 제품의 품질 유지와 같은 의무조항은 브랜드 평판과 밀접한 관련을 맺고 있고 이를 가맹점이 위반할 경우 전체 시스템의 생존에 큰 영향을 미치기 때문에 가맹본부의 반응은 매우 경직되며 강제집행을 꾀할 가능성이 높다.

넷째, 가맹본부에 대한 가맹점의 의존도가 상대적으로 큰 경우 다시 말해 가맹본부가 가맹점에 대한 힘의 우위에 있는 경우 강제집행 가능성이 높다. 그러나 매출상위를 차지하고 있어 힘이 큰 가맹점이라도 중요한 계약조항을 위반한 경우에는 가맹본부가 강제집행에 나서는 경우도 있다. 이는 가맹본부의 입장에서는 해당 가맹점의 위반행위를 어떻게 대처하느냐가 전체 시스템의 위반행위에 대한 가맹본부의 입장을 시그널링하기 때문에 이들의 위반행위를 묵과하기 어렵기 때문이다.

그러나 가맹본부가 모든 가맹점에 대해 계약을 강제집행할 수 있는 것은 아니다. 첫째, 네트워크의 밀집도(density)가 높은 경우, 즉 가맹점 간의 네트워크가 강하게 연계되어 있는 경우에는 가맹본부의 강제집행 가능성은 낮아진다. 가맹본부의 강제집행이 부당하고 지나치다는 판단이 서면 가맹점의 집단 보복이 따를 수 있다. 가맹점이 강력한 가맹점사업자조직을 형성하고 있고 이를 통해 가맹본부의 의사결정과정에 깊이 참여하고 있는 경우 가맹본부의 강제집행은 어려워진다.

둘째, 네트워크의 중심성(centrality), 즉 계약의무를 위반한 가맹점이 전체 가맹점 네트워크에서 차지하는 위상이 크면 클수록 해당 가맹점에 대해 가맹본부가 강제집행을 꾀할 가능성은 낮아진다. 예를 들어 계약위반 가맹점이 자문위원회의 위원인 경우 이들에 대한 징계는 쉽지 않다.

셋째, 관계규범(relational norm)이 발달되어 있는 경우, 즉 가맹본부와 가맹점이 서로 결속하고 있고, 신축적으로 의사결정하며, 정보를 교환하며 상대방에 대한 이해와 배려를 우선하는 경우에는 강제집행이라는 극단적 수단을 꾀할 가능성이 낮아진다.

그밖에, 가맹점의 성과를 평가할 수 있는 기준이 모호하거나 강제집행에 소요되는 비용이 많이 드는 경우에도 강제집행은 어려워진다.

6 가맹점사업자조직

가맹본부에 비해 상대적으로 힘의 열세에 있는 가맹점은 가맹본부의 부당한 행위에 대항하기 위해 여러 가맹점이 모여 조직을 결성하고 힘의 네트워크를 확장하고자 하는 동기를 가진다. 가맹점사업자조직에는 크게 가맹점협회(franchisee association)와 가맹점자문위원회(franchisee council)의 두 가지 형태가 있다.

가맹점협회는 가맹점사업자로 구성된 독립적인 법적 주체이다. 가맹점협회는 가맹본부의 지원 없이 가맹점사업자의 회비에 의해 자주적으로 운영된다. 반면 가맹점자문위원회는 가맹본부에 의해 구성되며 가맹본부에 의해 통제된다. 가맹점자문위원회는 필요한 경우 가맹본부의 요구에 의해 소집된다.

가맹점사업자조직은 악의적인 가맹본부로부터 가맹점사업자를 보호하기 위해 필요한 조직임에 틀림없다. 그러나 가맹점협회와 가맹점자문위원회는 실제로 수행하는 역할에서는 큰 차이가 없음에도 불구하고 가맹본부를 대하는 태도나 조직을 운영하는 철학에 있어 많은 차이를 보이고 있다. 따라서 가맹점사업자가 어떤 조직을 활용하는가에 따라 가맹본부와의 관계나 가맹점사업자 자신의 이해관계는 크게 달라질 수 있다. 이를 보다 자세히 살펴보기로 한다.

6.1 가맹점사업자협회

미국의 경우 프랜차이즈시스템별로 구성된 가맹점사업자협회의 연합체인 미국가맹점사업자협회(American Franchisee Association, 이하 AFA)가 활동하고 있다. 1993년 2월에 설립된 AFA는 전국가맹점사업자 및 딜러연맹(National Alliance of Franchisees and

Dealers)과 통합되면서 조직이 확대되었다. AFA는 프랜차이즈산업의 건전한 발전과 가맹점사업자의 이익을 도모하는 것을 목적으로, 가맹점사업자의 입장을 지속적으로 옹호하며, 의회나 주의회를 상대로 가맹본부-가맹점 관계를 규제하는 입법을 촉구하고 있다.

AFA는 가맹본부와 가맹점사업자로 구성된 IFA(International Franchise Association)과 매우 적대적인 관계에 있다. AFA는 IFA가 비록 가맹점사업자에게 회원자격을 부여하고 있으나 가맹점사업자의 이익보다는 가맹본부의 이익을 위해 활동하고 있다고 믿고 있다.

그러나 AFA는 회원확대에 있어 많은 어려움을 겪고 있다. AFA는 그 이유를 가맹점사업자가 가맹본부의 보복을 두려워하고 있고 가맹점사업자가 가맹본부로부터 특혜를 얻기 위해 가맹본부 편에 서고 있는 것으로 보고 있다.

AFA는 가맹본부단위의 가맹점협회 혹은 이들의 연합회가 있어야만 가맹점사업자가 보호될 수 있다고 보고 있다. AFA는 가맹점사업자가 직면하는 문제를 해결하기 위해 단체행동에 나설 것을 권고한다. AFA는 가맹점협회가 가맹점사업자의 이익을 보호할 뿐만 아니라 통해 가맹본부－가맹점 간 관계에 긍정적인 영향을 미치고 결국은 가맹본부와 가맹점 모두 이익을 보게 된다는 견해를 가지고 있다.

AFA는 가맹본부의 불공정거래 사례를 고발하는 한편 이를 시정하기 위한 법률제정에 매우 적극적이다. AFA는 가맹본부가 정당한 사유가 없음에도 계약을 해지하고 있으며 우월적 지배관계를 악용하여 가맹점을 착취하고 주어진 의무를 소홀히 하고 있다고 주장한다. 또한 연방법이나 주법이 가맹본부에게 유리하게 제정되어 있기 때문에 계약후 가맹본부의 불공정한 거래행위를 제재하기 위한 법률의 제정이 필요하다고 역설하고 있다.

가맹점사업자가 협회를 결성하는 것은 대부분의 국가에서 헌법으로 보장된 권리이다. 모든 사업자는 자신의 선택에 따라 어떤 협회를 결성하고 가입할 권리가 있다. 따라서 가맹점협회를 결성하는 것은 가맹점사업자의 자유의지의 문제이며 가맹본부나 여타 세력이 이를 저지하고 방해하는 것은 불법행위로 처벌의 대상이 된다. 미국의 경우 2006년 현재 California, Michigan 등 11개 주가 가맹점협회의 결성을 주법으로 명시하고 있으며 이에 대한 방해를 가맹본부가 하지 못하도록 규정하고 있다.

그러나 가맹점협회가 과연 가맹점의 이익을 대변하는 유일하고 효과적인 기구인가에 대해서는 논의가 필요하다. 그 이유는 다음과 같다.

첫째, 가맹점협회는 프랜차이즈시스템의 운영에 관해 법적인 권한을 가지고 있지 않다. 가맹점협회는 기업의 종업원으로 구성되는 노동조합과 달리 독립적인 사업자로 구성된 협의체이다. 가맹점협회가 가맹본부의 일방적인 의사결정을 견제하고 감시하며 협상을 주도할 수는 있지만, 노동조합과 달리 이들의 행위는 법률에 의해 보호를 받을 수 없다. 둘째, 가맹점협회는 가맹본부와 매우 적대적인 관계를 보이고 있다. 가맹본부와 가맹점협회가 적대적 관계를 맺고 있는 한 프랜차이즈시스템의 발전은 꾀하기 어렵다. 감시와 견제를 주요 기능으로 하기 때문에 가맹점협회와 가맹본부간의 관계는 불편할 수 밖에 없다. 가맹본부 역시 가맹점협회 대해 적대적인 태도를 보이고 있다. 가맹점협회의 요구사항 중 상당수가 프랜차이즈시스템의 운영과 관련된 것이기에 가맹본부의 태도는 경직될 수 밖에 없다. 노사관계에서도 경영권은 사측이 절대 양보하지 않고자 하는 권리이다.

셋째, 가맹점협회의 대표성에 문제가 있을 수 있다. 가맹점협회가 정당성을 인정받기 위해서는 다수의 가맹점사업자가 참여하여야 한다. 또한 주변으로부터 존경받는 사업자가 많이 참여하여야 한다.

그러나 가맹점협회의 상당수는 매출이 부진하고 불만족스러워하는 가맹점사업자가 주도하는 것이 일반적이다. 이들은 주변으로부터 존경받기 어렵다. 이들이 가맹점협회 결성의 선봉대가 되는 것은 오히려 무능하고 반항적인 가맹점사업자가 주동한다는 인상을 주어 가맹본부의 공격을 받을 빌미가 된다.

넷째, 실제로 가맹점협회보다는 가맹점자문위원회의 활동이 실익을 가져다 주고 있다. 미국의 경우 상당수 가맹점사업자는 가맹점자문위원회가 자신의 이익을 대변하는 역할을 제대로 수행하고 있는 것으로 평가하고 있다.[98)] 현실적으로 가맹본부의 협조 없이 가맹점협회가 자신의 목적을 달성하기는 거의 불가능하다. Burger King의 경우 가맹점자문위원회의 성격을 가진 가맹점사업자 대표자회의의 개최가 어려워지자 가맹본부 자신의 비용으로 이를 10년 넘게 대표자회의를 후원하였다. Sylvan Learning System의 경우, 오랫동안 전국광고에 대한 반대가 많았으나 이를 해결하기 위해 가맹본부와 가맹점사업자가 별도의 광고전담조직을 신설하고 이를 공동으로 운영하는 방식을 선택하여 편안한 관계를 유지하고 있다. YUM!의 경우에도 KFC의 구매협동조합을 발전시켜 가맹점사업자와 가맹본부가 공동으로 협동조합을 운영하며 성공적으로 구매의사결정을 하고 있다. 미국의 Great American Cookie Company(GACC)의 경우에도 과자 포장에서의 문제점을 자문위원회가 지적하고 이를 개선하여 성공한 사례라고 할 수 있다. GACC는 가맹점협회의 건의를 받아들여 백 형태로 포장되어 소비자가 불편해하던 아몬드가 든 초콜렛 판을 박스형태로 바꾸었으며 그 결과 매출은 크게 증가하였다.

---

98) Stanworth, J.(1995), The Franchise Relationship: Entrepreneurship or Dependence," in *Franchising: Contemporary Issues and Reseaerch*, P. Kaufmann and R. Dant, eds., The Howarth Press: New York. 161-176.

6.2 가맹점자문위원회

가맹점자문위원회는 '모든 가맹점사업자에게 중요한 이슈를 가맹본부와 논의하고 조언하기 위해 선출된 가맹점사업자 집단을 말한다.[99] 자문위원회는 가맹본부와 프랜차이즈시스템의 가치를 높이기 위해 새로운 아이디어를 교환하고 중요 쟁점에 대해 의견을 교환하고 상호 바람직한 방향으로 문제해결방안을 모색한다. 일반적으로 자문위원회는 점포를 성공적으로 운영하고 있는 5명에서 11명의 가맹점사업자로 구성된다. 위원은 지역을 대표하는 가맹점사업자로 일반적으로 해당지역의 가맹점사업자 중에서 민주적 절차를 거쳐 선출된다. 자문위원의 임기는 통상 3년이며 위원회는 가맹본부의 고위 정책결정자와 일년에 두 세 차례 회합을 가진다. 자문위원회는 자율규제(self-enforcement)를 위한 제도이며 법률적으로 프랜차이즈시스템을 구속하는 공식적인 의사결정권을 가지고 있지 않다.

대부분의 가맹본부는 가맹점협회보다는 가맹점자문위원회를 통해 가맹점사업자가 의사결정과정에 참여하길 원한다. 미국과 독일의 경우 가맹본부의 약 50%가 가맹점자문위원회를 두고 있다.

가맹점자문위원회가 중요한 역할을 수행하는 경우는 가맹본부가 부당하게 의무를 이행하지 않아 가맹점사업자에게 손실을 끼치는 경우를 포함해 프랜차이즈시스템의 경영권이 바뀐다거나 파산하였거나 심각한 변화가 발생하였을 때이다. 그 대표적인 예는 다음과 같다.

- 가맹본부가 신제품을 소개하였으나 사업모형에 적합하지 않다고 판단될 때,

---

99) Dandrige, T. and C. Falbe(1994), "Incentive Conflicts and Contractual Restraints: Evidence From Franchising," *Journal of Law and Economics*, 42, 745-774.

- 가맹본부가 심각한 재정위기에 직면하였을 때
- 가맹본부의 경영권이 넘어갔을 때
- 가맹본부가 가맹계약조항을 상당부분 변화시켰을 때
- 가맹본부가 가맹점사업자 다수의 명백한 욕구를 무시하고 있을 때

대부분의 가맹본부는 가맹점협회를 공식적인 파트너로 인정하지 않지만 그렇다고 가맹점사업자의 의견을 무시하고자 하지는 않는다. 가맹본부의 정책수립과 운영에 있어 가맹점사업자의 의견과 이들이 지니고 있는 현지시장에 대한 정보가 매우 중요하기 때문이다. 가맹점자문위원회는 가맹점협회를 대신하여 가맹본부가 가맹점사업자의 의견을 수렴하는 공식조직이다. 가맹점자문위원회를 가맹점협회와 비교하였을 때 가장 큰 차이점은 가맹점협회가 독립적으로 조직되고 운영되는데 반해 가맹점자문위원회는 가맹본부에 의해 조직되고 운영된다는 점이다. 가맹점사업자의 대표로 구성되는 가맹점자문위원회가 수행하는 다음의 역할은 가맹점협회와 크게 다를 바가 없다.

- 자문위원회는 새로운 제품이나 서비스에 대한 의견을 개진한다.
- 자문위원회는 가맹본부의 마케팅 및 광고전략을 검토한다.
- 자문위원회는 가맹점사업자의 공통의 관심사를 건의한다.

프랜차이즈시스템에 따라 다르긴 하여도 가맹본부는 자문위원회 운영비용의 일부 또는 전부를 지원한다. 또한 일부 가맹본부는 위원의 자격, 권한, 임기, 선출방법, 회의시기 등을 결정하기도 하지만 이를 가맹점사업자에게 일임하는 가맹본부도 있다.

가맹점자문위원회는 산하에 소위원회를 두고 있기도 하다. 광고위원회나 계약위원회가 이에 해당한다. 광고위원회는 광고전략의 적절성, 광고비의 집행 등 광고와 관련된 의사결정을 다루며 계약위

원회는 가맹계약조항의 적절성, 이의 변경 등을 검토한다.

성공적으로 운영되고 있는 프랜차이즈시스템의 대부분은 가맹본부가 자문위원회에 대해 상당한 권한을 위임하고 있다. 따라서 예비가맹점사업자의 입장에서는 자신이 투자할 프랜차이즈시스템을 선택할 때 가맹본부가 자문위원회를 운영하고 있는지 또한 여기에 상당한 권한을 위임하고 있는지를 판단기준의 하나로 삼을 필요가 있다.

가맹점자문위원회는 본질적으로 가맹본부의 도덕적 해이(moral hazard)를 방지하기 위한 제도이다.[100] 가맹점위원회는 가맹본부의 기회주의적 행위에 의한 가맹점의 피해를 방지하기 위한 집단적 제재수단으로 작용한다. 가맹본부에게 보다 많은 의사결정권한이 집중되어 있을수록 가맹점사업자가 가맹본부의 기회주의적 행위에 가맹점이 노출될 가능성이 높으며 따라서 위원회의 설치 필요성은 높아진다.

가맹본부의 지적재산권 등 생산과정에 가맹본부가 투입하는 자원이 많으면 많을수록 가맹본부에게는 보다 많은 의사결정권한이 주어진다. 그러나 가맹점의 입장에서는 가맹본부에게 보다 많은 의사결정권한이 주어질수록 가맹본부가 도덕적 해이를 보일 가능성은 높다. 예를 들어 가맹본부에게 보다 많은 의사결정권한이 주어질 때 가맹본부는 브랜드가치를 유지하기 위한 투자나 유능한 인적자원에 대한 투자 등에 소홀하거나 가맹점에 대한 공급가격의 인상, 가맹비의 인상, 동일상권에의 점포 중복 개설 등을 취할 수 있다. 가맹점사업자의 입장에서는 가맹점자문위원회를 설치하여 가맹본부의 도덕적 해이로부터 자신을 보호하고자 할 것이며 따라서 가맹본부에게

---

100) Cochet, Oliver and Thomas Ehrmann(2007), “Preliminary Evidence on the Appointment of Institutional Solutions to Franchisor Moral Hazard - The Case of Franchisee Councils,” Managerial and Decision Economics, 28, 41-55.

의사결정권한이 많으면 많을수록 위원회의 설치 가능성은 높아진다.

만약 가맹본부가 자신의 권한을 남용하지 못하도록 하는 강력한 인센티브가 존재할 때는 설령 많은 권한이 가맹본부에 집중되어 있더라도 위원회를 설치할 필요성은 낮아진다. 이러한 인센티브에는 (1)가맹점의 매출에서 가맹본부가 공유하는 비율과 (2)총점포 수에서 직영점수가 차지하는 비율이 포함될 수 있다. 이를 조금 더 설명하기로 하자.

대리이론에 의하면 가맹점의 성공에 가맹본부가 많이 의존할수록 가맹본부가 자신의 책임을 회피하고자 하는 인센티브는 작아진다. 로열티비율이나 광고비비율과 같은 공유파라미터는 가맹점이 가맹본부에게 지불하는 비용으로 이는 가맹본부의 중요한 수입원이 된다. 공유파라미터의 수준이 높을수록 가맹점의 성공에 의해 가맹본부의 수입이 증가하므로 가맹본부는 기회주의적 행위를 자제하고 가맹점의 성공을 위해 지속적인 지원을 하게 된다. 가맹본부는 가맹점의 매출을 증대시키기 위해 광고 등을 통해 브랜드가치를 유지하고자 노력한다. 또한 가맹본부가 생산과정에 보다 많은 자원을 투입할수록 가맹본부는 가맹점 매출에서 자사가 차지하는 비율(즉 로열티비율)을 높이고자 한다. 만약 가맹본부가 가맹점으로부터 로열티나 광고비를 받지 않는다면 가맹본부가 가맹점을 지원하거나 브랜드에 대해 적극적으로 투자할 이유가 없다.

결국 공유파라미터 수준이 높을수록 가맹본부는 자발적으로 가맹점을 지원하고자 하는 동기를 가지기 때문에 자신의 의무를 성실히 다하게 된다. 따라서 이런 경우 가맹점은 의사결정권한이 가맹본부에 집중되어 있다하더라도 굳이 자문위원회를 설치하여 자신을 보호하고자 할 필요성은 작아지게 된다.

한편 공유파라미터가 가맹본부의 기회주의적 행위를 억제하는 데 기여는 하지만 이로 인해 가맹점의 재산권은 감소한다. 가맹점의 입장에서는 공유파라미터가 클수록 가맹점의 수입은 감소하고 비용은 증가하기 때문에 프랜차이즈사업이 가지는 매력은 감소한다. 가맹본부의 입장에서는 가맹점 모집이 어려워져 시스템의 성장이 저해되는 결과를 초래한다. 이 때 가맹본부는 직영점을 개설함으로써 매출공유의 부정적 영향을 줄이면서 시스템 성장을 위한 투자를 지속할 수 있다. 가맹본부가 운영하는 직영점이 많을수록 가맹본부가 브랜드에 대한 투자, 지속적인 지원 등의 의무를 회피할 경우 자신이 입게 될 손실이 커지기 때문에 가맹본부는 이러한 기회주의적 행위를 자제하게 된다. 가맹본부가 기회주의적 행위를 자제하는 경우 가맹점이 자문위원회를 통해 가맹본부를 제재할 필요성은 작아지며 따라서 자문위원회를 설치할 가능성은 낮아진다.

6.3 가맹점사업자조직의 올바른 운영

성공적인 가맹본부는 프랜차이즈 시스템의 안정을 해치지 않는 한 가맹점사업자에게 가능하면 많은 의사결정 권한을 부여하고자 한다. 이는 가맹점사업자에게 의사결정 권한을 부여하는 것이 독립된 사업자로서 가맹점사업자가 자신의 영역에서 최선을 다하도록 하는 중요한 인센티브로 작용하기 때문이다.

미국의 인쇄 서비스 프랜차이즈 기업인 PIP Printing and Marketing Services의 CEO인 Catherine Monson은 임파워먼트(empowerment), 즉 가맹점사업자에게 의사결정권한을 부여하는 것이 파트너십 발전에 매우 중요하며, 이를 가장 성공적으로 실천할 수 있는 방법으로 여러 지역의 다양한 특성을 지닌 가맹점사업자로 구성된 가맹점위원회를 활용할 것을 권고하고 있다.[101] IFA가 매년 최고의 여성 가

101) Monson, Catherine(2008), Establishing and Maintaining an Effective Franchise Relationship, *Franchising World*, June.

맹사업자에게 주는 Bonny LeVine Award의 2008년도 수상자인 Monson은 가맹점위원회를 통해 가맹본부는 가맹점사업자가 지닌 다양한 시장정보와 아이디어를 입수할 수 있으며, 가맹점사업자는 자신의 아이디어가 과연 시스템의 발전에 도움을 줄 수 있는가를 가맹본부나 동료 가맹점사업자로부터 평가받을 수 있는 기회를 얻게 되는 것으로 보고 있다.

하지만 현실적으로 가맹점사업자조직과 가맹본부간의 관계는 그다지 긍정적이지 못하다. 특히 가맹점협회는 가맹본부와 사사건건 대립하는 주체로 인식되고 있다. 가맹점위원회와 같은 가맹점사업자조직이 가맹본부의 기회주의적 행위로부터 가맹점사업자의 권익을 보호하고 시스템의 발전에 기여하기 위해서는 다음과 같은 몇 가지 조건이 충족되어야 한다.

첫째, 가맹본부와 가맹점사업자 모두 자신의 관점이 아닌 전체 시스템의 관점에서 무엇이 과연 최선인가를 질문하고 이에 대한 답을 구하여야 한다. 가맹본부와 가맹점사업자는 프랜차이즈시스템의 성장과 발전이라는 공동의 목표를 가지고 있으며 공동목표의 성취를 위해 파트너십을 필요로 한다. 가맹본부가 가맹점협회가 서로에 대해 적대적 감정과 사고를 가지고 있는 한 파트너십의 유지는 불가능하다.

둘째, 가맹본부와 가맹점사업자 간 갈등이 발생하면 이를 해결하는 과정에서 대결방식이 아닌 대화와 문제해결식 접근이 중요하다. 가맹본부는 가맹점사업자조직이 자신과 다른 사고방식을 가지고 있으며 조직결성의 목적이 자신의 경영권을 간섭하고 방해하는 데 있다고 생각한다. 가맹점협회의 경우에는 불법 강성노조와 동일시하기도 한다. 그러나 이런 인식은 잘못된 것일 수 있다. 일부 가맹본부는 가맹점사업자조직의 결성을 반대하고 방해하거나 무시한다. 불편하기 때문이라고 이해할 수는 있지만 이는 엄연한 불법행위이다.

가맹본부에게 가맹점사업자조직은 가맹점협회가 되었건 가맹점위원회가 되었건 중요한 시장정보를 제공하는 원천이다. 가맹점사업자에게 가맹본부는 프랜차이즈시스템 전체의 균형된 발전을 위해 사업모델과 제품/서비스를 개발하고 브랜드가치를 높이는 중요한 역할을 수행한다. 가맹본부와 가맹점이 명심하여야 할 것은 각자가 상대방에 대해 긍정적인 생각과 태도를 가지고 있을 때 시스템이 발전할 수 있다는 점이다.

셋째, 가맹점자문위원회가 가맹본부의 기회주의적 행위를 억제하기 위해서는 집단적 힘을 발휘하여야 한다. 가맹본부에 대한 제재는 여러 가맹점사업자에 의한 집단제재(collective sanctions)나 개별 가맹점사업자에 의한 쌍방적 제재(bilateral sanctions)에 의해 이루어질 수 있다. 그러나 프랜차이즈시스템의 경우 개별 가맹점사업자의 힘이 약하기 때문에 쌍방적 제재는 유효한 수단이 아니다.

집단적 제재가 힘을 발휘하기 위해서는 민주적 절차에 의해 각 지역을 대표하는 자문위원이 선출되어야 하며 선출된 자문위원에 대한 지역 가맹점사업자의 전폭적인 지지가 있어야 한다. 자문위원회는 가맹본부가 필요로 하는 시장정보의 제공을 거부함으로써 힘을 가맹본부에 대해 힘을 가진다. 또한 가맹본부의 권한남용이나 기회주의적 행위를 공개하여 가맹본부의 이미지에 치명적인 영향을 미치고 신규가맹점의 모집을 어렵게 할 수도 있다. 자문위원회가 이러한 힘을 가지기 위해서는 대표성과 적절한 권한을 가지고 있어야 하며 이들의 결정을 가맹점사업자가 존중하고 따라야 한다. 자문위원회의 결정을 가맹점사업자가 따르지 않는 경우 자문위원회는 유명무실해질 수밖에 없다.

넷째, 가맹본부가 자문위원회의 자기몰입기능(self-commitment function), 즉 자문위원회를 설치하여 정직한 행위를 하는 것이 가맹본부 자신에게 유익하다는 점을 충분히 인지하고 있어야 한다. 가맹본부의 입장에서는 위원회를 설치하는 것이 자신에게 유익하다는 확신이 서지 않는 경우 위원회 설치를 거부할 수 있다.

마지막으로 가맹점위원회와 같은 조직을 결성하는 것만이 가맹본부의 기회주의적 행위를 억제하는 수단이라는 인식은 바꿀 필요가 있다. 모든 거래에 있어 기회주의적 행위는 편재한 것이며 상대방의 기회주의를 통제할 수 있는 수단은 매우 다양하게 개발되어 있다. 예를 들어 자문위원회 대신 로열티나 광고비 비율 등 자기강제적 효과를 지닌 강력한 인센티브를 구축하는 것이 효과적인 대안이 될 수 있다.

흔히 로열티를 가맹본부가 가맹점의 이익을 착취하는 수단이라고 인식하는 것은 매우 편협하고 잘못된 것이다. 가맹점사업자의 입장에서는 가맹본부로 하여금 자신의 사업을 계속 지원하고 브랜드에 대한 투자를 많이 하도록 하기 위해서는 로열티를 지급하는데 인색해서는 안 된다. 로열티는 가맹본부의 기회주의적 행위로부터 가맹점사업자 자신을 보호하고 가맹본부의 투자를 유도해 궁극적으로 가맹점의 수익을 높일 수 있는 유효한 수단이기 때문이다. 오히려 가맹점은 로열티를 받지 않는 가맹본부를 조심할 필요가 있다. 로열티를 받지 않는 일부 가맹본부의 경우 신규 가맹점 모집에만 관심을 가질 뿐 이미 계약을 체결한 가맹점에 대한 지원을 소홀히 하거나 브랜드에 대한 투자를 하지 않을 가능성이 높다.

08장 가맹점사업자로부터 성공한 기업가로의 변신

대부분의 가맹점사업자는 자신의 점포를 운영하는 것만으로 만족한다. 그러나 일부 가맹점사업자는 스스로 가맹본부를 창업하고자 하는 열망을 가지고 있다. 이들은 가맹점사업자로 활동하는 것으로 만족하지 않고 자신도 성공적인 가맹본부의 창업자가 되기를 꿈꾼다. 이들은 새로운 사업개념을 구상하고 이를 평가하며 최적의 창업시기를 저울질한다. 그러나 가맹점사업자가 가맹본부의 창업자, 즉 기업가로 변신하는 것은 쉬운 일이 아니다.

가맹점사업자가 프랜차이즈시스템을 운영하는 기업가로 변신하기 위해서는 의욕만이 아니라 능력을 지니고 있어야 하며 이를 검증받아야 한다. 자신의 점포를 성공적으로 운영하는 것은 가맹점사업자가 기업가가 되기 위한 의욕과 능력을 지니고 있음을 뒷받침하는 좋은 증거가 된다.

1 가맹본부 경영자로의 변신

가맹점사업자가 점포운영에서 성공하면 다음 단계에서는 많은 점포를 가진 다점포가맹점사업자로 성장하거나 가맹본부를 창업하여 최고경영자로 변신을 꾀할 수 있다. 가맹점사업자가 가맹본부의 경영자로 변신하는 것이야말로 매우 도전적이며 흥분되는 것이다. 그러나 소규모 사업가에서 대규모 창업자로 변신하는 것은 매우 어려운 과정을 거쳐야 하며 가맹점사업자에게 요구되는 자질과는 다른 자질을 요구한다.

가맹점사업자로 성공하기 위해서는 위험을 감수하지 않는 것이 도움이 되나 가맹본부의 경영자가 되기 위해서는 오히려 위험을 감수하여야 한다. 또한 강력하고도 일관성 있는 사업모형, 경쟁우위를 확보하기 위한 경영전략, 가맹점사업자와의 강한 유대관계, 그리고 성공할 수 있다는 강한 신념 등을 지니고 있어야 한다.

가맹점사업자가 성공적인 가맹본부의 경영자로 변신하기까지 유념해야 할 사항을 기술하면 다음과 같다.

1.1 가맹본부 창업의 결심

미국 애틀란타 소재 Artuzzi's Italian Kitchen의 공동창업자인 Rob Caswick은 가맹점사업자였던 자신의 경험을 바탕으로 가맹본부의 창업가로의 변신을 꿈꾸는 가맹점사업자에게 다음과 같은 조언을 하고 있다.[102)]

첫째, 가맹점사업자로 활동하며 얻은 경험을 지렛대로 활용하여야 한다. 가맹점사업자였다는 것을 부끄럽게 생각할 필요는 없다. 오히려 매일 점포를 운영하며 얻은 지식은 보다 좋은 시스템을 개발하는데 필요한 지식을 제공한다. 또한 가맹점사업자가 되기 위해 받은 교육훈련은 자신이 만든 프랜차이즈시스템에 가입하는 가맹점사업자를 교육시키고 이들의 욕구를 이해하고 강력한 네트워크를 형성하고 원만한 관계를 유지하는데 도움을 준다. 또한 가맹점을 운영하면서 얻은 경험은 새로운 마케팅기법을 개발하는 데 도움을 준다.

둘째, 마음가짐을 변화시키는 것이 중요하다. 가맹본부의 창업자가 되기 위해서는 종전의 가맹점사업자로서의 태도를 바꾸어야 한

102) Caswick, Rob(2007), “Franchisee to Franchisor: What it Takes to Make the Transition,” *Franchising World*, Feb., Vol. 39, Issue 2.

다. 자신이 리더이자 스승이라는 생각을 가져야 한다. 유망한 사업모형을 개발하는 것도 중요하지만 이를 가맹점사업자에게 전수시키는 것이 중요하다. 가맹본부의 창업자에게는 전체 가맹점사업자 네트워크를 관리하는 책임이 주어져 있다. 프랜차이즈시스템의 최고경영자로서 가맹본부 창업자는 시스템의 성장을 모색하여야 할 뿐만 아니라 네트워크를 유지하기 위해 필요한 핵심수단을 제공하고 가맹점사업자의 일상적인 영업을 지원하여야 한다. 이는 운용상이 책임만이 아니라 도덕적인 책임도 져야한다는 것을 의미한다.

셋째, 크게 생각해야 한다. 가맹본부의 창업자가 되고자 한다면 한 개의 점포운영이 아닌 하나의 시스템을 운영한다고 생각하고 큰 그림을 의식적으로 그려보아야 한다. 큰 그림을 그린다는 것은 개략적으로 시스템을 구상하라는 것이 아니다. 의사결정이 시스템내 모든 점포에 영향을 미치기 때문에 오히려 보다 세밀하고 신중하고 보다 조직적으로 정책을 세우고 환경변화 추세에 맞게 시스템을 적응시켜나가야 한다.

1.2 사업모형의 검토

가맹본부를 창업하기로 결심을 하고 나면 다음 단계에서는 자신의 사업모형이 과연 프랜차이즈화 할 수 있는가를 검토하여야 한다. 일반적으로 프랜차이즈사업을 전개하기 위해 반드시 검토해야 하는 기본사항에는 다음과 같은 것들이 포함된다.

첫째, 사업개념을 개발한다. 사업개념은 프랜차이즈시스템의 핵심이며 사업개념이 프랜차이즈화할 수 있는가는 이것이 얼마나 독특하냐에 따라 결정된다. 가맹본부가 초기에 실패하는 가장 흔한 이유는 사업모형에 대한 사전 검토가 충분하게 이루어지지 않았기 때문이다. 사업개념은 충분한 시장수요를 가지고 있어 수익성이 보장되어야 한다. 이와 관련 가맹비와 로열티에 대한 구조도 미리 결정하고 있어야 한다. 과거 성공적인 사업개념이 어떻게 개발되었는가를 비교분석하여 벤치마킹하고 이러한 사업모형이 자신의 사업에도 적용가능한가를 충분히 검토하여야 한다.

둘째, 사업계획을 수립하여야 한다. 사업계획은 사업개념 다음으로 프랜차이즈시스템의 개발에 있어 핵심적인 요소이다. 사업계획은 사업개념에서부터 사업모형, 프랜차이즈시스템의 운용, 마케팅 및 재무관리 등 사업전략을 포괄하고 있어야 한다. 또한 프랜차이즈시스템의 향후 10년간 성장계획을 기간별로 미리 설정하는 것도 중요하다.

셋째, 가맹점 선정기준을 마련하여야 한다. 가맹점사업자에 대한 선정에서 가장 중요한 기준은 예비가맹점사업자가 사업을 수행할 수 있는 충분한 능력과 동기를 지니고 있는가이다. 또한 예비가맹점사업자가 자신과 비전을 공유하고 있을 때 성공적인 사업전개가 가능하다.

넷째, 무엇보다 중요한 것은 가맹본부 창업자 자신이 사업모형이 성공적으로 운영될 수 있다는 확신을 가지고 있어야 한다. 이러한 확신이 있을 때 가맹점사업자도 확신을 가지고 사업을 수행할 수 있으며 새로운 가맹점사업자를 모집하여 시스템이 성장할 수 있다.

1.3 프랜차이즈시스템의 개발

자신의 사업모형을 프랜차이즈화할 수 있다는 확신이 서면 다음 단계에서는 프랜차이즈시스템을 개발하고 프랜차이즈사업과 관련된 여러 법적 제약요인을 이해하며 마케팅활동을 본격적으로 전개해 나가야 한다.

시스템의 개발

프랜차이즈사업은 시스템을 특징으로 하는 사업이다. 시스템이 없으면 프랜차이즈사업은 효과적으로 실행될 수 없다. 시스템개발에 있어서는 사업을 위한 명백한 절차와 기법이 가장 먼저 마련되어야 한다. 운영지침은 성공적으로 사업을 수행하기 위한 여러 단계가 문서화된 것을 말한다. 운영지침은 표준화된 매뉴얼과 계약서, 정보공개서에 반영되어야 하며, 이를 가맹점사업자에게 충분히 이해시킴으로써 시스템내 모든 가맹점을 통해 일관된 제품/서비스를 제공할 수 있다. 소비자는 어느 지역에서건 동일한 제품/서비스를 구매하길 원한다. 일관성이야말로 프랜차이즈시스템이 생존하는데 필수적이라 할 수 있으며 운영지침은 이를 구현하는 수단이 된다.

정보화시대에 있어 신규점포를 지원하는 정보인프라의 개발은 필수적이다. Figaro's Italian Pizza의 CEO인 Ron Berger는 가맹점의 수가 늘어날수록 정보인프라가 의사소통의 수단으로 매우 중요하다는 점을 지적하고 있다.[103] 프랜차이즈시스템을 설계할 때는 가맹점에 대해 어느 정도의 지원을 제공할 것인가를 결정해야 한다. 가맹점 수가 하나일 때는 마케팅, 광고, 교육훈련, 의사소통 등의 지원을 제공하여야 한다. 가맹점이 둘로 늘어나면 이들 가맹점과의 의사소통방법을 강구하여 성공사례를 벤치마킹하도록 하여야 한다. 가맹점이 셋으로 증가하면 효과적인 광고와 일관성을 유지하는 것이 중요하다. 이때는 가맹본부와 가맹점간 의사소통뿐만 아니라 가맹점간의 의사소통이 중요해진다.

인프라의 설계는 첫 번째 가맹점을 열 때부터 심사숙고되어야 한다. POS 컴퓨터시스템을 개발하고 이를 첫 번째 점포부터 갖추도록

---

103) Berger, Ron, Powell, Karen, Vidergauz, Anthony(2007), "Franchise Executives Share Insights on Leadership," *Franchising World*, Vol. 39(Jan.), Issue 1.

계약서 상에 요구하여야 한다. 최소한 주단위로 활동보고가 가능하도록 하여야 한다. 또한 매주 이메일을 통해 가맹본부는 가맹점에 대해 프랜차이즈시스템에 대한 현황보고를 하여야 한다.

마케팅과 광고지원에 대해서는 광고대행사와 같은 전문가를 활용하여 가맹본부와 모든 가맹점에 대해 광고캠페인 등에 대한 활동보고를 하도록 하는 것이 바람직하다. 상당수의 프랜차이즈시스템은 가맹본부가 아닌 가맹점사업자에 의해 광고기금이 운영되고 있다는 점에서 가맹점사업자에 대한 광고활동 보고는 매우 중요한 의미를 지니고 있다.

점포수가 증가하면 인트라넷을 통해 가맹본부와 가맹점들을 연계할 필요가 있다. 인트라넷은 가맹본부가 온라인을 통해 운영매뉴얼을 상시 제공할 수 있게 해주며 수시로 수정이 가능하고 가맹점간 혹은 가맹점과 가맹본부간의 공개포럼 스타일의 의사소통을 가능하게 해준다. 미국의 프랜차이즈기업인 California Closets은 2일에서 3일간 전국 혹은 지역단위의 워크숍을 통해 가맹점간 혹은 가맹점과 수퍼바이저 간의 의사소통을 도모하고 성공사례를 공유하고 학습하고 있다.

마케팅활동의 전개

마케팅은 가맹본부의 창업에 있어 마지막 단계라 할 수 있다. 가맹점사업자는 현지 점포운영 경험을 살려 보다 수월하게 마케팅활동을 수행할 수 있다. 그러나 가맹본부의 마케팅은 점포운영과는 차원이 다른 것으로 더 많은 검토를 필요로 한다. 성공적인 마케팅을 위해서는 시장, 즉 최종 소비자와 경쟁사에 대해 충분히 이해하고 있어야 한다. 그러나 가맹본부의 경영자가 되기 위해서는 1차 고객인 가맹점사업자를 이해하고 이들이 자신의 사업개념을 구매하도록 하여야 한다. 기존 가맹점사업자에 대해서는 이들이 자사의 브랜드 비전과 가치를 공유하고 있는가도 분석하여야 한다. 가맹점사업자가 실천할 수 있는 마케팅프로그램을 상세하게 개발하고 다양한 경로를 활용해 이들과 의사소통을 도모하고 동반자적인 관계를 유지·발전시키는 것도 중요하다.

마케팅활동의 전개에 있어 중요한 것은 시장환경의 변화에 맞추어 유연성을 가지는 것이다. Officer Décor & You의 CEO인 Karen Powell은 집중과 변화의 시너지를 살리는 것이 중요하다고 보고 있다. 지나치게 현재의 여건이나 사업개념에 집중하여 새로운 시장기회를 상실하거나 변화의 시기를 놓치는 것은 치명적일 수 있다. 필요하다면 사업개념은 변화되어야 한다.

하지만 사업개념을 변화시키는 것은 쉽지 않다. 이제 막 사업을 시작한 가맹점사업자의 경우에는 변화가 혼란스러운 것일 수 있다. 이미 성공적으로 가맹점을 운영하고 있는 사업자의 경우에는 새로운 사업개념에 저항하기 쉽다. 굳이 변화할 필요가 없다고 느끼기 때문이다. 사업개념이 바뀌면 마케팅전략도 변화시킬 필요가 있다. 시장세분화를 통해 표적시장을 바꾸거나 이들에 대한 마케팅믹스전략도 새로운 추세를 반영하여 바뀌어야 한다.

가맹점사업자의 선정 및 교육

가맹본부가 성공하기 위해서는 적합한 가맹점사업자를 찾아 충분한 교육훈련을 시켜야 한다. 적합한 가맹점사업자란 자신의 사업을 발전시키기 위한 열정을 가지고 있어야 하며, 기업가적 정신, 장기적인 비전, 고객서비스경험, 일상 업무에 헌신하고자 하는 의욕을 가지고 있는 자를 말한다. 그러나 유능하고 동기부여된 가맹점사업자를 찾는 것 못지 않게 중요한 것이 이들에게 프랜차이즈사업을 교육시키는 것이다.

미국의 프랜차이즈기업인 Merry Maids의 CEO인 Joy Flora는 25

년간의 자신의 경험을 바탕으로 가맹본부가 성공하기 위해 가맹점사업자에 대한 교육훈련을 강화할 것을 다음과 같이 제시하고 있다.[104)]

첫째, 가맹본부는 가맹점사업자를 다양한 수단을 통해 교육훈련시켜야 한다. 지역간담회, 연차세미나, 내부 의사소통 프로그램, 웹사이트, 인쇄매체 등을 통해 가맹점사업자를 초기 사업단계부터 계속 교육시키는 것이 중요하다. 교육훈련프로그램과 지원서비스를 잘 받은 가맹점사업자의 경우 성공적인 것으로 나타나고 있다.

둘째, 가맹본부는 가맹점사업자로 하여금 법적 요건을 잘 이해하고 있도록 해야 한다. 세금이나 보험과 같은 문제에서의 실수는 사업을 망치는 주범이 될 수 있다.

셋째, 가맹본부는 가맹점사업자로 하여금 프랜차이즈사업 산업과 관련된 정보를 가맹점사업자에게 제공해야 한다. 각종 세미나나 학회 등에 참석하는 것은 좋은 정보를 얻고 교환하는 기회가 된다.

법적 제약에 대한 이해

사업초기, 상당수 경영자는 자신이 사업을 가장 잘 이해하고 있다고 믿기 쉽다. 그러나 지나친 과신이나 불충분하고 부정확한 지식은 치명적일 수 있다. 프랜차이즈사업에서 가맹점-가맹본부 간의 계약은 각자의 권리와 의무를 규정하고 있는 것으로 매우 중요하다. 계약서의 작성에서부터 정보공개서, 상표등록, 분쟁해결에 이르기까지 매우 복잡한 법률관계에 대해서는 전문변호사나 전문컨설턴트를 활용해 면밀하게 검토하는 것이 좋다. 이는 효율적인 경영을 위해 반드시 필요하며 미래에 닥칠지도 모를 분쟁을 사전에 예방하는 효과도 지니고 있다.

---

104) Joy Flora.

2 프랜차이즈사업과 리더십

프랜차이즈사업은 관계를 기반으로 하는 사업이다. 그만큼 가맹본부와 가맹점 간의 관계를 어떻게 이끌고 발전시켜나가는가가 사업성공의 열쇠가 된다. 이러한 의미에서 가맹점사업자가 가맹본부의 경영자가 되기 위해 필요한 가장 중요한 자질 혹은 역량은 리더십이다.

2.1 리더십 모형

리더십은 관점에 따라 다양하게 정의되고 있다. 공동의 목표를 향하여 그룹의 활동을 지휘하는 개인의 행동으로 정의되기도 하며, 집단이나 조직의 한 구성원이 사건의 해석, 목표나 전략의 선택, 작업활동의 조직화, 목표성취를 위한 구성원 동기부여, 협력적 관계의 유지, 구성원들의 기술과 자신감의 개발, 외부인의 지지와 협력의 확보 등에 영향을 미치는 과정으로 정의되기도 한다.

리더십은 기업의 성패를 결정한다. 리더십이 어떠하냐에 따라 조직내 구성원의 행동과 집단행동이 달라지며 그 결과 조직성과가 영향을 받게 된다. 리더십은 기업의 생산성에서부터 창조성, 종업원 사기와 만족, 안전에 이르기까지 기업의 모든 영역에 큰 영향을 미친다. 그렇기 때문에 리더십은 대부분의 기업인과 컨설턴트들이 지대한 관심을 가지고 있는 주제가 되고 있다.

리더십은 크게 거래적 리더십(transactional leadership)과 전환적 리더십(transformational leadership)으로 구분할 수 있다.[105] 거래적 리더십은 부하의 노력을 유도하기 위한 방법으로 이들의 행위 결과

105) B. M. Bass.

에 대한 보상이나 처벌을 중시한다. 반면 전환적 리더십은 부하의 가치체계와 신념체계를 변화시킴으로써 조직이나 집단의 성과를 제고하려는 리더십 유형을 말한다. 전환적 리더십은 높은 이상과 가치관을 부여하고 동기부여를 통해 부하가 따르도록 한다는 점에서 직접적인 영향력행사로 부하의 순응을 유도하는 거래적 리더십과는 구분된다.

[그림 8-1]에서 보듯이 리더십은 카리스마(charisma), 개별적 배려(individual consideration), 지적 자극(intellectual stimulation), 상황적 보상(contingent reward), 예외에 의한 관리(management by exception)의 다섯가지 요소로 구성된다. 이 중 카리스마, 개별적 배려, 지적 자극은 전환적 리더십의 구성요소이며 상황적 보상과 예외에 의한 관리는 거래적 리더십의 구성요소라 할 수 있다.

카리스마

카리스마는 전환적 리더십의 구성요인 중 가장 중요한 구성요인이다. 카리스마는 부하로 하여금 주어진 직무에 열중하도록 하고, 조직에 충성하게 하며, 존경심을 유발하고 조직의 목표와 사명이 무엇인지를 파악할 수 있게 해주는 능력을 말한다. 카리스마적 리더는 자신감, 탁월성, 목적의식과 부하들이 품고 있는 목표와 이상을 확실히 표명할 수 있는 능력을 표현할 수 있는 자질을 갖춘 재능 있고, 존경 받는 인물로 설명하고 있다. 따라서 카리스마적 리더는 보편화된 영향력을 가지고 있다. 이 영향력은 전환적이며, 당면하고 있는 상황을 초월하고 합리적인 보상약속이나 즉각적인 처벌위협과 부하의 동조(compliance)와 같은 상호교환을 능가하는 것이다. 카리스마적 리더는 자신감, 관리적 기술, 정확한 상황판단력, 사회적 감수성과 감정이입 능력을 지니고 있다.

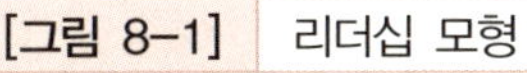
[그림 8-1] 리더십 모형

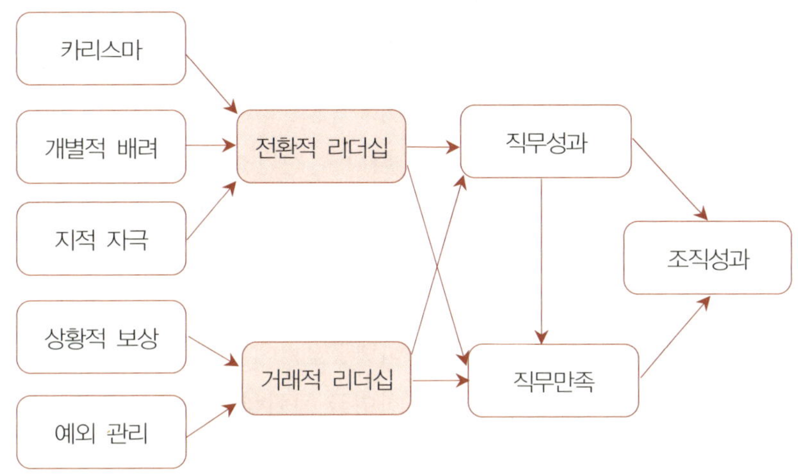

개별적 배려

전환적 리더는 부하를 개발시키려는 비전과 통찰력을 지니고 행동한다. 전환적 리더는 부하들의 능력과 동기부여에 효과적으로 작용될 수 있도록 부하 개인적인 성향에 기초하여 과업을 부여한다. 개별적 배려는 리더와 부하간의 관계에 있어서 리더에 대해 만족하게 하고 부하의 생산성을 향상시킨다. 전환적 리더는 부하를 배려하고, 동정하며, 관심과 지원을 아끼지 않는다. 따라서 개별적 배려는 부하와 상사간의 직접적인 접촉과 양방향의 의사소통을 강조하며, 이를 통해 부하의 자아상(self-image)을 확립시켜주고, 의사결정에 따르는 결과에 대하여 책임의식을 갖도록 한다.

지적 자극

지적 자극은 문제에 대한 인식을 달리하고, 문제해결의 새로운 방법을 찾을 수 있게 한다. 부하의 상상력을 발휘하도록 만들고 부하가 가지고 있는 사고나 견해를 일반화시킬 수 있도록 고무시킨다.

이러한 지적 자극은 부하가 직면한 문제점의 본질과 그 해결방안에 대하여 부하가 가지고 있는 개념화, 이해도, 신중성을 한층 더 발전적일 수 있도록 만든다. 전환적 리더는 부분적인 문제해결에 만족하지 않으며, 현재의 상태를 받아들이지 않고, 이전에 실시했던 방법대로 일을 수행하려 하지 않는다. 따라서 전환적 리더는 보다 새로운 방법과 새로운 변화를 모색하고 보다 높은 위험에도 불구하고 기회를 최대한 이용하려는 경향이 강하다. 전환적 리더의 사고는 반응적(reactive)이라기 보다 주도적(proactive)이며, 아이디어 창출에 있어 보다 창의적이고, 혁신적이며, 이데올로기에 있어 급진적인 성향을 보인다. 전환적 리더는 부하로 하여금 독립성과 자율성을 가지고 새로운 아이디어와 시각을 가지도록 하며 부하의 아이디어에 대한 지원과 이를 실현시키기 위한 공동의 노력을 중시한다.

상황적 보상

상황적 보상은 부하들이 보상을 받기 위해서는 무엇을 해야 하는지, 또는 처벌을 피하기 위해서는 무엇을 해야 하는지에 대한 리더와 부하 간의 합의에 의해 결정된다. 리더와 부하에게는 이를 근거로 설정된 목표를 위해 역할과 책임을 부여된다. 상황적 강화는 리더와 부하로 하여금 효율성에 더 많은 관심을 가지게 한다. 거래적 리더는 과업수행에 있어서 무엇이 진실인가(what is true)를 모색하기 보다는 어떻게 과업을 수행하는 것이 효율적인가에 더 많은 관심을 가진다.

예외관리

예외관리는 부하가 실패하고 이탈된 행동을 보일 때에만 리더가 개입하는 것을 말한다. 따라서 리더는 부하의 이탈된 행동이나 부족한 면을 찾기 위한 활동을 주로 한다. 부하가 성과기준 이하로 떨어질 경우 리더는 이를 경고하고 부하가 성과기준에 도달할 수 있도록 정보를 피드백한다. 리더는 부하의 낮은 성과에 대하여 그 원인이 부하의 노력부족이라고 진단되면 처벌적인 행동을 취하여야 하지만, 능력부족이라고 진단되면 부하를 훈련시키거나 부하를 대체시켜야 하는 것이 바람직하다.

리더로서 성공하기 위해서는 전환적 리더십과 거래적 리더십의 다섯 가지 요소를 모두 지니고 있어야 한다. Kouzes and Posner는 그들의 저서 The Leadership Challenge에서 성공적인 리더가 지니고 있는 공통적인 특성을 다음과 같이 기술하고 있다.[106)]

- 성공적인 리더는 개척자이다. 이들은 현실에 안주하지 않으며 항상 무언가 새로운 길을 모색한다.
- 성공적인 리더는 자신을 추종하는 자로 하여금 자신과 미래상을 공유하도록 한다. 이들은 미래가 어떤 기회를 제공할 것인지 알려준다.
- 성공적인 리더는 자신을 추종하는 자가 행동할 수 있도록 도와준다. 성공적인 리더는 프로젝트나 프로세스, 과업에 필요한 지원과 조언이 무엇인지 알려준다.
- 성공적인 리더는 명확한 신념을 가지고 있으며 상세하게 계획을 수립하고 있으며 추종자가 따라야 할 역할모델을 제시한다.
- 성공적인 리더는 추종자의 마음을 움직인다. 이들은 추종자가 최고의 위치에 올라가는 것이 고단하고 시간이 오래 걸리지만 포기하지 않도록 격려한다.

특히 프랜차이즈사업에 있어 성공적인 리더가 되기 위해서는 비

106) Kouzes, James M. and Barry Z. Posner(2003), *The Leadership Challenge*, 3rd edition, Jossey-Bass.

전의 공유와 가맹점사업자에 대한 배려가 중요하다. 프랜차이즈사업은 독립적으로 운영되는 가맹점사업자로 하여금 가맹본부가 제시하는 운영모델을 따르도록 요구하면서 가맹점사업자로 하여금 점포운영에 있어 자율성을 가지고 최선을 다하도록 배려하고 지원하는 사업이다.

2.2 리더십 원칙

미국의 프랜차이즈기업인 Home Instead Senior Care의 CEO인 Paul Hogan은 가맹본부의 창업자가 성공하기 위해서는 리더를 양성하는데 적극적이어야 하는 것으로 보고 있다. 그는 대부분의 창업가가 리더가 되고자 하기보다는 열정만을 추구하는 것으로 보고 있다.

대부분의 창업가는 자신의 아이디어가 성공하기 바라지만 수많은 가맹점을 거느리는 리더로서 자신을 그리고 있지 않다. 이들은 장기적으로 성공하기 위해 리더십이 얼마나 중요한가도 모르고 있다. Hogan은 자신의 경험을 바탕으로 다음과 같은 7가지 리더십 원칙을 제시하고 있다.[107)]

[원칙 1] 리더십은 확신으로부터 나온다. 1994년 Home Instead Senior Care의 연간 매출은 68,000달러에 불과한 햇병아리였다. Hogan은 주변에서 자신의 사업아이디어가 성장할 가망이 없다고 조언을 했지만 자신의 아이디어에 확신을 가지고 있었다. Hogan은 주변사람의 만류에도 불구하고 사업을 계속하겠다고 하였으며 이는 다른 사람으로 하여금 사업에 몰입하도록 하였으며 그 결과 Home Instead Senor Care는 매시간 68,000달러를 벌어들이고 있다. 리더는 자신이 누구이며 누구를 대표하는지 알고 있다. 리더는 결코 타

---

107) Hogan, Paul(2006), "Great Leaders Nurture Leaders," *Franchising World*, Vol. 38(Sep.), Issue 9.

협하지 않으며 자신이 옳다고 믿는 것을 끝까지 추진한다.

[원칙 2] 리더는 가치를 중시한다. 많은 조직이 다양한 가치를 추구한다고 말한다. 이 중 일부는 그럴듯하지만 일부는 급조된 것이다. 말한다. 가치를 말하는 것은 좋지만 이것이 믿을만한 것인지는 의문이다. 기업이 어려워질 때 기업은 이들 가치를 이런 저런 이유로 포기하곤 한다. 리더는 설령 기업이 어려워지더라도 자신이 신념을 가지고 있는 핵심가치를 포기하지 말아야 한다. Home Instead Senor Care는 종교적 신념으로 사업을 수행하고, 존엄과 존경으로 타인을 대하며, 자신과 타인의 성장을 격려하고, 서비스의 가치를 높이는 것을 핵심가치로 삼고 있다.

[원칙 3] 리더는 비전을 품고 있으며 이를 계속 발전시켜 나간다. 리더는 자신의 비전을 부하직원에게 명확히 전달하여야 한다. 비전은 꿈이며 따라서 많은 사람의 생각을 바꾸고 감동시킨다. 리더는 자신의 꿈을 사업초기부터 가지고 있어야 하며 이를 실현하기 위해 계속 노력하여야 한다.

[원칙 4] 리더는 훌륭한 팀을 만들고 이들을 신뢰한다. 팀을 형성하고 신뢰하는 것은 리더십에 있어 가장 어려운 과제 중의 하나이다. 팀의 형성은 최고의 종업원을 선발하는 것으로부터 시작한다. 이는 누구나 아는 것이지만 실천하기는 쉽지 않다. 최고의 종업원을 선발하는 대신 많은 경영자는 비용을 먼저 생각한다. 이들을 고용하기는 해도 이들의 조언을 무시하거나 거부한다. Hogan은 자신도 이러한 실수를 범했다고 한다. Home Instead Senor Care의 마케팅 팀은 회사 안내책자의 품질을 개선할 것을 권고하였지만 Hogan은 이를 거부하였다. 그 이유는 비용 때문에 사업성이 낮아질 것을 우려하였기 때문이었다. 이는 자사의 선도기업으로서의 이미지를 심어주는데 큰 장애가 되었으며 가맹점사업자에게도 불이익을 주는 결과를 초래하였다. 기업가는 자신이 항상 옳다는 생각을 하기 쉽다. 그러나

자신이 최고라고 믿고 선발한 종업원을 믿지 못하는 것은 문제라고 할 수 있다.

[원칙 5] 리더는 남의 말을 듣고 배우고자 한다. 남의 말을 듣는 것은 자존심에 상처를 줄 수 있다. 그러나 리더가 고객과 종업원, 가맹점사업자, 컨설턴트의 말을 듣지 않을 때는 큰 실수를 저지를 수 있다. 리더는 남의 말을 단순히 듣는 것으로 끝나서는 과연 이들 정보가 자신이나 기업에 필요한 것인가를 평가하여야 한다. 자신이 미처 생각하지 못한 것인지 자신의 발상을 전환할 필요가 있는 것인지를 판단하여야 한다.

[원칙 6] 리더는 자신의 지위가 아닌 자신의 행동에 의해 평가받고자 한다. CEO가 되었다는 것이 종업원이나 가맹점사업자 등 주변사람이 자신을 존경하고 있다는 것을 의미하지는 않는다. 존경을 받기 위해서는 이에 합당한 행동을 해야 한다. 존경을 받기 위해서는 대인관계 뿐만 아니라 거래관계에서 일관되고 정직하게 행동하여야 한다. 노인에 대한 최상의 간호서비스를 약속하였는데 가맹점사업자가 이를 실천하는데 어려움을 겪고 있다면 이들을 교육시키고 훈련시켜야 한다. 이는 기업에 대한 신뢰를 높여주며 간호서비스의 질을 높여준다.

[원칙 7] 리더는 타인의 리더십을 양성하는데 노력한다. 리더십은 CEO 뿐만 아니라 종업원이나 가맹점사업자에게도 필요한 것이다. 종업원과 가맹점사업자는 나름대로의 역할이 있다. 이들은 CEO의 리더십을 단순히 추종하는 자가 아니라 자신의 분야에서 리더로서의 역할을 수행하여야 한다. 이를 위해 훌륭한 리더는 교육훈련을 제공하고 팀을 조성하며 계획수립에 이들을 참여시킨다.

2.3 리더십과 소유문화

가맹점사업자가 가맹본부의 경영자로 성공하기 위해서는 자신의 가맹점사업자가 소유문화를 실천할 수 있는 여건을 조성하고 이들을 격려하는 것이라 할 수 있다. 가맹본부의 경영자는 전체 프랜차이즈시스템의 리더로서 개별 가맹점사업자로 하여금 소유문화의 특성을 학습하고 실천하도록 고무하여야 한다.

이러한 의미에서 Hogan이 제시하고 있는 리더십 원칙 중 일곱번째 원칙인 리더십의 계승은 매우 중요하다 할 수 있다. 이는 소유문화의 중요성을 강조하고 있는 것이라 할 수 있다.(소유문화에 대해서는 앞서 5장에서 상세히 기술한 바 있다.)

소유문화는 기존의 기업문화에 있어 심각한 변화를 의미하는 것이기에 기업의 리더는 이를 주도하며 적절히 관리하여야 한다. 변화에 대한 관리가 필요한 것이다. John Kotter는 자신의 저서 Leading Change에서 성공적인 변화관리를 위해 필요한 여덟 단계를 제시하고 있다.[108]

[단계1] 종업원으로 하여금 변화가 절박하고 시급하다는 생각을 가지게 한다. 환경이 변화하고 있고 자사 및 타사의 종업원 태도와 기대가 변화하고 있다는 것을 주지시켜야 한다. 변화 사례를 제시하고 아무런 행동을 취하지 않는 것이 어떤 결과를 초래할지를 인식시킨다.

[단계2] 동료, 상사, 혹은 부하직원과의 협력을 모색하도록 한다. 변화는 혼자 할 수 있는 것이 아니다. 이들과의 의견일치를 모색하고 협조를 이끌어내도록 한다. 또한 누가 영향력을 지니고 있는가를 파악한다.

---

108) Kotter, John P.(1996), *The Leading Change*, Harvard Business School Press.

[단계3] 미래상과 전략을 개발한다. 기업이 어디로 가고자 하며 어떻게 갈수 있는가를 구상한다.

[단계4] 모든 종업원에게 변화의 미래상을 인식시킨다. 모든 수단을 활용하여 기업의 미래상에 대해 종업원과 의사소통한다.

[단계5] 새로운 시도, 책임성, 팀 정신 등을 방해하는 장애물을 제거한다. 사업성과를 향상시키 위해 책임자를 보상하고 사업개념을 미래성과 전략에 정렬시킨다.

[단계6] 빠른 시기에 성과를 보여준다. 성취가 보장된 한 두가지 성공시나리오를 개발하고 이를 책임지고 주도한 팀원을 공개적으로 보상하여 전체 종업원을 고무시킨다.

[단계7] 변화의 속도를 조절한다. 너무 급격한 변화는 종업원에게 스트레스를 준다. 종업원이 어느 정도의 스트레스를 받고 있는지 진단하고 이를 해결하여 고무시킨다.

[단계8] 변화를 제도화한다. 새로운 변화를 반영하는 메시지를 종업원에게 보낸다. 변화에 적응할 수 있도록 사업개념을 수정하고 종업원을 대상으로 내부마케팅프로그램을 개발하여 변화가 기업 깊숙이 자리잡도록 한다.

2.4 성공적인 리더가 되기 위한 요건

이상의 논의를 토대로 프랜차이즈사업에 있어 리더십을 발휘하기 위해 경영자가 지녀야 할 태도와 자질은 다음과 같이 제시될 수 있다.

비전과 목표의 제시

가맹본부의 경영자가 되기 위해서는 변화하는 시장 환경에 적합한 비전과 목표를 제시하고 이를 실천하여야 한다. 가맹점사업자가 사업을 수행하고자 하는 사기가 저하되어 있거나 포기하는 것은 가맹본부가 비전을 제시하지 않기 때문이다. 미국의 프랜차이즈기업인 Action International의 미국 판매책임자인 Richard Bernstein은 강력한 리더십 문화를 창출하고 유지하기 위해 가맹본부가 명확한 비전, 사명, 문화를 가맹점사업자와 공유하여야 한다고 보고 있다.[109)]

리더는 선장과 같이 갑판위에서 먼 곳을 내다보고 배가 어디로 가고 있고 어디로 가야하는가를 제시한다. 리더는 상황변화에 따라 새로운 목표와 방향을 제시하고 가맹점사업자를 격려한다. 미국의 제빵 프랜차이즈기업 Great Harvest Bread Company의 CEO인 Tom McMakin은 자신을 양치기 개에 비유하고 있다.[110)] 양치기 개는 양을 올바른 방향으로 인도하는 역할을 한다. 어떤 위험이 앞에 있고 이를 피해갈 수 있는 길이 어디이고 위험이 닥쳤을 때 무엇을 해야 하는가를 정확히 알고 있다. 리더는 비전을 가지고 방향을 제시하며 종업원과 가맹점사업자를 이끌어야 한다.

팀워크의 조성

리더는 조직 내 팀이 자율적으로 관리될 수 있는 여건을 마련해 주어야 한다. 팀이 발전하는 과정을 보면 초기에는 사기는 높지만 생산성이 낮다. 시간이 지나면서 낮은 생산성에 대해 팀원들은 불만족하기 쉬우며 이로 인해 갈등이 높아진다. 갈등이 원만히 해결되고 성과가 발생하고 생산성이 올라가면서 팀내 사기는 다시 높아지기 시작한다. 성과와 사기가 높아짐으로써 팀은 자생력을 가지며 보다 많은 성과를 올리게 된다.

---

109) Bernstein, Richard(2004), "How Franchise Systems Can Build and Maintain a Strong Leadership Culture," *Franchising World*, Vol. 36(Nov./Dec.), Issue 10.

110) Larson, Polly(2001), "Great Harvest: 'The Best of Both Worlds,'" *Franchising World*, Vol. 33(Jan./Feb.), Issue 1.

리더는 팀이 과연 어느 상황에 처해 있는가를 파악하고 상황에 적합한 조치를 취하여야 한다. 초기단계에는 각자의 역할이 무엇인가를 명확히 제시하여야한다. 불만족과 갈등이 생기면 이를 해결할 수 있도록 지원을 아끼지 않아야 한다. 생산성이 향상되고 사기가 올라가기 시작하면 팀을 격려하여야 하며 팀이 자생력을 가지게 되면 간섭하지 말고 내버려 두어야 한다.

인적자원 개발 및 컨설팅 기업인 Caliper의 CEO인 Herbert Greenberg는 리더십은 최적의 인적자원을 가지는 것으로부터 시작하는 것으로 보고 있다.[111] 레스토랑을 운영하면서 성공한 창업자가 레스토랑 프랜차이즈사업을 하면 성공할 것이라는 생각은 크게 잘못된 것이다. 하나의 점포를 운영하는 것과 다수의 점포를 운영하는 것은 완전히 다른 능력을 요구한다. 프랜차이즈사업은 다수의 점포를 관리할 수 있는 능력이 있는가에 따라 달라지며 독립된 가맹점사업자를 어떻게 선도할 것인가에 따라 달라진다.

리더는 자신의 수하가 얼마나 훌륭하냐에 따라 자신의 명성이 결정된다고 믿는다. 리더는 엄격한 기준에 의해 능력있고 동기부여된 가맹점사업자를 모집하고 이들과 함께 팀을 구성한다. 또한 이에 못지않은 기준에 의해 지역판매자나 수퍼바이저를 모집하여 팀을 구성하고 이들에게 상당한 의사결정을 하도록 한다. 가맹점사업자의 리더십도 중요하다. 가맹점사업자 중 리더는 대부분 초기가입자이거나, 다점포사업자로 성공한 사업자들이다. 성공한 가맹점사업자의 말과 경험은 여타 가맹점사업자와 가맹본부가 일체감을 형성하는데 큰 도움을 준다.

자신의 점포운영에 성공한 창업자가 프랜차이즈사업을 하고자 한

---

111) Greenberg, Herbert M. and Patrick Sweeney(2002), "Leadership: It Begins With Selecting the Right People," *Franchising World*, Vol. 34(Apr.), Issue 3.

다면 가맹점사업자와 종업원 등 시스템 구성원으로 하여금 자신과 같은 비전을 공유하고 자신의 리더십 스타일에 반응하면서 보완적 역할을 수행하도록 하여야 한다. 프랜차이즈사업은 개인에 의해 만들어지는 것이 아니며 조직이 만드는 것이다. 프랜차이즈시스템이 성공하기 위해서는 조직구조가 합리적이며 명확해야 한다. 또한 적재적소에 유능한 인물을 선발하고 이들과 팀을 형성해야 한다. Success Magazine에 의해 '올해의 뛰어난 프랜차이저'(Outstanding Franchisor of the Year)로 선정된 바 있는 Sylvan Learning Center의 Patty Miller 부회장은 자사의 성공이 가맹점사업자와의 긴밀한 관계 유지에 있으며 하나의 팀으로서 상대방의 마음을 읽을 수 있어야 한다고 보고 있다. 가맹본부와 가맹점사업자 사이에 갈등이 빈번히 발생한다는 것은 곧 손실을 의미한다.

가맹점사업자를 선정할 때도 중요한 것은 이들이 자신의 사업을 수행함에 있어 리더십과 팀형성 능력을 가지고 있는가를 최우선의 평가요소로 삼아야 한다. Miller는 성공적인 가맹점사업자는 흔치 않은 능력을 가지고 있는 것을 확인하고 있다. Sylvan Learning의 경우 가장 성공적인 가맹점사업자는 원대한 포부를 가지고 있으며 한번 정한 원칙을 변화시키지 않는 것으로 파악되고 있다. 가맹점의 성공은 리더에 의해 결정되며 이들은 다른 사람을 고무시키고 하나의 팀을 형성하여 비전을 성취해 나가고 있다.

가맹본부의 지역대표 혹은 수퍼바이저와도 비전과 사명을 공유하고 이들로 하여금 리더십을 발휘하도록 하여야 한다. 가맹본부의 창업자가 모든 가맹점사업자를 상대할 수는 없기 때문에 대리인으로 이들의 역할은 매우 중요하다. 지역대표나 수파바이저는 창업자를 대신하여 가맹점사업자에게 창업자의 비전을 이해시키는 역할을 수행할 수 있는 능력을 지니고 있어야 한다.

대부분의 가맹점사업자는 과거 자신의 경력과 무관한 사업을 하고 있는 것으로 조사되고 있다. 따라서 이들이 가맹점사업을 성공적으로 수행하기 위해서는 이들을 교육훈련시켜야만 한다. 또한 이들로 하여금 어떻게 팀을 형성할 것인가에 대한 지식도 제공하여야 한다.

의사소통

효과적인 의사소통은 소유문화의 핵심요소이자 성공적인 리더십의 핵심요소이다. 미국의 제과 프랜차이즈기업인 Cookies By Design과 Cookie Bouquet의 CEO인 Linda Shunk는 가맹점과의 의사소통이 가맹본부와 가맹점간의 관계를 성공적으로 이끄는 열쇠라고 말하고 있다.[112)]

성공적인 리더는 자사의 고객과 기업, 미래에 대해 종업원과 지속적으로 의사소통한다. 리더가 되기 위해서는 종업원과의 토론내용을 검토하여야 한다. 종업원이 전술적이거나 국소적인 사안에 관심을 두고 있다면 이들이 큰 그림을 그릴 수 있도록 조언하여야 한다. 현재의 문제에 집착한다면 미래에 올 기회가 무엇인지 알려주어야 한다. 종업원의 행동을 변화시키고자 한다면 이들의 인식을 먼저 변화시켜야 한다.

의사소통에서 중요한 것은 지식을 공유하고 의사소통 수단을 활용할 수 있어야 한다는 점이다. 지식의 공유는 과거 자신이 경험한 것을 전수하는 것부터 출발하는 것이 효과적이다. 특히 실패의 경험을 얘기해주어 종업원이 이를 반복하지 않도록 하는 것이 중요하다.

종업원과의 의사소통은 다양한 수단을 통해 이루어질 수 있다. 대인 면담이나 팀 미팅, 포럼, 제안제도, 음성메일, 이메일, 가상공동체, 뉴스레터 등이 활용가능한 수단이다. 각각의 의사소통수단은 나름대로의 장점을 가지고 있다. 따라서 가능하면 이들 수단을 모두

---

112) Franchising World(2001), 'Best Practices in Leadership,' Vol. 33(Mar.), Issue 2.

활용하는 것이 바람직하다.

리더는 가맹점사업자의 말을 두려워하지 않으며 공개적으로 의사소통한다. 이들은 사업수행에 있어 매우 중요한 아이디어가 가맹점사업자로부터 나온다는 것을 이해하고 있으며 이를 가치있게 생각한다. 리더는 가맹점자문위원회(franchisee advisory council)와 같은 공식조직이나 수시면담과 같은 비공식적인 경로를 통해 중요 의사결정에 대한 자문을 구한다.

프랜차이즈시스템이 커질수록 리더와 가맹점사업자간의 의사소통 기회는 적어진다. 성공적인 리더는 가맹점사업자와의 대화를 위해 항상 문을 열어놓고 있으며 이들과 만나기 위해 전국을 순회한다.

가맹본부가 직면하는 어려운 문제 중의 하나는 가맹본부의 의사결정이 어떤 이유로 이루어졌는가를 가맹점사업자에게 의사소통하고 교육시키는 것이다.

사업개념의 정렬과 가치강령의 개발

리더는 가맹점사업자의 성장과 수익성을 높이기 위해 이들에게 직면한 과제가 무엇이고 시스템이 어떻게 개선되어야 하는지를 정확히 알고 있어야 한다. 모든 사업이 효과적으로 또한 효율적으로 운영되기 위해서는 적합한 사업개념, 즉 과정, 절차, 정책, 시스템 등이 필요하다. 현재 활용 중인 사업개념은 소유문화를 조성하는데 도움이 될 수도 있고 해가 될 수도 있다.

리더는 가맹점사업자가 성공할 수 있는 새로운 방법을 항상 모색하며 이로 인해 향후 가맹사업자와의 관계에서 발생할 문제가 무엇인지를 예측하고 있다. 가맹점사업자의 점포운영에서의 효율성을 높이기 위해 새로운 정보기술을 도입하고 이를 가맹점사업자가 쉽게 활용할 수 있도록 지원한다.

소유문화에 적합하지 않은 사업개념은 버리고 새로운 사업개념을 창출해야 한다. 새로운 사업개념은 사업의 미래상은 물론 소유문화에 적합하여야 한다. 이를 위해 리더는 과연 새로운 사업개념이 종업원에 대한 권한부여를 고무하고 지원하는지, 새로운 과정에서 정보가 어떻게 흘러가는지, 새로운 사업개념이 추구하는 바가 무엇인지, 새로운 사업개념이 소유문화에서의 형평성 개념에 적합한지 등을 검토할 필요가 있다.

가치강령(value statement)은 사업개념의 정렬에 도움을 준다. 가치강령은 기업이 추구하는 핵심가치를 기술하고 있는 일종의 선언문이다. 이는 기업이 어떻게 운영되어야 하는가에 대한 도덕적 기준으로 최고경영자에서부터 종업원에 이르기까지 조직구성원의 모든 행위의 지침이 된다.

주택청소 프랜차이즈시스템인 Rainbow International 등 8개 프랜차이즈시스템과 1,300여개의 가맹점을 가지고 있는 미국의 Dwyer Group의 경우 가치강령(Code of Values)을 통해 종업원과 가맹점사업자에게 자사의 핵심가치를 분명하게 인식시키고 있으며 이를 일상업무에서 실천하도록 요구하고 있다.[113] Dwyer Group의 가치강령은 본사의 종업원이나 가맹점사업자와의 회합에서 회의에 들어가기 전에 다시 읽히고 있다. 또한 가맹점사업자는 자신의 종업원에게 이를 숙지시키고 있다. Dwyer Group의 가치강령은 성실한 의무이행과 정직성, 상대방에 대한 존경심, 고객중심의 경영, 일하는 즐거움의 만끽과 같은 핵심가치를 담고 있다.

차세대 리더의 발굴

리더는 사업의 소유자이면서 동시에 관리자여야 한다. 차세대 리더의 발굴과 이들에 대한 관리는 기업의 미래를 위해 리더가 해야

113) Larson, Polly(2001), 'From Franchisee to CEO: A Career in Franchise Leadership,' *Franchising World*, Vol. 33(Jan./Feb.), Issue 1.

할 책무 중의 하나이다. 리더는 차세대 리더로 하여금 미래를 설계하고 보다 웅대한 상위목표를 세우도록 격려하여야 한다. 상위목표는 종업원이나 주주 등 이해관계자를 고무시키며 리더에 대한 호감을 가지게 한다. 리더는 차세대 리더로 하여금 정기적인 연설이나 서신을 통해 차세대 리더가 생각하는 사업운영모델과 자신이 추구하는 상위목표를 이해관계자에게 설명하도록 독려할 필요가 있다.

하지만 자신의 후계자 혹은 차세대 리더를 발굴하는 것이 쉬운 과제는 아니다. 리더는 훌륭한 관리자로부터 나오는 것이 아니기 때문에 따로 선발되어야 한다. 인적자원개발회사인 Caliper의 부사장인 Patrick Sweeney는 관리자와 리더 간에 근본적인 차이가 있는 것으로 보고 있다.[114] 훌륭한 관리자는 일상적인 업무를 어떻게 처리하고 점포를 어떻게 운영해야 하는가를 잘 이해하고 있다. 하지만 리더는 보다 미래지향적이며 사물을 다른 각도에서 바라본다. 관리자가 전술적이라면 리더는 전략적이다. 관리자는 리더에 비해 타인에 대한 이해가 부족하고, 문제를 신속히 해결하지 못하며, 위험을 감수하고자 하는 의지도 약하다.

Caliper의 서베이에 의하면 CEO는 자신의 리더십의 40%는 타고 났으며 60%는 경험에 의해 개발되었다고 응답하고 있다. 리더십의 40%가 타고 난 것이라는 생각은 매우 놀라운 것이다. 이들에 대한 인성검사에서 보면 리더는 타인에 영향을 미치고 지시하는 데 있어 숙련되어 있으며 관계를 형성하는데 노련하며, 문제해결과 의사결정능력이 탁월한 것으로 나타나고 있다. 리더는 매우 영리하고 단정적이며 설득력이 강하고 감정이 풍부하면서 생기발랄한 특징을 지니고 있다. 무언가를 성취해야 한다고 결심하면 어느 정도의 위험을 감수하고자 한다. 이들의 사회성은 중간수준이며 건전한 수준의 회

114) Sweeney, Patrick(2001), 'What's The Difference Between Leaders and Managers?' *Franchising World*, Vol. 33(May/June), Issue 4.

의적 성격도 지니고 있고 새로운 아이디를 추구한다. 이는 대부분의 경영자와 뚜렷이 구별되는 특징이다.

리더는 차세대 리더를 찾아 이들을 별도로 교육시키고 훈련시켜야 한다. 리더십의 60%는 교육과 훈련을 통해 개발되는 것이기 때문이다. 리더는 차세대리더를 발굴하고 이들의 멘토로서 역할을 수행하여야 한다. 주요 의사결정에 이들을 참여시키고 상급관리자와의 상호작용이 활발히 이루어질 수 있도록 도와주어야 한다. 또한 이들로 하여금 일정한 성과를 올릴 수 있는 기회를 제공하여 남과 다르다는 것을 확인시켜야 한다. 신규프로젝트를 개발하고 이를 책임지고 수행하여 그 결과를 학습하도록 하는 것이 중요하다.

존경심

기업인이라면 누구나 한번쯤은 자신 혹은 자신이 경영하는 기업이 많은 사람으로부터 존경받기를 원한다. 존경은 하나의 사회적 자산으로 기업을 신뢰하고 호의적으로 평가하게 해주며, 비용절감의 실현과 프리미엄가격의 책정을 가능하게 해주며, 시장침체기의 역경을 헤쳐나갈 수 있게 해준다. 이러한 이유로 최근에는 존경 내지는 평판관리의 중요성이 커지고 있다. 그러나 존경받는 기업 혹은 기업인이 된다는 것은 그리 쉬운 일은 아니다.

얼마전 포브스닷컴은 미국의 컨설팅 기업인 Reputation Institute의 2006년 기업평판보고서의 내용을 소개한 바 있다. 평판도의 평가기준으로는 해당기업에 대한 신뢰, 존경심, 칭찬, 호감도가 활용되었다. 동 보고서는 비록 과학적인 검증을 거친 것은 아니지만 몇가지 흥미로운 내용을 담고 있다.

첫째, 여타 상위권 기업에 비해 상대적으로 매출이 그다지 크지 않은 이태리 파스타 제조업체인 버릴러 홀딩(Barilla Holding)과 덴마크 완구회사인 레고(Lego)가 기업평판도에 있어 각각 1, 2위를 차지하고 있다. 레고의 2005년 매출은 13억8천만달러로 78위를 한 제너럴 일렉트릭(GE)의 100분의 1에도 못 미치며 99위를 한 모토롤라(Motorola) 30분의 1 수준이다. 코카콜라, 마이크로소프트, 아이비엠(IBM) 등 브랜드 자산가치가 높은 기업들이 줄줄이 100위권 밖에 처져있는 것도 특이하다. 이는 규모가 크고 소비자 인지도나 충성도가 높다고 존경받는 것은 아니며, 성공이 존경의 필요조건은 될지언정 충분조건은 아님을 암시한다.

둘째, 도요다(Toyota) 자동차가 6위로 랭크되었다. 도요다는 제조업체의 협력업체에 대한 강압적 태도로 악명 높은 자동차산업에 있어 협력업체와의 관계가 좋기로 유명하다. 반면 협력업체와의 관계가 그다지 좋지 못한 포드(Ford) 자동차는 100위권 밖으로 밀려나있다. 모름지기 기업은 상생을 미덕으로 삼아 다툼을 피하고 조화를 추구하여야 존경받을 수 있다.

셋째, 1980년대를 대표하며 세계 1위의 파워소매상으로 자리잡은 월마트가 테스코나 월그린등 여타 파워소매상과는 달리 100위 이내에 이름을 올리지 못한 것도 특이하다. 월마트의 경우 2000년대에 들어 지역경제와 중소유통업체를 고사시킨다는 이유로 월마트 반대론자에 의해 시달리고 있으며, 창업자인 샘 월튼의 유가족에 대한 천문학적인 재산상속의 이면으로 종업원 복지에 대한 배려를 소홀히 하였다는 등 사회적 논란이 끊이지 않았다. 존경받고자 하는 기업이라면 사회적 스캔들을 가능한 한 피하여야만 한다.

넷째, 삼성전자와 엘지전자가 100위 안에 포진하고 있다. 삼성전자의 경우에는 평점 세계 9위로 높게 평가되고 있다. 대기업에 대한 국민정서가 그다지 높지 않은 것으로 보도되고 있는 것과는 달리 이들 기업에 대해 소비자가 긍정적인 평가를 하는 것은 아마도 소비자는 두 기업의 공통된 특징이자 존경받는 기업의 필수요건인 글로벌 리더십과 혁신이 작용한 것으로 풀이된다.

많은 기업인이 존경받기를 원하나 이를 성취하는 기업인은 많지 않다. 성공한 기업인이 되는 것보다 더 어려운 것이 존경받는 기업인이 되는 것이다. 존경은 다차원적인 개념이어서 성공한 기업 혹은 기업인이 모두 존경받는 것은 아니며 성공 이상의 특별한 노력을 요구한다. 두말할 것 없이 종업원, 협력업체, 소비자, 일반대중, 지역사회 및 국가에 대한 관심과 배려는 존경받는 기업이 되기 위해 반드시 제공되어야 한다.

존경을 받고자 하는 리더는 남을 존경한다. 리더는 가맹점사업자에 대해 협조적 태도를 가지고 있으며 자신의 종업원도 이러한 태도를 가지도록 권유한다. 프랜차이즈사업은 파트너십 사업이다. 가맹본부가 리더십을 발휘하기 위해서는 가맹점사업자를 단순히 프랜차이즈사업을 위한 수단으로 여기지 말고 동반자로 인식하는 것이 중요하다.

미국 내 최대 프랜차이즈 컨설팅기업인 FranNet의 Howard Bassuk 회장은 가맹본부의 경영자가 리더로 성장하기 위해서는 자신의 고객이 소비자가 아니라 가맹점사업자라는 철학을 가져야 한다고 강조하고 있다.115) 가맹본부가 직접 소비자를 서브하는 것이 아니라 가맹점사업자가 소비자를 서브하는 것이며 따라서 가맹본부의 역할은 가맹점사업자가 소비자를 서브할 수 있도록 돕는데 있다고 보고 있다. 가맹점의 성공이 가맹본부의 성공이라는 생각을 가져야 한다.

가맹본부는 가맹점사업자와의 관계를 성심성의껏 유지해야 한다. 가맹점사업자와 동반자적 의식을 가질 때 프랜차이즈시스템은 장기간 유지될 수 있다. 성공적인 리더는 가맹점사업자를 파트너로 대하며 일방적으로 지시하는 것보다는 이들에게 의사결정을 논리적으로 설명하고 이들과 자신의 통찰력을 공유하고자 한다. 가능하다면 자

---

115) Bassuk, Howard and Cheri Carroll(2002), "The Characteristics of Great Franchise Leaders," *Franchising World*, Vol. 34(Jan.), Issue 1.

서전의 발간이나 언론과의 인터뷰 등을 통해 자신의 철학을 피력해야 한다. 이는 가맹점사업자로 하여금 CEO의 경영철학을 이해하고 공유하도록 하는 매우 유용한 수단이 된다.

신뢰

리더십과 파트너십, 고객만족과 충성도에 관한 수많은 연구는 성공적인 CEO가 지녀야 할 가장 중요한 덕목 중의 하나가 신뢰라는 점을 예외없이 강조하고 있다.

기업경영에서 신뢰가 중요한 이유를 설명하는 것은 어렵지 않다. CEO를 신뢰하는 부하직원은 어려운 과업을 자청하며 더욱 열심히 일한다. 설령 예기치 못한 위기가 기업에 발생하더라도 부하직원이 이를 외면하거나 이탈하도록 하는 대신 문제를 해결하겠다는 의지와 확신을 심어주고 내부결속을 강화시킨다. 신뢰에 근거한 계약은 상대방의 기회주의를 일일이 감시할 필요가 없기 때문에 거래비용을 감소시키며, 더 많은 가치창출을 위해 서로가 머리를 맞대고 숙의케 한다. 기업이 고객으로부터 신뢰를 받고 있다는 사실만으로도 기업가치는 상승하며, CEO와 종업원의 자긍심은 높아진다. 신뢰는 존경심을 가져다 준다. Wal-Mart는 21,000개 공급업체로부터 가격양보를 받기 위해 자신의 요구를 '받아들이든지 말든지 하라'(take-it-or-leave-it)는 태도를 보여왔다. 공급업체 입장에서는 언제 거래가 단절될지 모른다는 불안감 속에 거래를 할 수 밖에 없으며 이러한 상황 하에서 존경심을 기대하기는 어렵다.

많은 CEO가 기업경영에 있어 신뢰가 왜 중요하고 이를 쌓기 위해 어떻게 해야 하는가를 이해하고는 있지만 정작 이를 실천에 옮기는 이는 많지 않다. 머리로는 이해하지만 말과 행동이 따르지 않고 마음이 열려 있지 않기 때문이다.

그렇다고 신뢰를 실천할 수 있는 길이 전혀 없는 것은 아니다.

Catepillar의 CEO였던 Donald Fites는 '한쪽 팔을 자르는 한이 있더라도 고객과 직거래를 하지 않는다'고 말한 바 있다. Caterpillar는 딜러와의 신뢰를 쌓기 위해 경영방침의 일관성을 유지했으며, 딜러와 함께 고통과 이익을 나누었고, 재무제표를 공개하고 허심탄회하게 의사소통하였다. Fites 전회장은 대부분의 딜러들을 자신의 친구로 대하였으며 대대손손 가업이 이어질 수 있도록 배려하였다.

다음의 몇 가지 보편적인 원칙은 신뢰를 조성하기 위해 CEO가 따라야 할 명제들이다.[116)]

첫째, CEO는 자신의 상대방에게 보내는 메시지가 과연 일관된 것인가를 사전에 검토하여야 한다. 미국의 리더십 컨설턴트인 Robert Galford와 Anne Drapeau는 가장 파괴적인 '신뢰의 적'으로 CEO의 '일관성 없는 메시지'를 들고 있다. CEO는 자신이 상대방에게 보내는 메시지가 예전에 보내 메시지와 과연 일관성을 지니고 있는가를 다시 생각해보아야 한다. 일관성을 유지하기 위해 자신이 수행하는 과업에 우선순위를 부여하고, 우선순위에 따라 판단하고 행동하는 것이 하나의 방안이 될 수 있다.

둘째, 일관성 다음으로 중요한 요건은 상호몰입이다. 몰입은 관계지속의 '명시적 혹은 묵시적 서약'이다. 고객이나 협력사, 혹은 종업원으로부터 신뢰를 얻고자 하는 CEO는 자신이 이들에게 얼마나 몰입하고 있는지, 또한 이들이 CEO에게 얼마나 몰입하고 있는가를 항상 질문하여야 한다. 자신과의 거래에 몰입하고 있는 상대방은 둘 사이의 미래에 대해 확신을 가지고 있으며, 더 좋은 거래조건을 포기하면서까지 자신에 대한 배려와 투자를 아끼지 않는다. 그렇다고 실천할 수 없는 약속을 하는 것은 독이 된다. 자신도 믿지 못하는 것을 남이 믿게 할 수는 없기 때문이다.

---

116) Galford, Robert and Anne Seibold Drapeau(2003), "The Enemies of Trust," *Harvard Business Review*,(Feb.), 88-95.

셋째, 의사소통을 공개적으로 주도하는 것도 중요하다. 관계가 깊어질수록 갈등이 발생할 소지는 커지며, 이 때 CEO는 갈등을 피하거나 침묵하는 대신 공개적이고도 합리적으로 이를 해결하고자 노력하여야 한다. 어차피 다른 대안이 없고 관계를 지속해야만 한다면 갈등의 골이 깊을수록 공개적인 의사소통을 통해 이를 해결하는 것이 바람직하다.

마지막으로, 애당초 신뢰할만한 상대방을 만나는 것이 중요하다. 모든 상대방이 신뢰할 수 있는 것은 아니며, 이들이 신뢰를 중시하는 것도 아니다. 신뢰를 중시하는 상대방일수록 신뢰를 지키고자 노력한다. 신뢰를 중시하지 않는 상대방에 대해 신뢰가 왜 중요한가를 이해시키는 데는 많은 시간과 비용이 소요된다. 역량만 있고 신뢰가 없는 파트너는 피하는 것이 오히려 낫다. 역량만 있고 신뢰가 없는 파트너는 기회주의적으로 행동할 가능성이 높기 때문이다. 신뢰할 수 있는 상대방과의 거래는 적어도 오해에 의해 결별하거나 배신을 당할 우려도 적다. 과거 좋은 거래경험이 있거나 평판이 높은 기업을 선택하는 것이 현명하며 회의적이거나 지나치게 비판적인 상대방은 피하는 것이 좋다.

09장

맺음말

프랜차이즈사업은 선진국의 경우 150년이 넘는 역사를 지니고 있다. 우리나라의 경우에는 불과 30년의 역사를 가지고 있다. 선진국의 경우, 21세기에 이르러 프랜차이즈사업은 거의 모든 산업에 걸쳐 운영되고 있으며 이는 정보산업이나 건설업, 금융업에 버금가는 경제적 효과를 지니고 있다.

프랜차이즈산업이 이렇듯 놀라운 성장을 한 것은 프랜차이즈사업방식이 여타 방식에 비해 몇 가지 중요한 장점을 지니고 있기 때문이다. 프랜차이즈사업은 가맹점 모집을 통해 급속한 성장이 가능하며, 자금조달이 유리하고, 가맹점에 의한 위험분산, 규모의 경제 실현 등 많은 장점을 지니고 있다. 소비자가 구매의 편의성과 품질의 일관성을 선호하는 경향이 강해지고 여기에 최근의 경제 환경이 개인의 소자본창업을 촉진하는 것으로 변화하면서 프랜차이즈사업의 성장을 부추기고 있다.

프랜차이즈사업은 가맹본부가 가맹점에 대해 제품, 서비스 이외에도 상점관리의 노하우 등을 제공하는 대가로 가맹비, 로열티, 임대료 등의 수입을 얻는 프랜차이즈계약에 의해 운영된다. 프랜차이즈사업의 본질적인 특성은 자본을 달리하는 독립적인 사업자가 계약에 의해 기능을 분담하고 상호협력함으로써 시너지효과를 얻는 데 있다.

모든 사업방식은 장점과 단점을 함께 지니고 있다. 프랜차이즈사업의 경우도 마찬가지이다. 프랜차이즈사업은 매우 효율적인 사업방식이자 부의 창출수단이다. 프랜차이즈사업은 일반적으로 기업이 직면하는 문제인 관리적 효율성, 위험관리, 자원제약의 문제를 해결하는데 도움을 준다. 프랜차이즈사업은 점포 확장, 자본조달에 있어서도 매우 효율적인 수단이며 빠른 성장수단이다.

하지만 프랜차이즈사업은 가맹본부와 가맹점간 갈등, 기회주의와 같은 거래비용문제, 의사결정에서의 신축성 결여 등 여러 가지 단점도 지니고 있다. 프랜차이즈사업의 성공은 가맹본부와 가맹점간의 긴밀한 상호협력을 기반으로 하고 있다는 점에서 이들 단점을 얼마나 잘 극복할 수 있는가에 따라 시스템의 성공여부가 결정된다.

기업가정신의 발휘

프랜차이즈사업은 소자본 창업의 대표적인 수단으로 인식되고 있다. 하지만 프랜차이즈사업은 퇴직자를 위한 고용수단으로 인식되어서는 안 된다. 가맹점사업자는 많은 돈을 프랜차이즈사업에 투자한다. 프랜차이즈사업은 전문적인 경제활동의 하나로 막대한 부를 창출할 수 있는 잠재력을 지니고 있지만 실패할 가능성은 항상 존재한다. 프랜차이즈사업이 실패로 끝나는 이유는 매우 다양하다. 하지만 가장 중요한 이유는 애당초 프랜차이즈사업이 투자자인 가맹점사업자에게 적합한 사업방식이 아니거나 가맹점사업자의 사업가적 마인드, 즉 기업가적 정신이 부족한 데서 찾을 수 있다.

개인이 창업을 하는 데는 여러 이유가 있다. 자신의 사업을 운영함으로써 소득을 올리고 사회적 신분을 유지하며 자아실현의 욕구를 달성하기도 한다. 그러나 자영점을 운영하는 대신 프랜차이즈시스템의 일원으로 가맹점을 운영하기 위해서는 자신의 동기와 능력을 객관적이고 정직하게 평가하고 있어야 한다.

대부분의 가맹점사업자는 기업가로서의 자질을 가지고 있고 사업에서 성공하고자 하는 강한 동기와 능력을 가지고 있다. 하지만 가맹점사업자의 경우 자영업자와 달리 완전히 독립적인 기업가라고 할 수 없다. 가맹점사업자는 가맹본부가 개발하여 제도화한 사업컨셉을 활용하여 사업을 하기 때문에 여러 가지 제약에 부딪친다. 가맹점사업자는 가맹본부와 가맹계약을 체결함으로써 가맹비와 로열티를 지급하는 의무 이외에도 점포의 위치, 사업양도 및 승계, 내부 인테리어 등의 의사결정에 있어서도 크게 제약을 받는다.

가맹점사업자가 성공하기 위해서는 도전적이며 모험적인 사고방식, 혁신적인 아이디어, 적극적인 실천의지와 강력한 리더십, 위기를 극복하고 앞서 가고자 하는 의지와 같은 기업가정신이 절실히 요구된다. 하지만 가맹점사업자의 기업가정신은 가맹본부의 경영철학이나 비전, 목표, 정책과 조화를 이루고 있어야 한다. 조화를 위해 가맹점사업자는 자신의 사고방식이나 아이디어, 행동을 바꾸고자 노력하여야 한다. 한 가지 명심하여야 할 것은 조화를 위해 가맹본부가 자신의 경영철학이나 정책을 바꾸어야 한다고 요구하는 것은 그다지 효과적이지 못하다는 것이다. 하나의 프랜차이즈시스템은 매우 이질적인 많은 가맹점사업자로 구성되어 있다. 가맹본부가 이들의 아이디어나 요구를 모두 수용한다는 것은 거의 불가능하다. 가맹점사업자가 가맹본부를 변화시키고자 할 때는 가맹점사업자 다수의 합의된 의견을 가맹점사업자위원회와 같은 공식 조직을 통해 제시하여야 하며 대화를 통해 가맹본부를 이해시키고자 노력하여야 한다. 그렇지 않을 경우 가맹점사업자와 가맹본부는 불필요한 논쟁과 갈등에 휘말릴 우려가 크다.

혁신과 변화

프랜차이즈사업은 여타 사업과 마찬가지로 급변하는 환경 하에서 혁신과 변화를 모색하지 않으면 생존하기 어렵다. 가맹본부는 계약체결 당시 예견되지 않았던 환경변화에 대응하기 위해 새로운 정책을 도입할 필요성을 느낀다. 하지만 프랜차이즈사업은 본질적으로 새로운 정책을 도입하기에는 적합하지 않은 매우 경직된 구조를 가지고 있다. 독립적으로 운영되는 많은 가맹점에 대해 통일되고 일관성 있는 정책을 수용하도록 하는 것이 어렵고 이를 강제하기엔 가맹점사업자의 변화에 대한 저항과 반발이 너무 크기 때문이다.

상당수 가맹점은 흔히 말하는 사업가적 마인드, 즉 기업가정신이 부족하다. 이들은 가맹본부에 지나치게 의존하는 성향이 있으며 스스로 문제해결이나 경영개선의 노력을 게을리 하는 성향이 있다. 대부분의 가맹점은 유용한 시장정보를 가맹본부나 동료가맹점에 제공하는데 인색하다. 가맹점이 이런 태도를 보이는 한 소비자가 선호하고 경쟁우위를 지닌 신제품을 개발하는 것은 어렵다. 설령 가맹본부가 새로운 제품이나 서비스를 개발하더라도 이를 수용하는 것을 귀찮아하기도 한다. 새로운 제품이나 서비스를 취급하기 위해 시간과 비용, 노력이 추가되어야 하기 때문이다.

프랜차이즈사업이 발전하기 위해서는 가맹점사업자 스스로 기업가정신을 가지고 있어야 한다. 가맹본부는 가맹점사업자의 기업가정신을 고취하기 위해서는 가맹점사업자가 프랜차이즈사업이 마치 자신의 사업인 것처럼 인식하는 소유문화를 정착시켜야 한다. 이 때 반드시 명심해야 할 것은 가맹본부와 가맹점사업자의 행위가 전체 시스템과 가맹점사업자 모두에게 유익한 방향으로 정렬되어 수행되어야 한다는 점이다. 소유문화의 특징 중 하나가 자율성을 강조하고는 있지만 시스템의 발전을 위해 가맹점사업자의 행위는 어느 정도 제약을 받을 수밖에 없다는 점도 간과하여서는 안 된다.

시스템적 관점에서의 접근

프랜차이즈사업은 시스템사업이다. 가맹본부는 전체 시스템의 관점에서 문제를 인식하고 의사결정을 하지만 대다수 가맹점사업자는 시스템에 대한 이해가 부족하거나 시스템적 관점에 의한 문제해결에 소홀하다.

가맹본부는 프랜차이즈 시스템을 설계하고 이를 운영한다. 초기 시스템의 설계에 있어 가맹본부의 주된 전략적 목표는 가능하면 단기간에 많은 가맹점을 모집하여 브랜드 광고와 판촉 등 다양한 전략 구사에 필요한 재원을 확보하고 규모의 경제를 통해 비용을 절감하여 경쟁우위를 확보하는데 있다. 그러나 빠르게 성장할수록 가맹점에 대한 감시감독의 필요성이 크며 만약 감시감독을 제대로 수행하지 못하는 경우에는 제품/서비스 품질 저하로 인해 시스템 전반에 대한 평판이 크게 악화될 수 있다. 예비가맹점사업자의 입장에서는 빠른 성장률을 보이는 가맹본부일 수록 성공가능성이 높고 점포당 예상매출이익도 높을 것이라는 기대를 가지기 쉽다. 그러나 겉으로 보이는 성장보다는 과연 이러한 성장이 이루어질 수 있게 된 배경이 소비자의 제품이나 서비스에 대한 수요에 있는 것인지 아니면 튼튼한 재무구조에 있는 것인지 아니면 가맹본부의 무리한 성장전략 추구에 있는 것인지 등을 이해하는 것이 중요하다.

상당수의 프랜차이즈 시스템은 가맹본부가 소유하며 직접 운영하는 직영점을 지니고 있다. 흔히 가맹점사업자는 가맹본부가 유리한 상권에서 직영점을 개설하여 가맹점사업자가 취하여야 할 이익을 가맹본부가 취한다는 생각을 가지기 쉽다. 이 또한 시스템적 관점에 대한 이해가 부족한 발상이다. 가맹본부가 직영점을 운영하는 이유는 다양하다. 특정시장의 경우 가맹점보다 직영점 형태로 운영하는 것이 전체 프랜차이즈 시스템의 평판을 유지하기 위해 전략적으로 중요하기 때문이기도 하며, 실적이 저조한 가맹점을 인수하여 전체 프랜차이즈 시스템의 안정을 꾀하고, 새로운 전략을 직영점에 도입·운영함으로써 얻은 경험을 여타 가맹점이 벤치마킹하여 시스템 전반에 걸쳐 학습효과를 높이기 위한 목적으로도 직영점을 운영한다.

가맹본부와 가맹점간 프랜차이즈사업을 수행함에 있어 가장 오해가 큰 부분은 가맹본부에 지급하는 로열티와 가맹비라고 할 수 있다. 가맹점은 가맹본부가 제공하는 상품이나 서비스, 브랜드 및 노하우, 경영지원에 대한 대가로 가맹본부에게 가맹비와 로열티를 지불한다. 가맹비와 로열티는 프랜차이즈권리를 구매하는 대가로 가맹점이 지불하는 비용이다. 가맹점이 구매하는 프랜차이즈권리는 계약기간 동안만 사용될 수 있다는 점에서 라이선스 계약에서의 특허나 기술의 사용권이라 할 수 있다.

가맹점사업자가 지불하는 가맹비는 사업을 위한 초기투자의 일부이며 계약이 존속하는 경우에 한해 그 가치를 인정받는 것이고 양도가 불가능하기 때문에 계약이 해지되더라도 회수가 불가능하다. 이러한 특성 때문에 높은 가맹비를 지불하는 가맹점은 기회주의적으로 행동하기가 쉽지 않다. 가맹본부가 높은 가맹비를 요구하는 것은 가맹점의 기회주의적 행위를 억제하고 시스템의 통일성과 일관성을 유지하는 데 필수불가결한 수단이 되기 때문이다.

높은 브랜드 자산가치를 가지고 있거나 강력한 시스템 지원을 제공하는 프랜차이즈 시스템의 경우 로열티를 높게 책정하는 것은 당연한 것이다. 성공적인 프랜차이즈 시스템일수록 실패의 위험이 낮기 때문이다. 가맹점사업자의 입장에서는 로열티나 가맹비가 높으냐 낮으냐를 단순 비교할 것이 아니라 가맹본부의 브랜드 자산가치, 가맹점에 대한 지원, 계약기간, 가맹본부의 역사 등을 고려하여 그 적절성을 판단할 필요가 있다. 가맹비나 로열티가 낮은 가맹본부는 선호의 대상이 아니며 오히려 경계의 대상이다.

한편, 개별 가맹점의 상권을 어느 정도 보장할 것인가도 가맹본부에게 매우 중요한 의사결정문제이다. 가맹점의 입장에서도 자신의 상권이 어느 정도 크기이고 얼마나 지속적으로 보장될 수 있는가는 자신의 투자여부를 결정함에 있어 매우 중요한 고려요인이다.

가맹본부는 자사의 성장전략과 시장의 포화정도를 고려하여 가맹점의 상권을 결정한다. 일반적으로 가맹점에게 넓은 상권을 보장한다는 것은 특정지역에서의 점포수가 제한된다는 점에서 가맹본부의 규모와 성장률에 부정적인 영향을 미친다. 따라서 최소규모(critical mass)에 가능한 한 빨리 도달하여 필요한 자금을 확보하고 규모의 경제를 실현하고자 하는 가맹본부의 입장에서는 가맹점에게 넓은 상권을 보장하는 것이 바람직하지 않을 수 있다.

넓은 상권을 보장하고자 하는 가맹본부의 의도는 자사브랜드를 취급하는 가맹점에 대해 약속한 수익을 보장하는 데 있다. 그러나 상권보장에서 고려하여야 할 또 다른 요인은 과연 이들 가맹점이 자신의 상권에서 경쟁 가맹본부에 효과적으로 경쟁하고 있는가 나아가 '브랜드내 경쟁'(intrabrand competition)을 제한하는 것이 본부입장에서 '브랜드간 경쟁'(interbrand competition)에서의 우위를 가져올 수 있는가의 문제이다.

넓은 상권은 가맹점에게 최대의 이익을 가져다 줄 수 있다. 역으로 기존 가맹점 바로 옆에 새로운 가맹점이 개설된다면 기존 가맹점의 매출은 감소할 가능성이 크다. 그러나 새로운 가맹점이 개설되더라도 기존 가맹점의 매출이 영향을 받지 않거나 오히려 상승할 수도 있다.

소비자는 가능하면 자신에게 지리적으로 편리한 점포에서 쇼핑하고자 한다. 점포의 수가 많을수록 이들 소비자에게 보다 높은 편의성이 제공되며 소비자가 이들 점포를 선택할 가능성이 높아지고 그 결과 프랜차이즈 시스템 전반의 매출은 상승한다. 시스템 전반의 매출이 증가할수록 가맹본부가 자사의 브랜드를 촉진할 수 있는 마케팅자금 확보가 가능하다. 브랜드 촉진에 의해 자사 제품에 대한 수요가 증가하고 개별 가맹점의 매출은 상승하며 전체 시스템의 매출도 상승한다. 실제로 미국의 경우 성공적으로 운영되고 있는 프랜차이즈 시스템일수록 특정지역에 가능한 한 많은 가맹점을 개설하는 전략을 취하고 있는 것으로 알려져 있다. 이들 가맹본부는 비록 특정 상권에서의 점포밀도가 높음에도 불구하고 점포당 평균매출이 높다.

프랜차이즈시스템에 대한 또 다른 오해로는 가맹본부의 제품 혹은 원부자재 공급과 관련되어 있다. 가맹점은 가맹본부가 제품 혹은 원부자재를 계약에 의해 독점적으로 공급하면서 부당한 이득을 취하는 것으로 인식한다. 가맹본부는 공급업체에 대해 강력한 교섭력을 지니고 있으며 따라서 저가의 구매가 가능하고 이로 인해 발생하는 수익을 확보한다.

가맹점은 저가구매에 의한 이득을 가맹본부가 공급업체로부터 구매한 가격에 가맹본부가 자신들에게 공급할 것을 요구하는 것이 당연다고 생각하기 쉽다. 하지만 가맹본부가 저가로 제품을 공급받기까지에는 프랜차이즈시스템 구축과 유지를 위한 투자, 유리한 협상을 위한 노력과 인적자원에 대한 투자가 선행된다는 점을 인식하여야 한다. 설령 가맹본부를 배제하고 다수의 가맹점이 별도의 구매조직을 통해 공동구매를 모색할 수도 있지만 이 경우에도 조직을 유지하고 관리하는 데는 반드시 비용이 수반되며 별도의 구매조직이 보다 효율적이라는 보장도 없다. 성공적으로 운영되는 가맹본부의 경우 가맹점이 개별적으로 구매할 때 보다 낮은 가격으로 제품을 공급함으로써 공동구매에 의한 수익을 가맹점사업자와 공유하는 것이 일반적이다.

자율성과 의존의 조화

프랜차이즈사업은 가맹본부와 가맹점 간의 협력적 관계를 기반으로 하고 있지만 가맹점이 가맹본부의 통제를 받아 유지되는 시스템이다. 가맹본부는 가맹점의 활동을 조정하고 시스템 운영의 일관성을 유지하기 위해 다양한 통제방식을 활용한다. 가맹본부는 가맹점에 대해 매출액에 비례한 로열티를 부과함으로써 가맹점의 매출의욕을 높이고, 경영지도비, 촉진비, 소모품비용을 부과함으로써 품질 및 경영에서의 일관성을 지니게 한다. 가맹본부는 자사의 등록상표를 보호하기 위해 가맹점이 자사의 품질기준에 미흡한 제품이나 서비스를 판매하지 못하도록 통제를 가하며 가맹점이 이를 준수하지 않을 경우 계약을 해지할 수 있다. 또한 가맹본부는 통합적인 회계시스템과 재고시스템, 교육프로그램에 의해 가맹점을 통제하기도 한다.

프랜차이즈시스템의 관리에 있어 핵심적인 사안 중의 하나는 가맹본부의 시스템 통일성과 일관성을 유지에 대한 욕구와 가맹점사업자의 자율성에 대한 욕구를 어떻게 조화시키는가의 문제라고 할 수 있다. 가맹점의 자율성을 지나치게 인정하는 것은 시스템의 통일성과 일관성을 본질로 하는 프랜차이즈사업의 붕괴를 가져온다. 반면 가맹점에 대한 지나친 통제는 가맹점사업자의 사기를 저하시키고 감시감독에 막대한 비용이 소요된다. 일종의 딜레마인 것이다.

자율성과 의존은 동일한 개념이 아니다. 의존은 자원과 정보의 문제이지만 자율성은 의사결정권한의 문제이다. 따라서 자율성과 의존의 충돌에 의한 딜레마는 해결이 가능하다. 가맹본부와 가맹점은 마치 전략적 제휴처럼 각자 자신의 의사결정영역에 있어서는 상당한 자율성을 부여하면서 자원과 정보를 공유하는 관계로 발전하는 것이 바람직하다. 가맹본부가 가장 원하는 가맹점사업자는 기업가정신이 강하며 자기 자신에 대한 확신과 사업에 대한 동기부여, 관여수준이 높은 가맹점사업자이다. 이들은 자율성을 추구하지만 한편으론 가맹본부의 의견에 귀를 기울이며 정보를 공유하고 가맹본부로부터 보다 많은 지원을 기대한다.

프랜차이즈계약에 대한 올바른 이해

프랜차이즈사업은 가맹본부와 가맹점 간의 관계를 규정하는 기본틀인 프랜차이즈계약을 기반으로 시작된다. 흔히 프랜차이즈계약은 가맹본부에게 일방적으로 유리한 계약인 것으로 알려지고 있다. 그러나 이는 프랜차이즈사업의 본질에 대한 무지와 오해로부터 비롯된 것이다.

프랜차이즈계약에서 가맹점사업자가 일방적이라고 인식을 가지고 있는 조항의 대부분은 가맹점사업자에 대한 통제, 계약갱신 및 계약기간, 전국 혹은 지역단위의 광고정책, 가맹점사업자의 복수점포 소유권 등 가맹본부가 프랜차이즈사업을 영위하는 기본 원칙 및 정책을 반영하고 있다. 만약 이들 조항이 모호하거나 예외를 많이 인정하고 있고 불합리하게 책정된 경우 프랜차이즈시스템의 본질인 통일성과 일관성을 해치고 성과에 부정적인 영향을 미치게 된다. 따라서 가맹본부는 이들 조항에 있어 매우 신중하며 경직된 입장을 취할 수밖에 없다.

가맹본부가 계약서를 상세하게 작성하고, 계약해지권한을 보유하며, 공급원을 통제하고, 배타적 거래를 요구하며, 점포운영을 감시감독하는 것은 프랜차이즈시스템의 통일성과 일관성을 구현하기 위한 것으로 전체 시스템의 안정에 기여한다. 가맹점사업자는 가맹점사업자에 대한 통제가 가맹본부만을 위한 것이 아니라 가맹점사업자 자신에게도 유리하게 작용한다는 것을 인식하여야 한다.

동반자로서의 가맹본부와 가맹점

프랜차이즈사업은 관계를 기반으로 하는 사업이다. 가맹본부와 가맹점사업자는 동반자이며 이들 간의 관계를 강자가 약자를 일방적으로 착취하는 관계 내지는 주종관계로 보는 것은 문제가 있다.

세상에는 다양한 가맹본부가 있으며 그만큼 다양한 가맹점사업자가 있다. 세상의 모든 부부가 행복한 관계를 맺고 있지 않듯이 가맹본부와 가맹점사업자 간의 관계가 모두 만족스러운 것은 아니다. 가맹본부와 가맹점은 독립된 사업주체로서 서로 추구하는 목표가 다르고 현실문제나 각자의 역할에 대한 인식도 다르다. 이로 인해 이들 간의 갈등은 피할 수 없다.

하지만 가맹본부와 가맹점은 각자의 목표를 성취하기 위해 상대방을 필요로 한다. 적어도 계약기간 동안은 공생을 추구하며 협력하여야 한다. 가맹본부나 가맹점사업자가 항상 명심하여야 할 것은 자신의 판단에 의해 프랜차이즈계약을 체결하고 동반자가 되기로 약속을 하였다는 점이다. 상황이 변화하였다고 혹은 당초의 약속이 잘못되었다고 이미 맺은 약속을 지키지 않고 기회주의적으로 행동하는 것은 상생의 기본원칙이나 상도의에 어긋나는 것이다.

프랜차이즈사업은 통일성과 일관성을 생명으로 하는 것이기에 한 사람의 가맹점사업자에 의한 기회주의적 행위는 전체 시스템에 대한 평판을 저하시킨다. 프랜차이즈시스템은 가맹본부에 의해 설계되는 것이기에 가맹본부의 기회주의적 행위가 전체 시스템의 평판을 저하시키는 것은 두말할 필요도 없다.

가맹본부와 가맹점사업자는 상대방의 기회주의적 행위 혹은 부적절한 행위에 대한 제재수단으로 계약해지의 권리를 가지고 있다. 가맹본부는 가맹점사업자가 품질유지 등 본부 영업방침이나 운영규칙을 위반한 경우, 로열티와 광고비, 자재비 등의 대금납입을 지연하는 경우, 사전승인 없이 영업양도를 하는 경우 등에 대해 계약해지의 권리를 행사할 수 있다. 가맹점사업자는 가맹본부가 파산한 경우, 제품판매 및 배송활동의 노력을 중대하게 위반하는 경우, 가맹본부의 귀책사유로 가맹점의 계속 운영이 어려운 경우 등이 발생하면 가맹본부에 대해 계약해지를 요구할 수 있다.

가맹본부와 가맹점사업자가 동반자적 관계로 발전하기 위해서는 기회주의적 행위를 자제하는 것도 중요하지만 각자 주어진 역할에서 리더십을 발휘하는 것이 무엇보다 중요하다. 가맹본부는 변화하는 시장 환경에 적합한 비전과 목표를 제시하고 이를 실천하여야 한다.

가맹점사업자의 리더십도 중요하다. 가맹점사업자는 기업가정신을 발휘하여 점포운영과 마케팅활동에 열정을 다하여야 한다. 성공적인 가맹점사업자는 성공한 기업인이 되기 위한 원대한 포부를 가져야 하며 원칙을 고수하여야 한다. 적재적소에 유능한 인력을 선발하고 팀워크와 효과적인 의사소통을 통해 자신과 같은 비전을 공유하도록 하며 유능한 차세대 리더를 발굴하고, 성실한 조언자(mentor)로서 이들을 교육시키고 훈련시켜야 한다. 무엇보다 성공적인 사업가가 되고자 한다면 타인을 신뢰하고 존경함으로써 자신이 존경받고자 하여야 한다.

저자 프로필

• 임 영 균

임영균 교수는 연세대학교 경영학과에서 학사와 석사를 마친 후, 광운대학교에 재직 중이던 1984년 미국 네브라스카 주립대학(University of Nebraska-Lincoln)으로 유학을 가, 유통관리를 전공으로 경영학박사 학위를 받았다. 박사과정 재학 중에는 경영대학장이 수여하는 학업우수상(Dean's List)과 마케팅학과의 연구우수상(Research Award)을 수상하였으며, 미국 마케팅학회(AMA)의 Consortium Fellow에 선발되기도 하였다. 1988년 박사학위 취득 후 광운대학교 경영학과에 복직하여 현재 교수로 재직 중이며, 경영대학원장, 입학홍보처장, 창업보육센터장과 창업지원센터장, 대외협력처장, 교수협의회장 등을 역임하였다. 임 교수는 한국유통학회 회장, 「유통연구」 편집위원장, 「마케팅연구」, 「마케팅저널」의 편집위원을 역임하였으며 현재 한국프랜차이즈학회 회장, 한국마케팅관리학회 차기회장, 한국소비자학회 부회장, 공정거래위원회 가맹사업거래 분쟁조정위원으로 활동하고 있다.

• 이 수 동(李守東)

이수동 교수는 경북고등학교와 고려대학교 경영학과를 졸업한 후 (주)금성사와 서울대학교 대학원을 동시에 다니면서 실무와 학업을 병행하였다. 이 교수는 서울대학교에서 경영학석사, 고려대학교에서 경영학박사 학위를 취득하였다. 국방관리연구원(KIDA, 현 국방연구원)에서 연구원으로 근무하다 1984년 국민대학교 경영학과 전임대우강사로 교수직을 시작하여 경영학과장, 최고경영자과정 주임교수, 학생처장, 경영학부장, 인터넷창업보육센터장, 경영대학원장, 국제통상대학원장 등을 역임하였다. 공업진흥청 자문위원, 한국백화점협회 자문교수, 한국마케팅학회 편집위원 및 상임이사, 한국유통학회 회장, 한국프랜차이즈학회 회장, 주요 기업의 자문교수 등을 역임하였으며 최근에는 중소기업청 시장경영지원센터 이사장으로 활동하였다. '전사적 관점의 마케팅'을 비롯한 10권의 저서 및 편저서와 60여 편의 논문을 발표하였으며, 한국마케팅학회 제정 제1회 최우수논문상을 수상하기도 하였다.

• 윤 홍 근

윤홍근 회장은 제너시스 BBQ그룹의 대표이사 회장이다. 윤 회장은 조선대학교를 수석졸업하고, 동 대학 대학원에서 경영학 박사학위를 취득하였다. 한국프랜차이즈협회의 초대 및 2대 회장, 한국치킨외식산업협회 회장, 한중외식협회 명예회장, 서울특별시 스쿼시연맹 회장, 보건산업경영자회와 한국외식산업협회의 공동대표, 중소기업특별위원회 위원, 한미경제협의회 부회장, 한중여성교류협회 고문 등을 역임하였으며, 현재 한국유통학회 고문, 한국능률협회 부회장으로 활동하고 있다. 윤회장은 국가 경제에 기여한 공로로 대한민국정부로부터 은탑 및 동탑산업훈장, 스페인정부로부터 십자대훈장을 수훈하였으며, 탁월한 리더십과 혁신적인 경영능력을 인정받아 한국능률협회의 '한국의 경영자상'과 한국표준협회의 '창조 경영인상', KCS 한국최고경영자회의의 '2010 Korea CEO Summit 창조경영대상' 등을 수상하였다. 윤회장이 저술한 'BBQ 원칙의 승리'는 제너시스 BBQ를 창업하여 국내 최고의 프랜차이즈기업으로 발전시키기까지의 과정과 자신의 경영철학을 담고 있다.

• 이 형 남

이형남 박사는 국민대학교 행정학과를 졸업한 후, 동 대학 경영대학원에서 경영학 석사학위, 대학원 경영학과에서 경영학 박사학위를 취득하였다. 이 박사는 학사장교 제1기로 육군 중위 만기전역을 한 후 (주)코리아 리크루트 대표이사, 한국경제신문 창업지원단장, 공정거래위원회 가맹사업거래 분쟁조정위원, 명지대학교 겸임부교수, 인덕대학 산업시스템경영학과 겸임부교수, 조선대학교 협동교수, 전국 전문대학 창업아이템 경진대회 심사위원장 등을 역임하였다. 이 박사는 현재 한국인재연구원 원장, 광운대학교 경영대학 겸임교수, 제너시스 BBQ그룹의 상임고문, 한국유통학회 및 (사)한국프랜차이즈학회의 고문, 대한민국 육군 학사장교 총동문회 명예회장, 국민대학교 총동문회 부회장, 중경고등학교 총동창회 명예회장, 한경닷컴 컬럼리스트, 일자리방송 「일자리와이드」 고정출연자 등 각계각층의 다양한 분야에서 활동하고 있다.

인 지

프랜차이즈 리더십

초 판 1쇄 발행——2010년 3월 10일
초 판 2쇄 발행——2011년 4월 20일
지은이——임영균 · 이수동 · 윤홍근 · 이형남
펴낸이——전 두 표
펴낸데——도서출판 **두남**
서울시 강동구 성내 1동 455-12 두남빌딩
신고 : 제25100-1988-9호
(구 제2-624호, 1988. 7. 21)
TEL : (02) 478-2065~7, 478-2311
FAX : (02) 478-2068
E-mail : dunam1@unitel.co.kr
http://www.dunam.co.kr

정가 14,000원

ISBN 978-89-6414-048-2 93320